Peter Brandt & Stefan Eling

HanisauLand
Im Schatten des Vulkans

bpb: Bundeszentrale für politische Bildung

Die Geschichte von HanisauLand hat **Peter Brandt** geschrieben. Er lebt und arbeitet als Autor und Filmemacher in Bonn.
Für seine korrekte Darstellung der Sitten und Gebräuche in HanisauLand erhielt er den hanisauLändischen Hausorden.

Die Zeichnungen des Comics stammen von **Stefan Eling**, der als Grafiker und Zeichentrickfilmer seine Möhren in Köln verdient.
Einen Orden erhielt er bislang nicht, da er Bärbel Breitfuß immer dicker zeichnet, als sie ist.

Bonn 2007 (1. Auflage)

Als Orientierung diente u.a. "Das Politiklexikon" von **Klaus Schubert** und **Martina Klein** (Dietz Verlag, Bonn 2003).

Redaktion: Christiane Toyka-Seid,
Sabine Berthold (bpb Multimedia)
Lektorat: Dagmar Giersberg, Christiane Toyka-Seid
Gestaltung: Stefan Eling
Satz: hpssatz, Weilerswist
Druck: Bonifatius Druck Buch Verlag, Paderborn

ISBN-Nr. 978 - 3 - 89331 - 827 - 8

43. Die Stimmenfänger

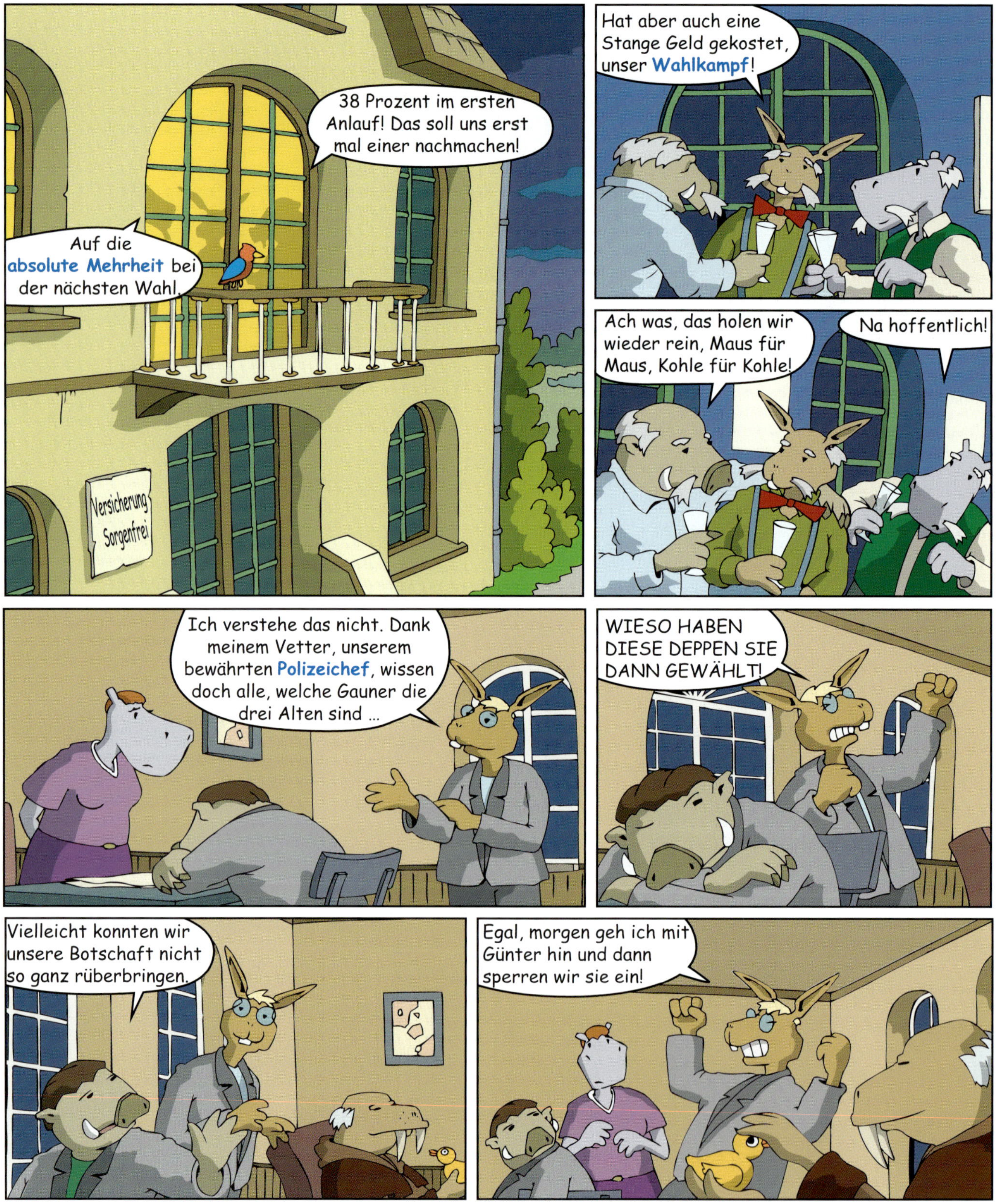
38 Prozent im ersten Anlauf! Das soll uns erst mal einer nachmachen!
Auf die absolute Mehrheit bei der nächsten Wahl.
Versicherung Sorgenfrei
Hat aber auch eine Stange Geld gekostet, unser Wahlkampf!
Ach was, das holen wir wieder rein, Maus für Maus, Kohle für Kohle!
Na hoffentlich!
Ich verstehe das nicht. Dank meinem Vetter, unserem bewährten Polizeichef, wissen doch alle, welche Gauner die drei Alten sind ...
WIESO HABEN DIESE DEPPEN SIE DANN GEWÄHLT!
Vielleicht konnten wir unsere Botschaft nicht so ganz rüberbringen.
Egal, morgen geh ich mit Günter hin und dann sperren wir sie ein!

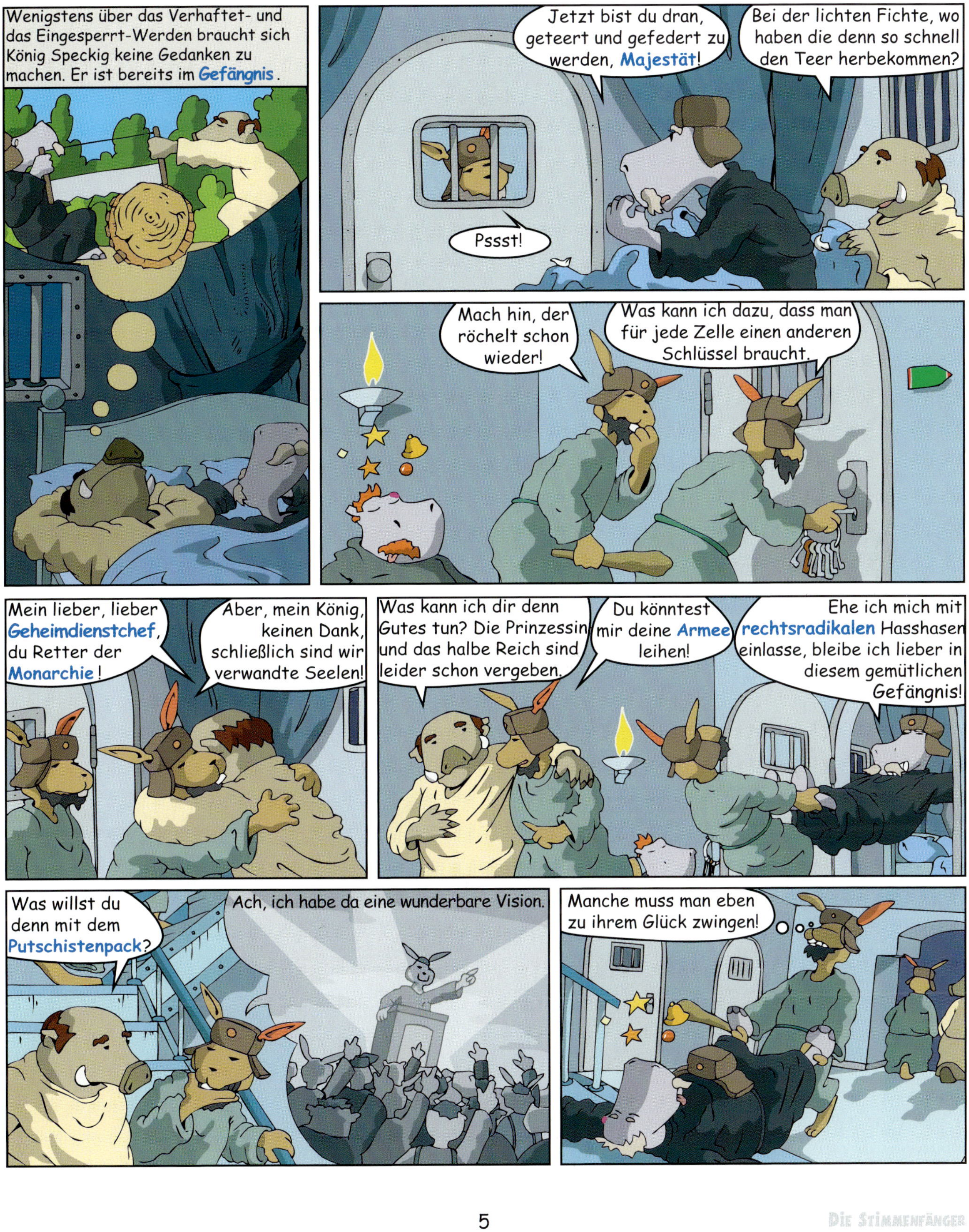

Wenigstens über das Verhaftet- und das Eingesperrt-Werden braucht sich König Speckig keine Gedanken zu machen. Er ist bereits im Gefängnis.
Jetzt bist du dran, geteert und gefedert zu werden, Majestät!
Bei der lichten Fichte, wo haben die denn so schnell den Teer herbekommen?
Pssst!
Mach hin, der röchelt schon wieder!
Was kann ich dazu, dass man für jede Zelle einen anderen Schlüssel braucht.
Mein lieber, lieber Geheimdienstchef, du Retter der Monarchie!
Aber, mein König, keinen Dank, schließlich sind wir verwandte Seelen!
Was kann ich dir denn Gutes tun? Die Prinzessin und das halbe Reich sind leider schon vergeben.
Du könntest mir deine Armee leihen!
Ehe ich mich mit rechtsradikalen Hasshasen einlasse, bleibe ich lieber in diesem gemütlichen Gefängnis!
Was willst du denn mit dem Putschistenpack?
Ach, ich habe da eine wunderbare Vision.
Manche muss man eben zu ihrem Glück zwingen!

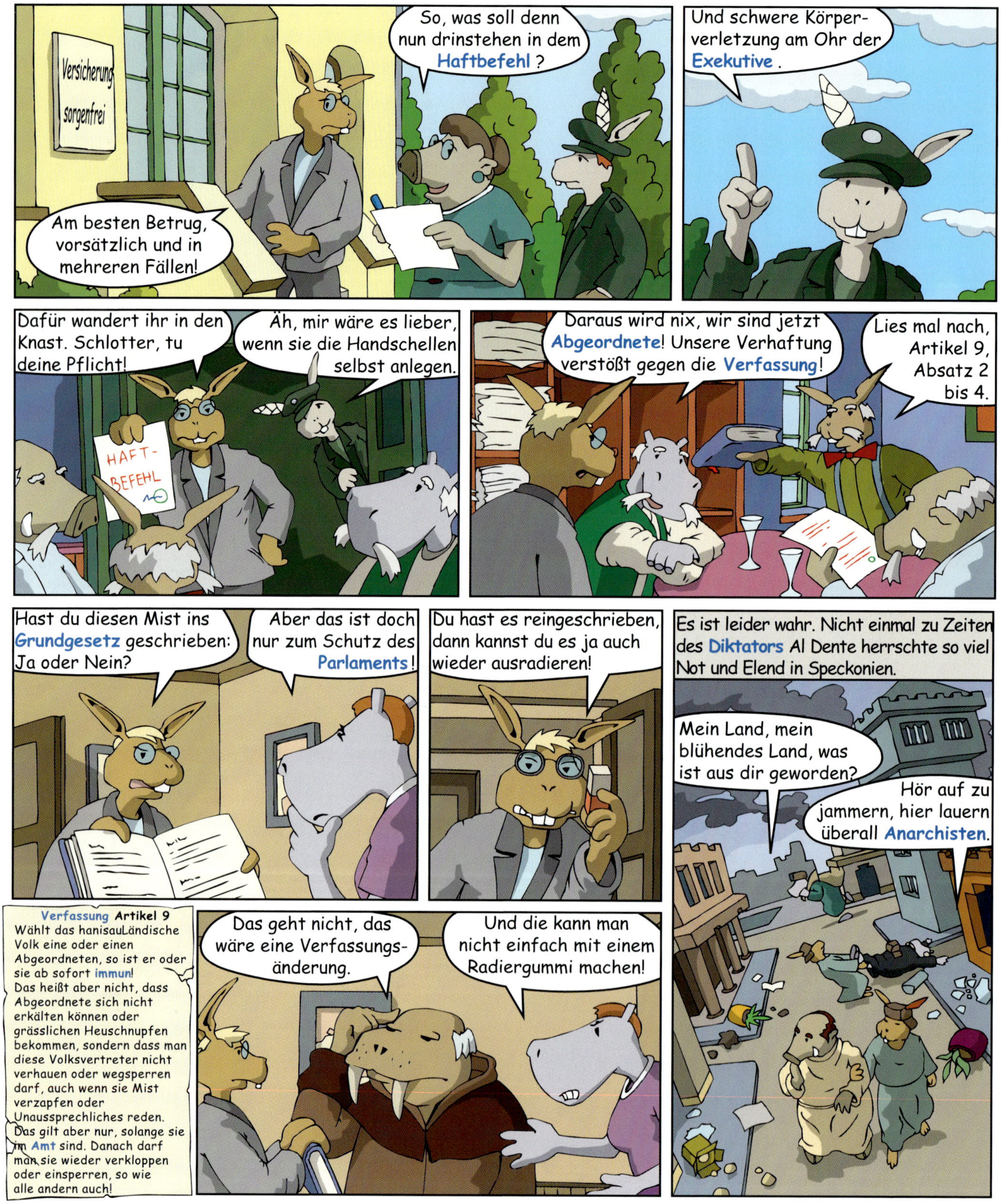
Versicherung sorgenfrei
So, was soll denn nun drinstehen in dem Haftbefehl?
Am besten Betrug, vorsätzlich und in mehreren Fällen!
Und schwere Körperverletzung am Ohr der Exekutive.
Dafür wandert ihr in den Knast. Schlotter, tu deine Pflicht!
HAFT-BEFEHL
Äh, mir wäre es lieber, wenn sie die Handschellen selbst anlegen.
Daraus wird nix, wir sind jetzt Abgeordnete! Unsere Verhaftung verstößt gegen die Verfassung!
Lies mal nach, Artikel 9, Absatz 2 bis 4.
Hast du diesen Mist ins Grundgesetz geschrieben: Ja oder Nein?
Aber das ist doch nur zum Schutz des Parlaments!
Du hast es reingeschrieben, dann kannst du es ja auch wieder ausradieren!
Es ist leider wahr. Nicht einmal zu Zeiten des Diktators Al Dente herrschte so viel Not und Elend in Speckonien.
Mein Land, mein blühendes Land, was ist aus dir geworden?
Hör auf zu jammern, hier lauern überall Anarchisten.
Verfassung Artikel 9
Wählt das hanisauLändische Volk eine oder einen Abgeordneten, so ist er oder sie ab sofort immun! Das heißt aber nicht, dass Abgeordnete sich nicht erkälten können oder grässlichen Heuschnupfen bekommen, sondern dass man diese Volksvertreter nicht verhauen oder wegsperren darf, auch wenn sie Mist verzapfen oder Unaussprechliches reden. Das gilt aber nur, solange sie im Amt sind. Danach darf man sie wieder verkloppen oder einsperren, so wie alle andern auch!
Das geht nicht, das wäre eine Verfassungsänderung.
Und die kann man nicht einfach mit einem Radiergummi machen!

Leute, es wird Zeit, dass wir was unternehmen.
Aber was? Auf den Straßen herrscht das Faustrecht. Die Anarchisten haben alle Geschäfte geplündert.
Wir werden alle Hungers sterben!
Ist schon lange her, dass ich meine letzte Möhre gemümmelt hab.
Wenn es so weitergeht, muss ich meine letzte Brieftaube schlachten.
Warum hast du nicht gleich gesagt, dass du eine Brieftaube hast?
Aber, wieso denn?
Weil sich seit Tagen kein anständiger Speckonier ins Freie traut, ...
... geschweige denn über die Grenze, um Hilfe zu holen!
An die Kanzlerin HanisauLands! Dies ist ein Hilferuf aus Speckonien. Das Land befindet sich in den Händen von Anarchisten. Wir brauchen dringend eine Friedenstruppe. Wenn ihr eine habt, schickt sie, wenn ihr keine habt, gründet eine.
Also merk's dir ... An das Kanzleramt Am Teich 5 Bad Nilstein
Da fliegt sie, die Hoffnung Speckoniens. Möge die Macht der „Lichten Fichte" mit ihr sein.
Wird die Taube ihr Ziel finden? Und wenn, hat die Kanzlerin Geld genug, um eine Friedenstruppe zu entsenden? Kann man eigentlich eine geltende Verfassung ändern, und wenn ja, wer darf es? Bekommen die drei Alten endlich den Arm des Gesetzes zu spüren oder gelingt es ihnen, sich weiterhin hinter ihrer Immunität als Abgeordnete zu verstecken?

... AUS DER GESCHICHTE HANISAULANDS

DER SCHNEIDER VON MÜMMELN

Nachdem er sieben Jahre lang das Flugverhalten von Maikäfern beobachtet hatte, gelang es Ludwig Mümmlinger in einem von ihm selbst genähten Fluganzug, im Beisein des Regenten und fünf seiner 32 Erbprinzen, die Mümmel zu überfliegen.

Warum dann bei dem Versuch, es dem Schneider gleich zu tun, der Regent in die Mümmel stürzte, wobei er auch noch einen seiner Schneidezähne einbüßte, ist bis heute ungeklärt.

Der Schneider fiel in Ungnade und durfte hinfort keine Fluganzüge, sondern nur noch Schlafanzüge für die Prinzen nähen.

44. Im Schatten der Schlammschleuder

Ich finde, Tantchen ist gut getroffen!
Na ja, aber politisch korrekt war das nicht gerade.
Aufhören, wir alle genießen diplomatische Immunität!
Die ist für die nächsten fünf Minuten aufgehoben!
Genau, so wünsch' ich mir die Kanzlerin, hart, wild und entschlossen!
Extrablatt! Kanzlerin setzt sich durch, hanisauLändisches Parlament endlich regierungsfähig.
Schon, aber gleich draufhauen, ich weiß ja nicht.
Tatsächlich gelingt es der tapferen Brieftaube, dank ihres von Mutter Natur eingebauten Navigationssystems, das Kanzleramt am Teich 5 zu finden.
Irgendetwas ist da faul, wieso schießen die Speckonier auf eine Brieftaube, die ins Kanzleramt will?
Verstehe, das ist ein Einschreiben, das muss persönlich abgegeben werden.

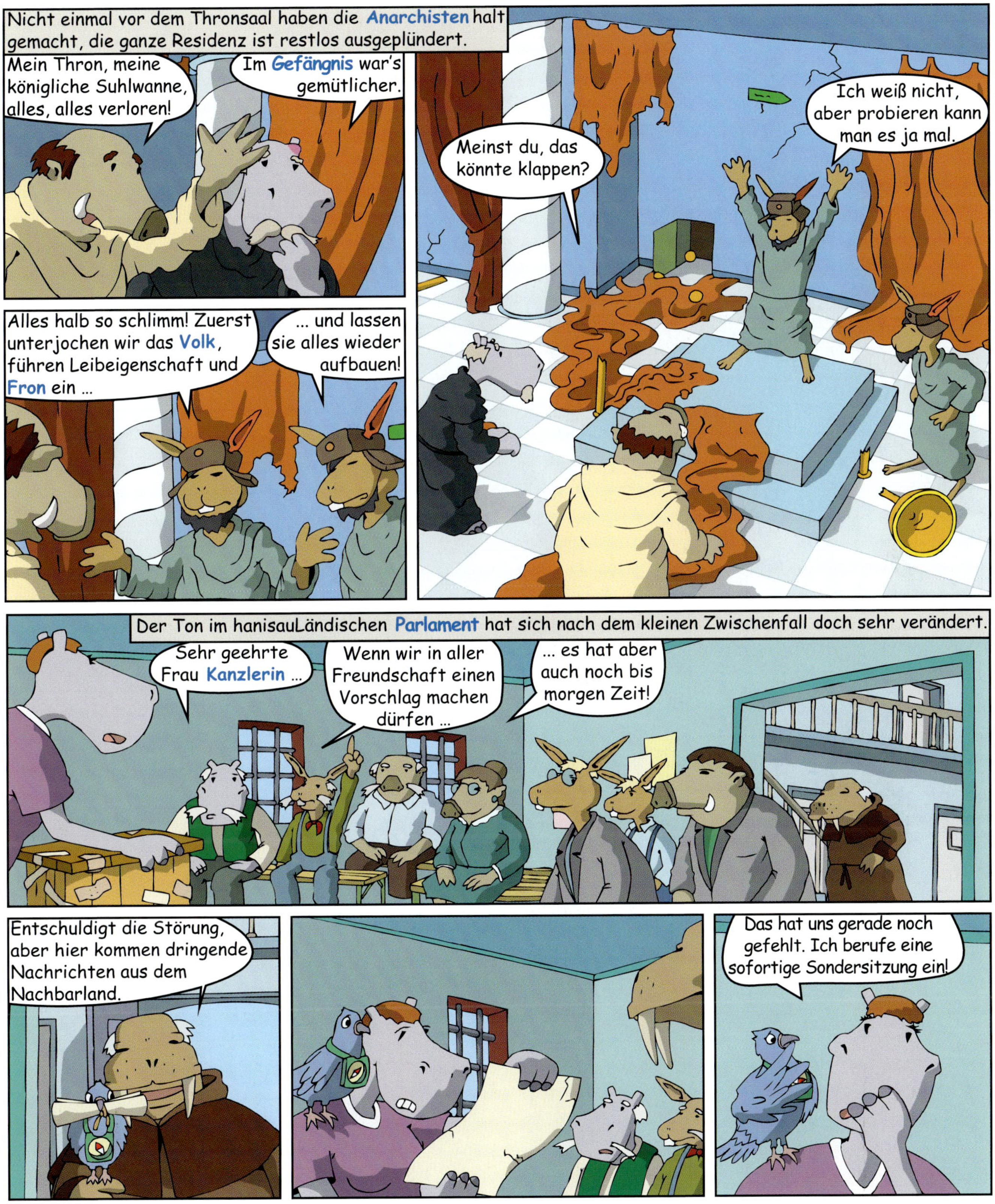
Nicht einmal vor dem Thronsaal haben die Anarchisten halt gemacht, die ganze Residenz ist restlos ausgeplündert.
Mein Thron, meine königliche Suhlwanne, alles, alles verloren!
Im Gefängnis war's gemütlicher.
Alles halb so schlimm! Zuerst unterjochen wir das Volk, führen Leibeigenschaft und Fron ein ...
... und lassen sie alles wieder aufbauen!
Meinst du, das könnte klappen?
Ich weiß nicht, aber probieren kann man es ja mal.
Der Ton im hanisauLändischen Parlament hat sich nach dem kleinen Zwischenfall doch sehr verändert.
Sehr geehrte Frau Kanzlerin ...
Wenn wir in aller Freundschaft einen Vorschlag machen dürfen ...
... es hat aber auch noch bis morgen Zeit!
Entschuldigt die Störung, aber hier kommen dringende Nachrichten aus dem Nachbarland.
Das hat uns gerade noch gefehlt. Ich berufe eine sofortige Sondersitzung ein!

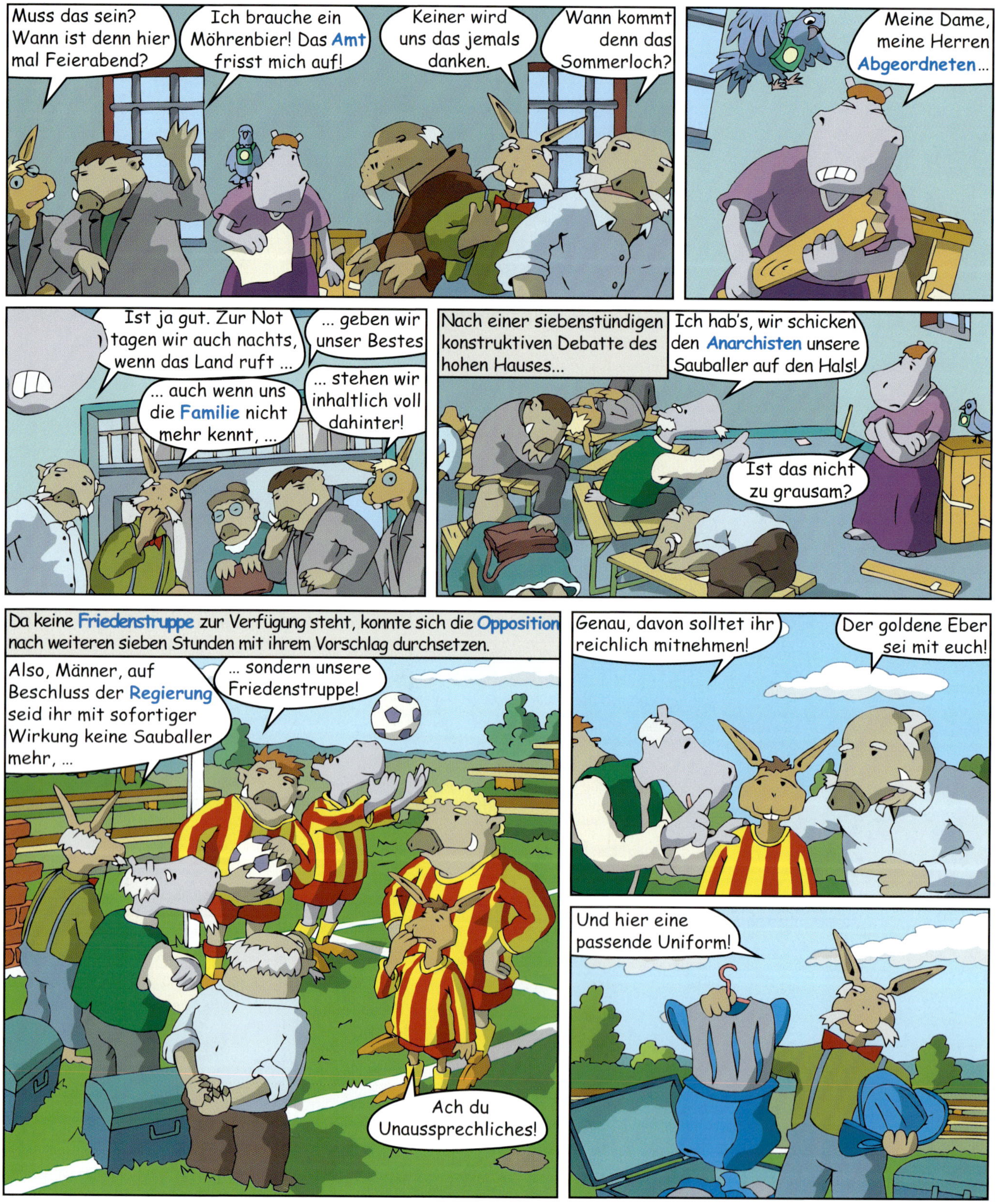

Muss das sein? Wann ist denn hier mal Feierabend?
Ich brauche ein Möhrenbier! Das Amt frisst mich auf!
Keiner wird uns das jemals danken.
Wann kommt denn das Sommerloch?
Meine Dame, meine Herren Abgeordneten...
Ist ja gut. Zur Not tagen wir auch nachts, wenn das Land ruft ...
... geben wir unser Bestes
... auch wenn uns die Familie nicht mehr kennt, ...
... stehen wir inhaltlich voll dahinter!
Nach einer siebenstündigen konstruktiven Debatte des hohen Hauses...
Ich hab's, wir schicken den Anarchisten unsere Sauballer auf den Hals!
Ist das nicht zu grausam?
Da keine Friedenstruppe zur Verfügung steht, konnte sich die Opposition nach weiteren sieben Stunden mit ihrem Vorschlag durchsetzen.
Also, Männer, auf Beschluss der Regierung seid ihr mit sofortiger Wirkung keine Sauballer mehr, ...
... sondern unsere Friedenstruppe!
Ach du Unaussprechliches!
Genau, davon solltet ihr reichlich mitnehmen!
Der goldene Eber sei mit euch!
Und hier eine passende Uniform!

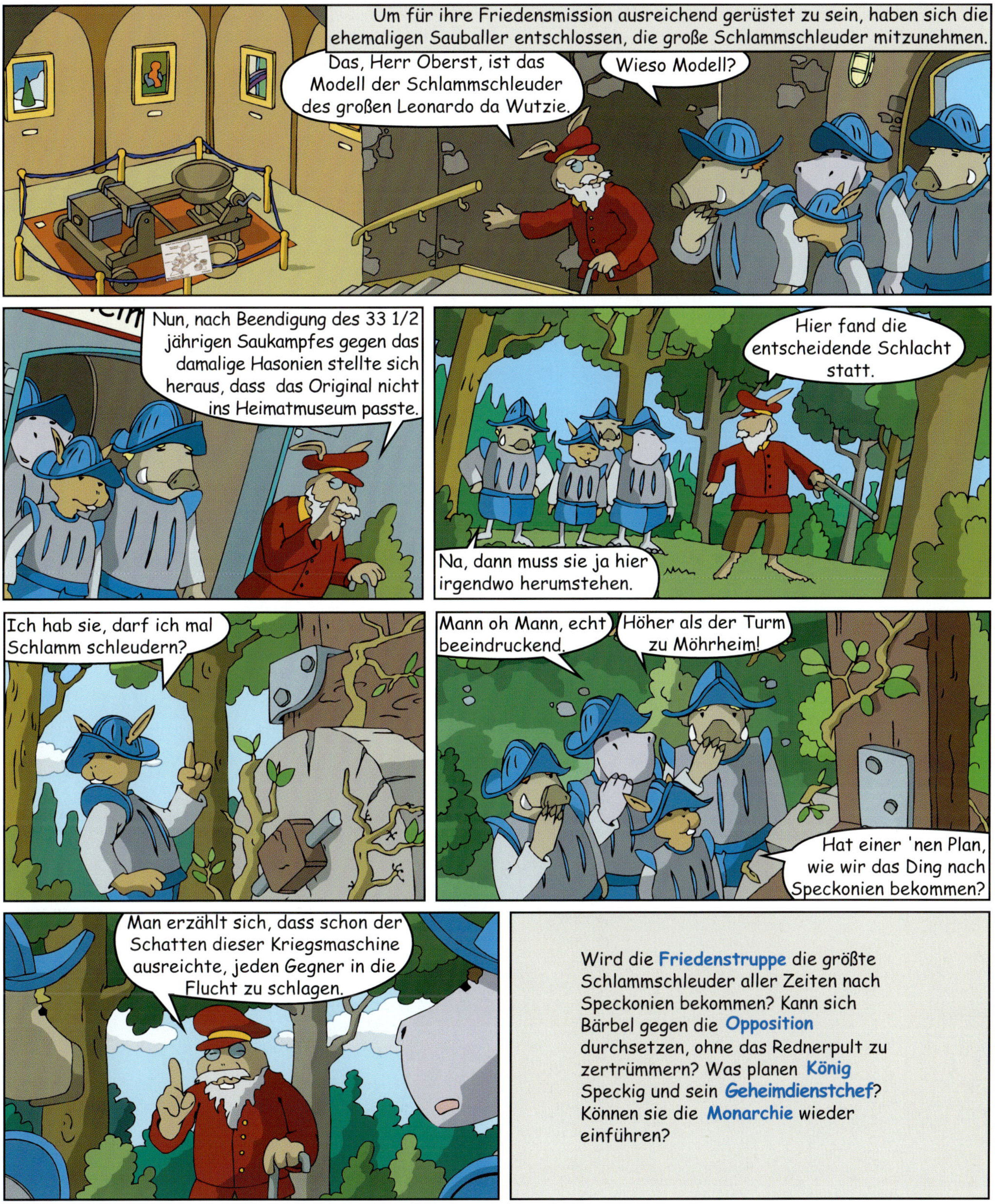

Wird die **Friedenstruppe** die größte Schlammschleuder aller Zeiten nach Speckonien bekommen? Kann sich Bärbel gegen die **Opposition** durchsetzen, ohne das Rednerpult zu zertrümmern? Was planen **König** Speckig und sein **Geheimdienstchef**? Können sie die **Monarchie** wieder einführen?

... aus der Geschichte Hanisaulands

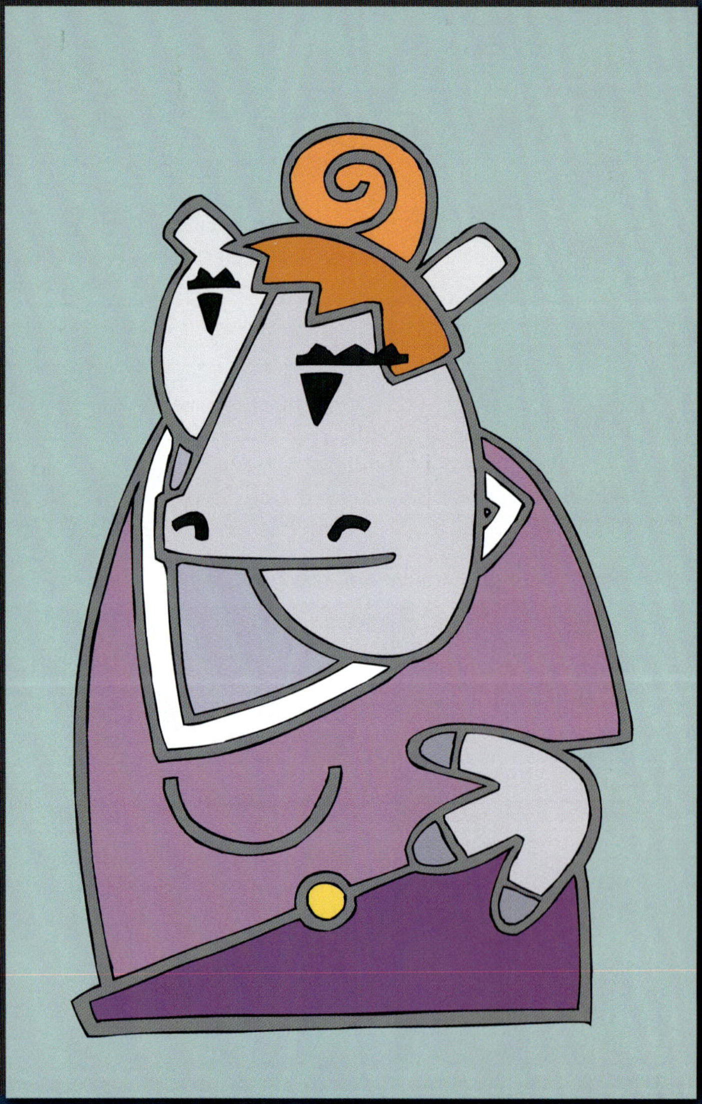

Portrait Bärbel Breitfuss

Der zu Recht völlig unbekannte Maler und Anstreicher W. Kannixki schuf dieses Werk im Auftrag der drei Alten. Es stellt die seit nunmehr fünf Jahren amtierende Kanzlerin HanisauLands dar und leitete die Kunstrichtung der Klotz- und Klötzchenmalerei ein.

45. Die vernagelte Mehrheit

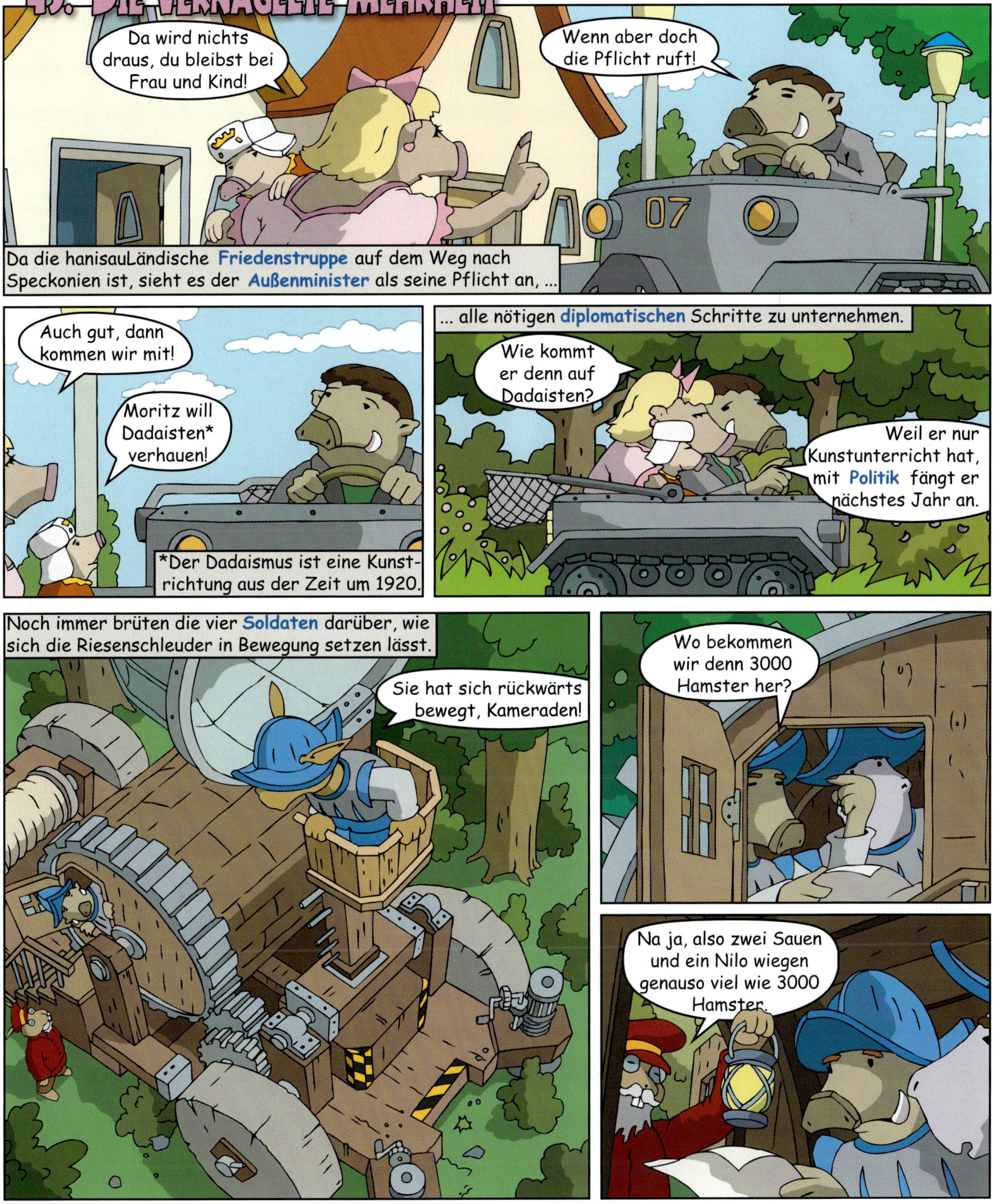

Während sich die Friedenstruppe auf ihren ersten Auslandseinsatz vorbereitet, steht das Parlament vor schweren Entscheidungen
Wenn die Kanzlerin morgen mit der neuen Supersteuer durchkommt, …
… sind wir unser sauer verdientes Vermögen los!
Meine Stimme bekommt ihr morgen nicht, auch wenn ihr Stammgäste seid!
Denkt ihr, was ich denke?
Ihr wollt doch nicht …
Und ob wir das wollen!
Hör auf zu politisieren, Ochs!
Hol lieber noch ein Fass Möhrenbier!
Aber deswegen keine Feindschaft, so ist das nun mal in einer Demokratie!
Da der Kollege Außenminister auf einer Friedensmission im Ausland weilt, …
… ist mit ein paar Hammerschlägen die Stimmengleichheit im Parlament wiederhergestellt.
Eigentlich will die Kanzlerin heute über die Supersteuer für besonders Reiche abstimmen lassen. Da es in HanisauLand aber nur drei Reiche gibt, ist es klar, gegen wen sich das Gesetz richtet.
Und deshalb, meine Dame und meine Herren, brauchen wir dieses Gesetz. Ich erklär es aber gern noch mal!
Nun hör schon auf, lass uns abstimmen!
Wir sind voll dagegen!
Ich möchte lieber noch auf den Abgeordneten Ochs warten!
So geht das aber nicht!
Wer nicht da ist, stimmt auch nicht ab!
Sagt mal, könnte es sein, dass da eine strafbare Handlung vorliegt?
Nein, nein! I wo!

Tatsächlich haben es die wackeren Streiter der Friedenstruppe geschafft, die große Schlammschleuder in Bewegung zu setzen.
Weiter, weiter, gleich geht es bergab!
Papa, ein Turm, kauf ihn mir!
Tatsächlich, und er bewegt sich rasend schnell AUF UNS ZU!
Bergauf ist die Bedienung der großen Schleuder anstrengend, bergab schmerzhaft.
Beim Geflügelten Nilofanten! Wir hätten doch besser Hamster genommen.
Ich will hier raus.

Wurfkelle
Ausguck bei hochgeklapptem Wurfarm
Spannwinde
Befüll-stutzen
Sicherheits-standpömpel
Überraschungstruhe
Antriebslaufrad (wahlweise für 3000 Feldhamster oder ein paar Soldaten)

Der Zorn des Goldenen Ebers ist über uns gekommen!
Das war nicht der Goldene Eber, das war deine **Friedenstruppe**! Ab jetzt fahre ich!
Wir haben was vergessen!
Was Wichtiges?
Allerdings! Nämlich nachzusehen, wo die Bremse ist!
Während die Friedenstruppe noch ein wenig mit ihrer antiken Waffe übt, verschlechtert sich in Speckonien die Lage zusehends.
Ich glaube, meine Brieftaube hat sich auf die Seite der **Anarchisten** geschlagen.
Wir hätten sie schlachten sollen!
Seid still, ich höre was!
Aber ich bin's doch nur, euer geliebter Herrscher!
Ahhh, jetzt haben sie uns entdeckt!
Der hat uns gerade noch gefehlt!
So ein bisschen **Fron** und Leibeigenschaft hat ja noch keinem geschadet.
Ich dachte, ihr könntet mir meinen Palast aufräumen.

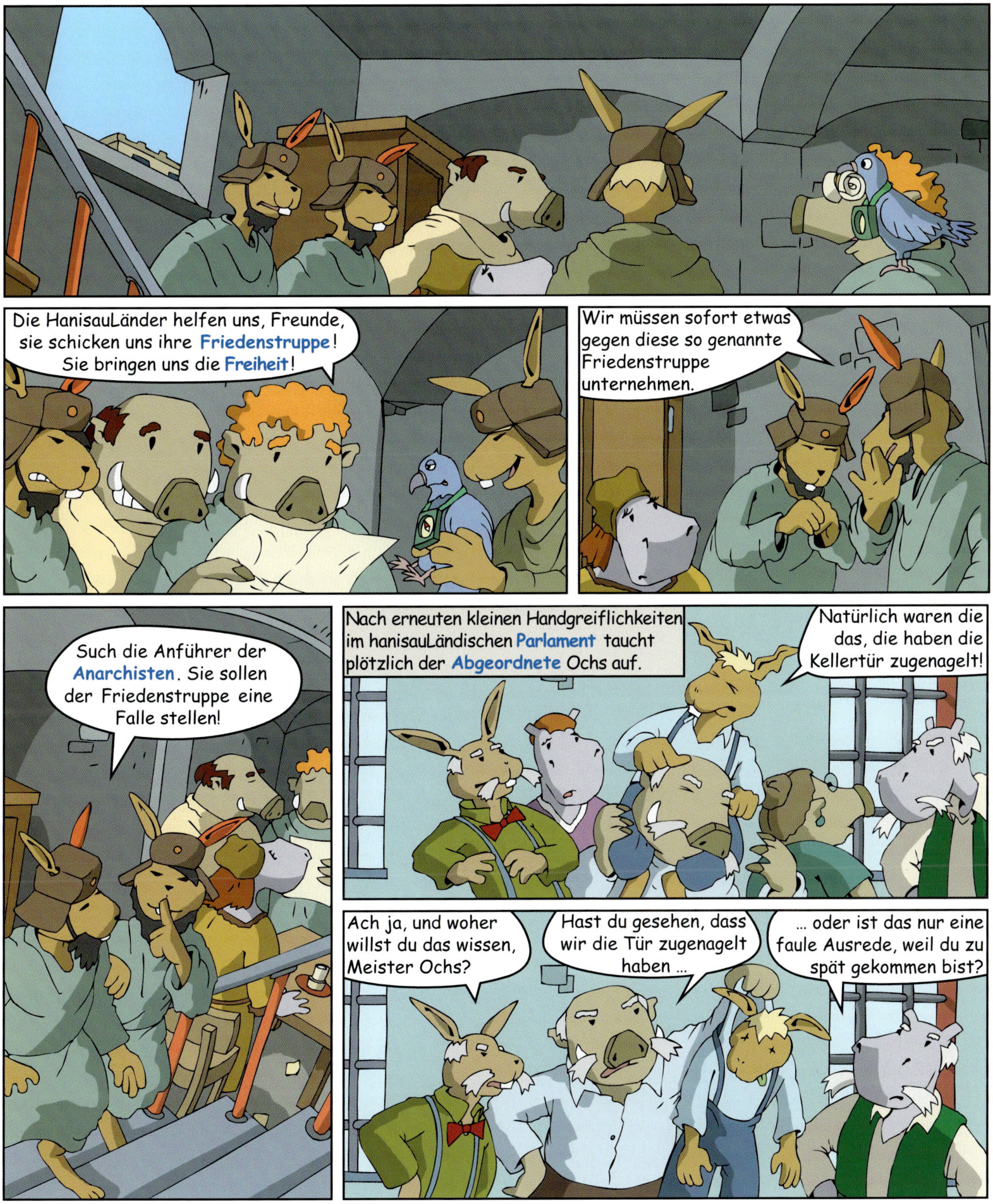
Die HanisauLänder helfen uns, Freunde, sie schicken uns ihre Friedenstruppe! Sie bringen uns die Freiheit!
Wir müssen sofort etwas gegen diese so genannte Friedenstruppe unternehmen.
Such die Anführer der Anarchisten. Sie sollen der Friedenstruppe eine Falle stellen!
Nach erneuten kleinen Handgreiflichkeiten im hanisauLändischen Parlament taucht plötzlich der Abgeordnete Ochs auf.
Natürlich waren die das, die haben die Kellertür zugenagelt!
Ach ja, und woher willst du das wissen, Meister Ochs?
Hast du gesehen, dass wir die Tür zugenagelt haben …
… oder ist das nur eine faule Ausrede, weil du zu spät gekommen bist?

Frau Kanzlerin, ich beantrage Vertagung und Klärung des Sachverhalts durch die Polizei.
Dem Antrag der Abgeordneten Ringel wird zähneknirschend stattgegeben.
Nagel oder Holzwurm, das ist hier die Frage.
Wie soll das nur weitergehen? Werden die drei Alten auch in Zukunft die Arbeit des Parlaments mit schmutzigen Tricks behindern? Kann G. Schlotter das kriminalistische Rätsel mit Hilfe des Holzwurms lösen? Was wird aus einer Friedenstruppe, die mit der eigenen Schlammschleuder Probleme hat, und schafft es König Speckig, seinen verwüsteten Palast wieder in Stand setzen zu lassen?

46. Der speckonische Suppenfriede

Wenn ich es doch sage, es sind hunderte, und sie haben Panzer.
Dann ziehen wir uns in die Wüste zurück!
Ihr sollt aber die Friedenstruppe aufhalten!
Bitte! Das ist doch ein Befehl vom Ohaha!
Du elender Versager, du!
Ich kann nichts dafür, wirklich!
Es sieht so aus, als ob der Feind sich verkrümelt hat!
Kein Anarchist weit und breit.
Wir sollten die Stadt trotzdem zuschlammen, nur so, zur Sicherheit!
Feuer einstellen!
Du Wildsau weißt ganz genau, dass Jutta in die Stadt gefahren ist!
Wie sollen wir denn etwas einstellen, was noch gar nicht angefangen hat?

PAPA! Nun hör schon mit dem Versteckspiel auf!
Geht lieber in Deckung, das ist meine Tochter und sie hört sich böse an!
Wir ziehen uns zurück, das ist eine Familien-angelegenheit.
Kann die mich auch wieder zum König machen?
Komm raus! Speckonien ist befreit, die Friedenstruppe schützt das Land!
Am besten wir geben ein rauschendes Fest für die tapferen Soldaten.
Ach ja, und was soll da rauschen? Die Anarchisten haben doch alles weggeschleppt.
Während die tapferen hanisauLändischen Friedensstifter frierend mit der Schlammschleuder auf dem höchsten Berg Speckoniens ausharren, bereitet Kanzlerin Bärbel Breitfuß das alljährliche Nilolausfest vor.
Das ist doch lächerlich, dich erkennt doch jeder!
Du, du bist doch viel zu dürr, um den Nilolaus zu spielen!
Hört auf, denkt lieber an unsre armen Soldaten!
Vielleicht sollten wir sie zum Fest überraschen.
Also, dann ist es beschlossen, wir reisen nach Speckonien ...
... und feiern mit unseren Jungs Nilolaus.
Unterdessen im Versicherungspalast
Und weil alle HanisauLänder sehen, was wir für tolle Kerle sind ...
... werden sie uns bei der nächsten Wahl wählen!

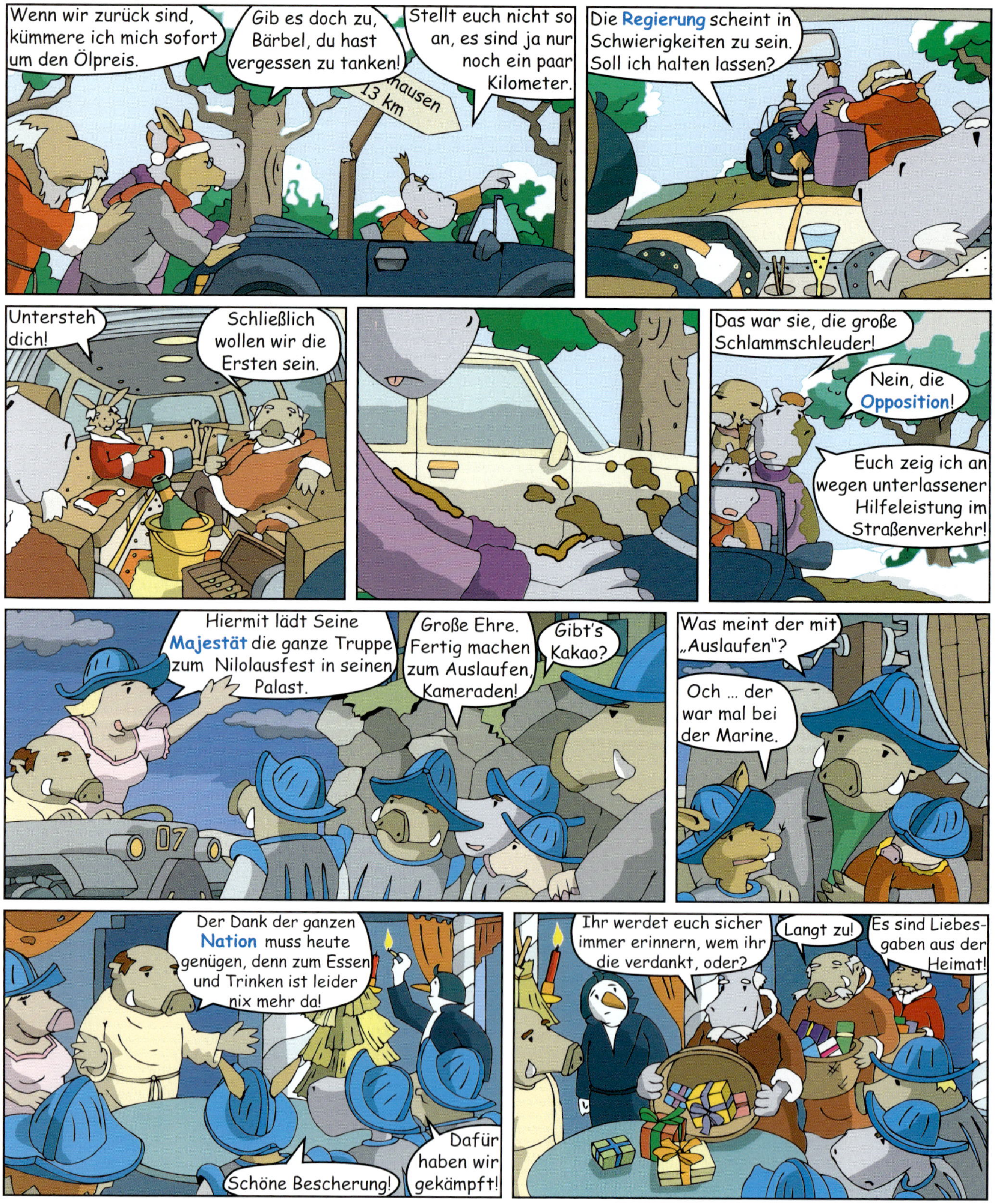
Wenn wir zurück sind, kümmere ich mich sofort um den Ölpreis.
Gib es doch zu, Bärbel, du hast vergessen zu tanken!
hausen 13 km
Stellt euch nicht so an, es sind ja nur noch ein paar Kilometer.
Die Regierung scheint in Schwierigkeiten zu sein. Soll ich halten lassen?
Untersteh dich!
Schließlich wollen wir die Ersten sein.
Das war sie, die große Schlammschleuder!
Nein, die Opposition!
Euch zeig ich an wegen unterlassener Hilfeleistung im Straßenverkehr!
Hiermit lädt Seine Majestät die ganze Truppe zum Nilolausfest in seinen Palast.
07
Große Ehre. Fertig machen zum Auslaufen, Kameraden!
Gibt's Kakao?
Was meint der mit „Auslaufen"?
Och ... der war mal bei der Marine.
Der Dank der ganzen Nation muss heute genügen, denn zum Essen und Trinken ist leider nix mehr da!
Schöne Bescherung!
Dafür haben wir gekämpft!
Ihr werdet euch sicher immer erinnern, wem ihr die verdankt, oder?
Langt zu!
Es sind Liebesgaben aus der Heimat!

Aber ihr habt ja die hanisauLändische Möhrensuppe vergessen!
Und Hampelnilo-läuse gibt's wohl auch keine?
Das mit den Hampelniloläusen ist ja nicht so schlimm. Der alte König Speckig hat irgendwo noch ein paar Hundert rumliegen.
Die Regierung lässt euch nicht im Stich!
Von mir selbst gekocht! Greift zu, es gibt noch mehr!
Riecht ihr, was ich rieche?
HANISAULÄNDISCHE MÖHRENSUPPE!
In Speckonien sieht es fast nach einem fried-vollen Nilolausfest aus, hätten sich nicht ...
Meine geliebten Untertanen, endlich seid ihr in den Schoß der Monarchie zurückgekehrt.
...der Ohaha und sein Kumpan der Schlamm-schleuder bemächtigt. Ihr Plan ist einfach. Regierung und König gleichzeitig ein-schlammen und danach in beiden Ländern die Macht übernehmen.
Hau das Seil durch, ich ziele genau auf den Palast!
Willst du nicht lieber erst runterkommen?
Nun wird wohl gleich eine unheilvolle Mischung aus Unaussprechlichem und Modder den Palast unter sich begraben. Wie konnte die Friedenstruppe die Schlammschleuder auch ohne Bewachung zurücklassen?

DAS SPIELKASINO

Lange bevor die drei Länder vereinigt wurden, gab es auf der Feste Sauburg ein Spielcasino, in dem Kotelett gespielt wurde. Die Kotelettspieler sitzen auf einem Drehteller, der von einem so genannten Grobje in Drehung versetzt wird. Der Spieler, der unter der über dem Koteletttisch aufgehängten Eichel sitzt, wenn die Drehscheibe zum Stillstand kommt, darf die Eichel verputzen. Hört sich vielleicht einfach an, macht aber tierisch Spaß. Leider fällt dieses Spiel heute unter die verbotenen Glücksspiele. Es soll aber immer noch in abgedunkelten Hinterzimmern heimlich gespielt werden.

47. Die Diener des leuchtenden Magmas

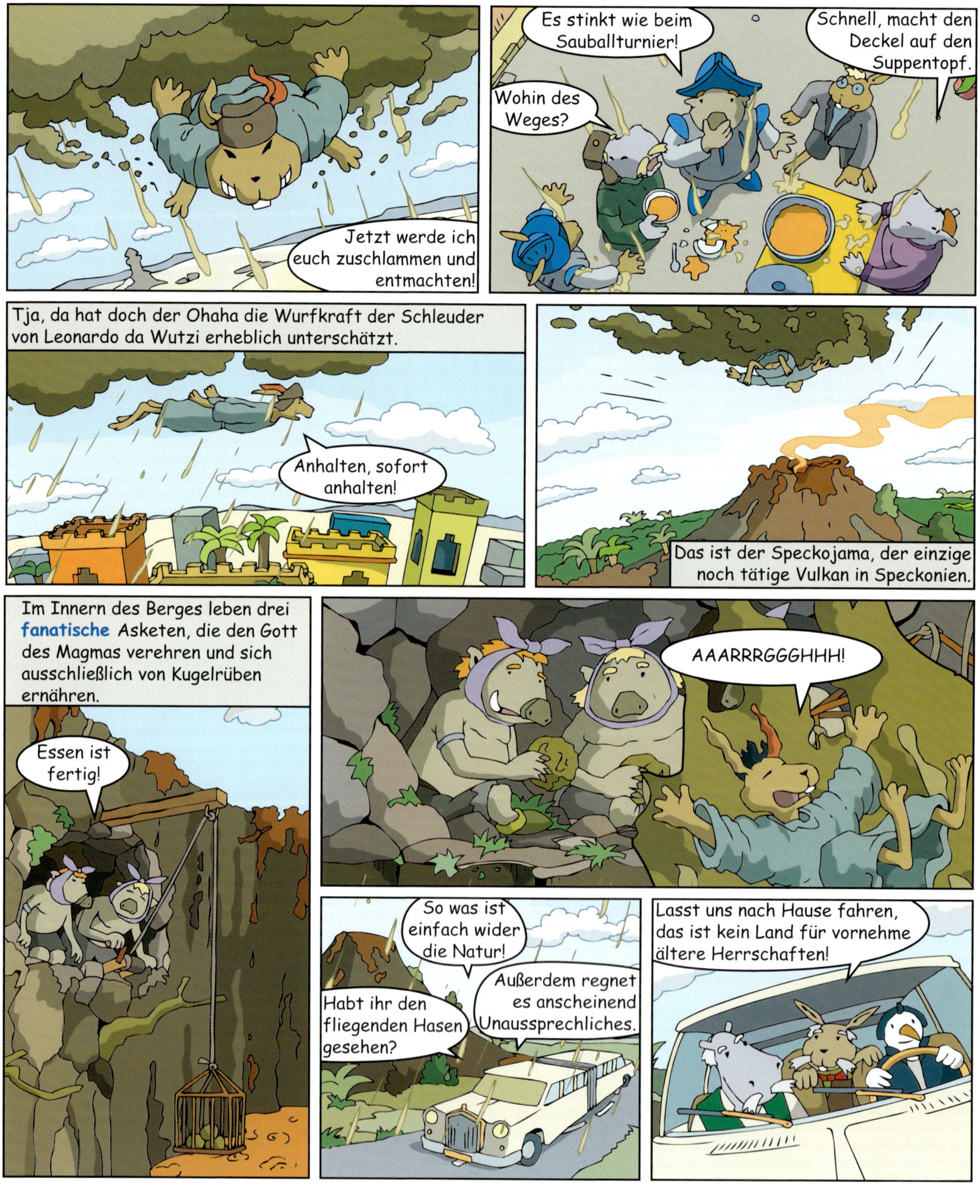
Jetzt werde ich euch zuschlammen und entmachten!
Es stinkt wie beim Sauballturnier!
Schnell, macht den Deckel auf den Suppentopf.
Wohin des Weges?
Tja, da hat doch der Ohaha die Wurfkraft der Schleuder von Leonardo da Wutzi erheblich unterschätzt.
Anhalten, sofort anhalten!
Das ist der Speckojama, der einzige noch tätige Vulkan in Speckonien.
Im Innern des Berges leben drei **fanatische** Asketen, die den Gott des Magmas verehren und sich ausschließlich von Kugelrüben ernähren.
Essen ist fertig!
AAARRRGGGHHH!
So was ist einfach wider die Natur!
Außerdem regnet es anscheinend Unaussprechliches.
Habt ihr den fliegenden Hasen gesehen?
Lasst uns nach Hause fahren, das ist kein Land für vornehme ältere Herrschaften!

Nun hör doch auf zu heulen!
Schließlich bist du wieder König, Papa!
Heulsuse!
Ja, ich bin wieder der Herrscher dieses Landes, aber zu welchem Preis!
Wir Anarchisten sehen ein, dass Anarchie auf Dauer nix ist. Also setzen wir den alten König wieder ein. Aber der ist ab sofort nicht mehr absolutistisch, sondern konstitutionell. Sonst kann er gleich wieder abhauen!
Wisst ihr, was das heißt? Nicht mal mehr ein klitzekleines Gesetzchen darf ich alleine machen.
Schmiergeld und Korruption wollen sie unter Strafe stellen. Den zuständigen Minister hab ich schon entlassen!
Weine mit mir, mein kleiner Prinz!
Nur gegen Kakao!
Nach dreitägiger Pause hat die hanisauLändische Regierung die Arbeit wieder aufgenommen. Trotzdem hat Bärbel die Sache mit dem Abgeordneten Ochs nicht vergessen.
Und so bitte ich nun Polizeichef Schlotter, das Ergebnis seiner Ermittlungen vorzutragen.
Ah, na ja, also ich hab sogar mit der Lupe geguckt ...
Ehe du weitersprichst, mein lieber Schlotter, ...
... hast du eigentlich schon gehört, ...
... dass wir eine Pensionskasse für Polizeipräsidenten gegründet haben?
Äh ja, sowieso war da nix. Der Holzwurm hat nix gesagt und einen Hammer gab es nicht!
Das ist ein Justizskandal, hier herrschen speckonische Zustände!

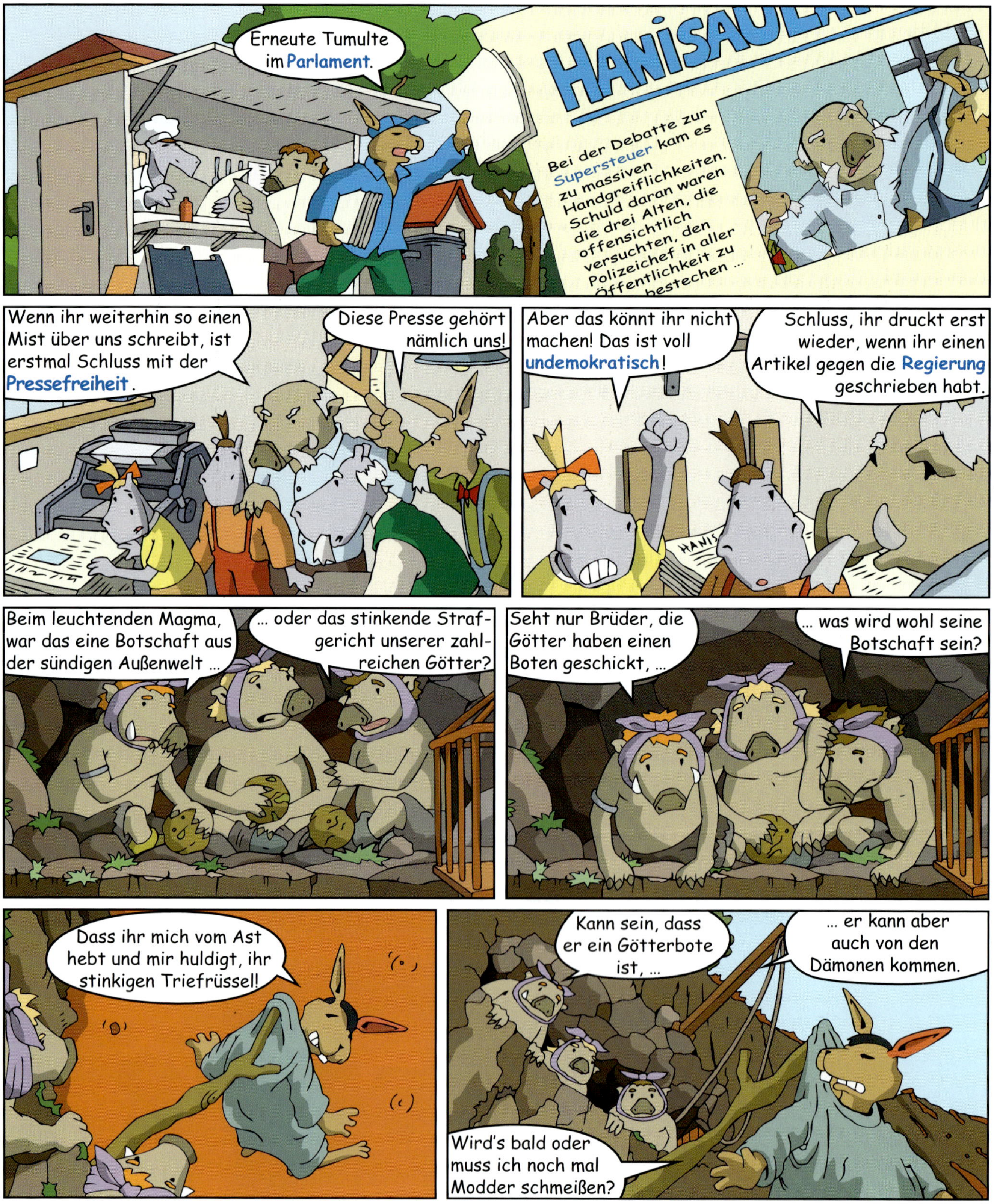
Erneute Tumulte im Parlament.
HANISAUER
Bei der Debatte zur Supersteuer kam es zu massiven Handgreiflichkeiten. Schuld daran waren die drei Alten, die offensichtlich versuchten, den Polizeichef in aller Öffentlichkeit zu bestechen ...
Wenn ihr weiterhin so einen Mist über uns schreibt, ist erstmal Schluss mit der Pressefreiheit.
Diese Presse gehört nämlich uns!
Aber das könnt ihr nicht machen! Das ist voll undemokratisch!
Schluss, ihr druckt erst wieder, wenn ihr einen Artikel gegen die Regierung geschrieben habt.
Beim leuchtenden Magma, war das eine Botschaft aus der sündigen Außenwelt ...
... oder das stinkende Strafgericht unserer zahlreichen Götter?
Seht nur Brüder, die Götter haben einen Boten geschickt, ...
... was wird wohl seine Botschaft sein?
Dass ihr mich vom Ast hebt und mir huldigt, ihr stinkigen Triefrüssel!
Kann sein, dass er ein Götterbote ist, ...
... er kann aber auch von den Dämonen kommen.
Wird's bald oder muss ich noch mal Modder schmeißen?

Was will der Spion bei der Kanzlerin?
Was wird aus demOhaha, werden die drei Asketen ihn als Götterboten akzeptieren oder halten sie ihn für einen Gesandten aus dem finsteren Dämonenreich?
Wie viele Tränen muss der arme **König** noch vergießen? Oder kann er sich mit seinem Machtverlust abfinden?
Was wird aus der **Pressefreiheit**?

Die Druckerpresse

Jahrhunderte lang wurde die Druckerpresse völlig falsch eingesetzt. Erst im Jahre 1492 gelang es Gunter Gänslein, die regierende Königin aller Hasen „ Ihre Großmöhrigkeit Babette von Hoppeln“ davon zu überzeugen, dass die Druckerpresse nicht zum Pressen von Druckern, sondern zum Drucken der Presse verwendet werden sollte.

48. In geheimer Mission

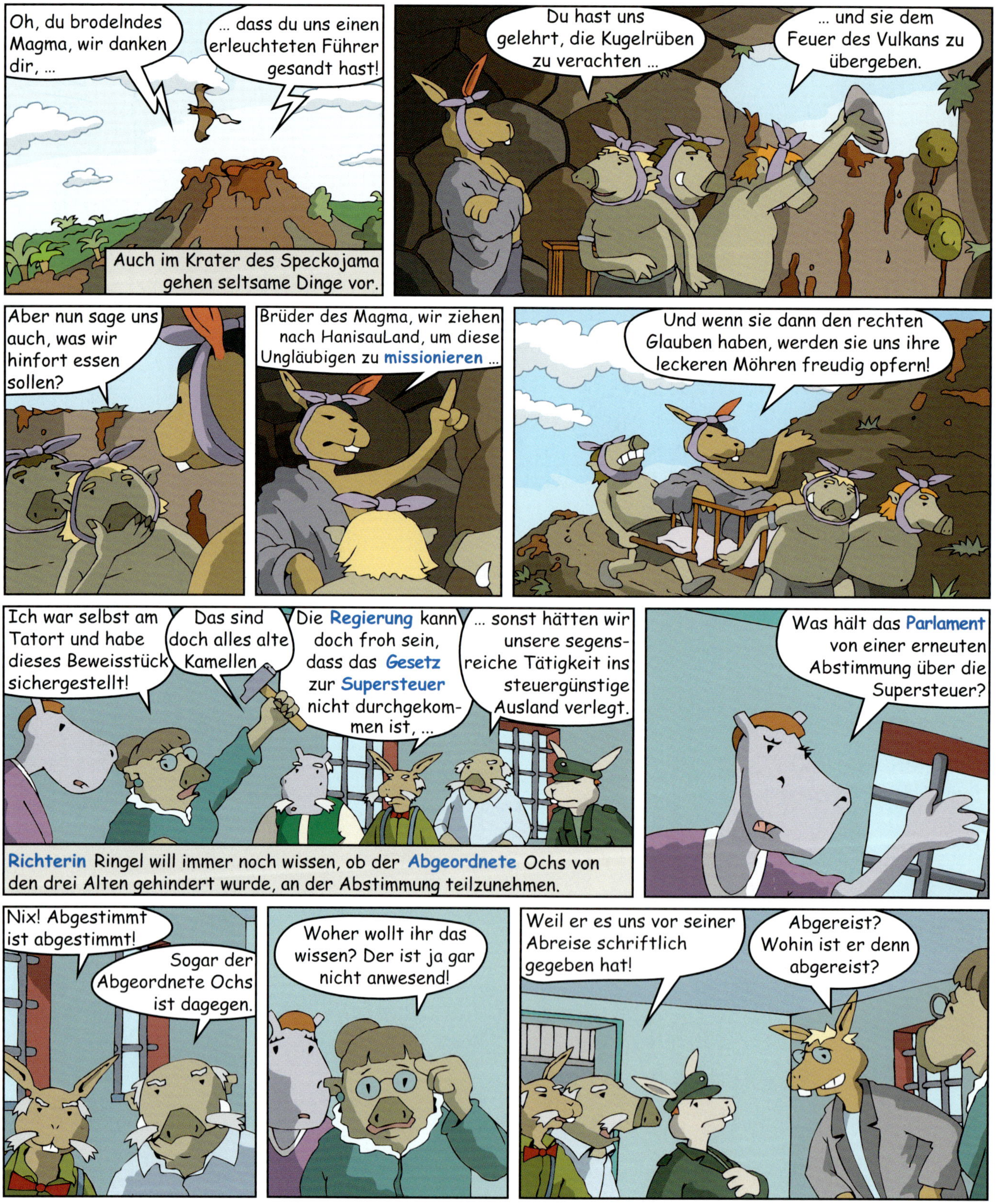
Oh, du brodelndes Magma, wir danken dir, ...
... dass du uns einen erleuchteten Führer gesandt hast!
Auch im Krater des Speckojama gehen seltsame Dinge vor.
Du hast uns gelehrt, die Kugelrüben zu verachten ...
... und sie dem Feuer des Vulkans zu übergeben.
Aber nun sage uns auch, was wir hinfort essen sollen?
Brüder des Magma, wir ziehen nach HanisauLand, um diese Ungläubigen zu missionieren ...
Und wenn sie dann den rechten Glauben haben, werden sie uns ihre leckeren Möhren freudig opfern!
Richterin Ringel will immer noch wissen, ob der Abgeordnete Ochs von den drei Alten gehindert wurde, an der Abstimmung teilzunehmen.
Ich war selbst am Tatort und habe dieses Beweisstück sichergestellt!
Das sind doch alles alte Kamellen
Die Regierung kann doch froh sein, dass das Gesetz zur Supersteuer nicht durchgekommen ist, ...
... sonst hätten wir unsere segensreiche Tätigkeit ins steuergünstige Ausland verlegt.
Was hält das Parlament von einer erneuten Abstimmung über die Supersteuer?
Nix! Abgestimmt ist abgestimmt!
Sogar der Abgeordnete Ochs ist dagegen.
Woher wollt ihr das wissen? Der ist ja gar nicht anwesend!
Weil er es uns vor seiner Abreise schriftlich gegeben hat!
Abgereist? Wohin ist er denn abgereist?

Trotz des Verbotes, die Druckerpresse zu benutzen, verhelfen Hippel und Hippa der Pressefreiheit zu ihrem Recht.
Mach hin, wenn die Alten uns erwischen, sitzen sie uns platt!
Ich drucke, so schnell es geht!
Sind das schon alle?
Tja, die anderen haben was Besseres zu tun.
Hallo, mein Volk!
Die sind mit dem Wiederaufbau beschäftigt. Die kurbeln die Wirtschaft an!
Von wegen Wirtschaftswunder und so!
Wie dem auch sei, wir haben über 200 Gesetzesentwürfe abzuarbeiten ...
Nummer 1: Die Leuchtmittelsteuer ...
Mir ist langweilig!
Ich weiß, dass es sehr spät ist, aber er sagt, es sei in geheimer Mission.
Na, wenn das so ist. Wahrscheinlich ist der Kerl ein Spitzel der Regierung.
Stimmt, ich bin Spitzel, aber ein schlecht bezahlter!

Seit über einer Stunde erklärt der Spion, wie er als Doppelagent vorgehen will.
Also, ihr sagt mir, was ich raus gefunden haben soll ...
Verstehe, und du sagst genau das der Regierung, ...
... dann sagt die Regierung dir, was du uns sagen sollst, ...
... und das verrätst du uns dann!
Und zu was soll das gut sein?
Weiß ich auch nicht, es steht aber so im Lehrbuch!
Im Morgengrauen des nächsten Tages erreichen die fanatischen Asketen vom leuchtenden Magma und ihr neuer Anführer hanisauLändisches Gebiet.
Sollen wir erst frühstücken oder gleich missionieren?
Brüder, dies ist das Land des Möhrengrüns!
MÖHRENDIEBE, VATER, MÖHREN-DIEBE!
Wo ist meine Mistgabel?
Herrlich, wunderbar! Besser als die Matsch-rüben!
Sehr schön, aber fangt doch schon mal mit mission-ieren an.
Wir danken dir, Erleuchteter!

Zustände sind das.
Der Spion arbeitet für beide Seiten.
Der Minister für Korruption und Schmiergeld wird möglicherweise Justizminister.
Die drei Alten kaufen Abgeordnete und König Speckig hält nichts von Demokratie .

Wird es dem Ohaha und den drei Asketen vom leuchtenden Magma gelingen, die HanisauLänder zu missionieren?

Oder schmeißt man die Missionare aus dem Land und schickt sie in den Speckojama zurück?

... aus der Geschichte Hanisaulands

Die Entstehung der Arten

Seit Anbeginn aller Zeit glaubten die Hasen, die Nilos und die Wildsauen, dass sie von ihren Göttern, also der großen Häsin, dem geflügelten Nilophanten und dem goldenen Eber, auf dem Balkon eines Palastes, der auf einem hohen Berg steht, in Blumentöpfen gezüchtet worden sind.

Der weitgereiste Naturforscher und Hobbyzahnarzt Karl Irrwin widersprach dieser weit verbreiteten Meinung. Nach einer größeren Reise und mehr als zwanzig Jahren angestrengten Herumgrübelns gelangte er zu der Auffassung, dass ganz HanisauLand und alle seine Bewohner nicht von Göttern gezüchtet, sondern einfach nur...

... gezeichnet worden sind.
Das hätte er besser nicht gesagt.

49. Der Marsch der Asketen

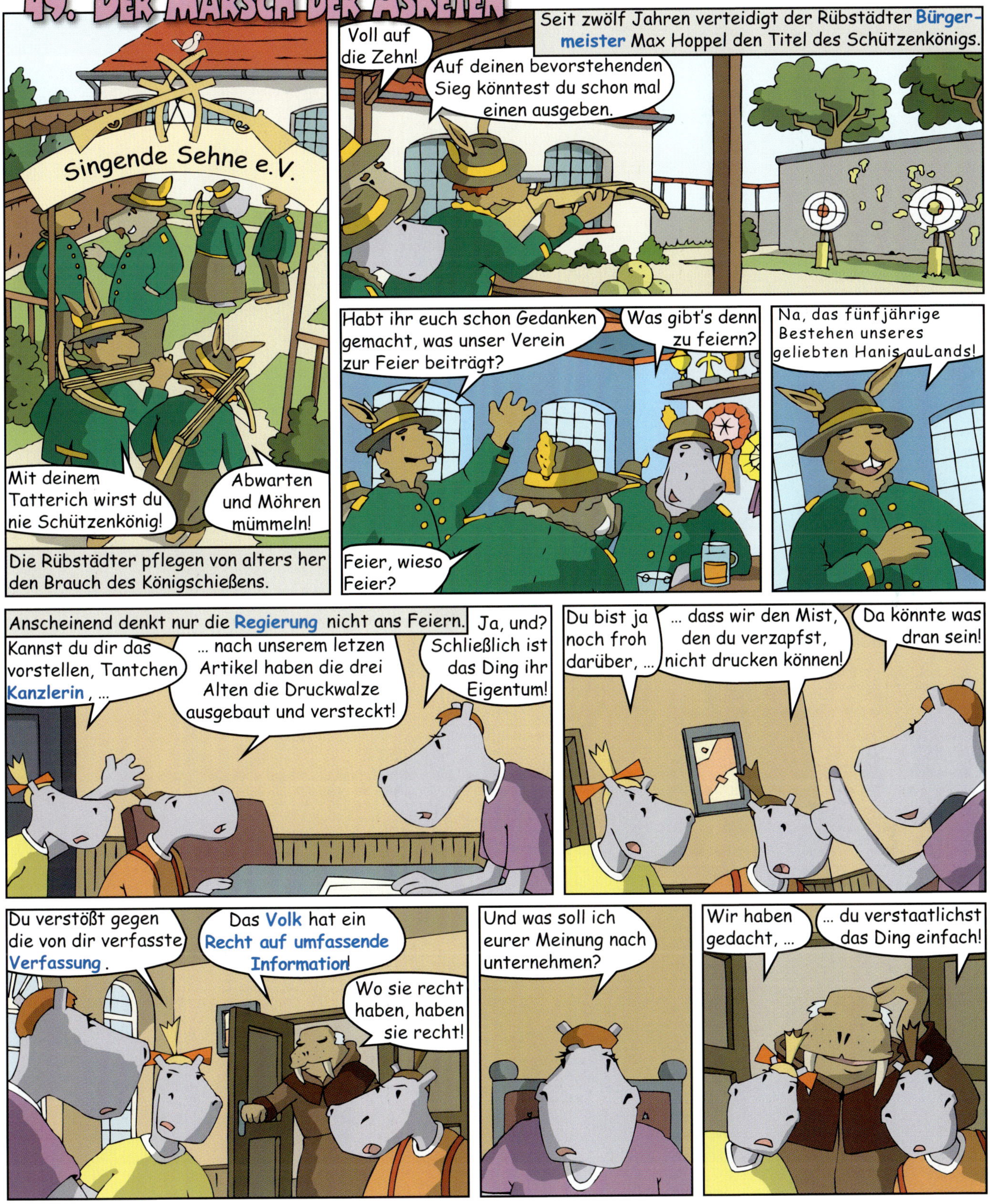

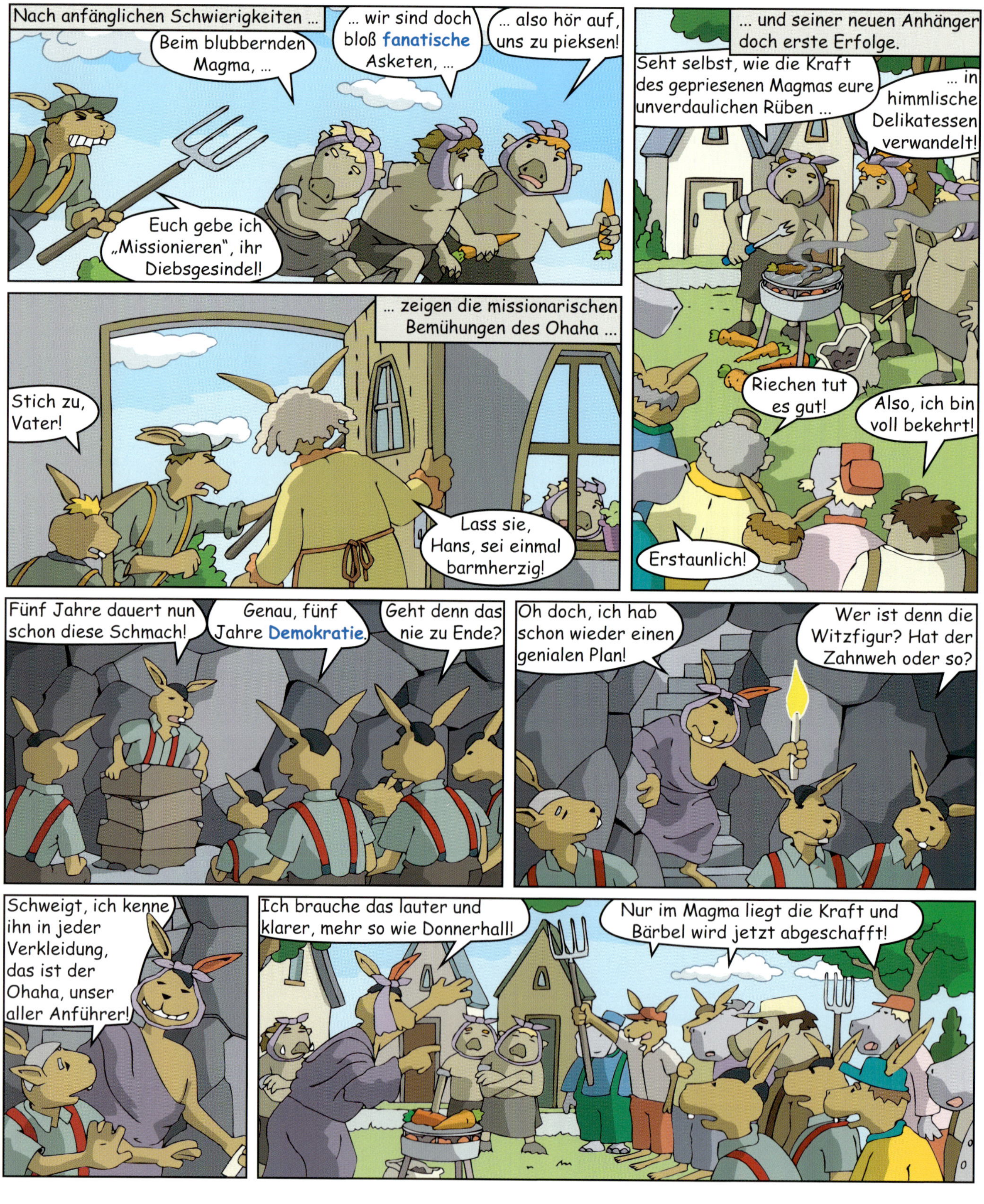
Nach anfänglichen Schwierigkeiten ...
Beim blubbernden Magma, ...
... wir sind doch bloß fanatische Asketen, ...
... also hör auf, uns zu pieksen!
Euch gebe ich „Missionieren", ihr Diebsgesindel!
... und seiner neuen Anhänger doch erste Erfolge.
Seht selbst, wie die Kraft des gepriesenen Magmas eure unverdaulichen Rüben ...
... in himmlische Delikatessen verwandelt!
... zeigen die missionarischen Bemühungen des Ohaha ...
Stich zu, Vater!
Lass sie, Hans, sei einmal barmherzig!
Riechen tut es gut!
Also, ich bin voll bekehrt!
Erstaunlich!
Fünf Jahre dauert nun schon diese Schmach!
Genau, fünf Jahre Demokratie.
Geht denn das nie zu Ende?
Oh doch, ich hab schon wieder einen genialen Plan!
Wer ist denn die Witzfigur? Hat der Zahnweh oder so?
Schweigt, ich kenne ihn in jeder Verkleidung, das ist der Ohaha, unser aller Anführer!
Ich brauche das lauter und klarer, mehr so wie Donnerhall!
Nur im Magma liegt die Kraft und Bärbel wird jetzt abgeschafft!

Noch immer verdächtigt die Abgeordnete Ringel ihre drei Kollegen.
Meine Herren, das ist kein Kaffeekränzchen, sondern ein parlamentarischer Untersuchungsausschuss.
Hört, hört!
Wo ist denn da der Unterschied?
Es gibt Wichtigeres zu tun, oder?
Herr Innenminister, was haben Sie unternommen, damit der Abgeordnete Ochs hier gehört werden kann?
Na ja, ich hab den Günther zu ihm geschickt.
Bestell, was du willst, meine drei alten Freunde bezahlen!
Deine Freunde sind auch meine Freunde!
Der Abgeordnete Ochs verbringt immer noch sonnige Tage in dem von den drei Alten gestifteten Kurheim.
Da sowohl der Abgeordnete Ochs ...
... als auch Polizeichef Schlotter ...
... derzeit in unserem Kurheim in Behandlung sind, ...
... wäre es vielleicht sinnvoller, über die bevorstehenden Feierlichkeiten zu sprechen.
Welche Feierlichkeiten denn?
Stunden später.
Deswegen schlagen wir dieser ewig bankrotten Regierung folgenden Deal vor ...
Uff, Nummer 50, ich kann nicht mehr!
Für die Pressefreiheit muss man zur Not auch mit der Hand schreiben!

Guten Morgen, mein geliebtes Volk. Darf ich euch nun unseren einstimmig gewählten Justizminister vorstellen.
Danke, danke, danke!
Wo bin ich?
Gibt es hier Frühstück?
Schummel und Schmu! Wieso denn einstimmig?
Wir haben doch geschlafen! Und wer schläft, sündigt nicht!
Pappelapapp, einstimmig heißt: mit einer Stimme. Und das war meine!
Egon, wach auf, der Mob rebelliert!
Kein Wunder, du Despot!
Vergreift euch ja nicht an einer Mutter mit Kind.
Jagt ihn aus dem Palast! Exil für Speckig!
Wir wollen Al Dente zurück! Lieber die Anarchisten am Hals!
Noch immer ist in Speckonien die hanisauLändische Friedenstruppe stationiert. Vermutlich hat man einfach vergessen, sie wieder zurückzuholen.
Ich höre Kampfgetümmel im Palast.
Dann lass dir mal die Lauscher putzen.
Das hat ja wohl Zeit bis nach dem Frühstück.
Sieht böse aus! Tja, dann wollen wir mal eingreifen!
Gut, auf welcher Seite stehen wir?
Mmh, kann ich nicht sagen. Das ist eine politische Entscheidung.
Gut, dass der Außenminister da ist!

Für welche Seite wird Egon sich entscheiden, wenn er wieder zu sich kommt? Für seinen Schwiegervater oder für die **Volksvertreter**?
Was wird aus der großen Feier, wenn es die drei Alten nicht schaffen, das Museum zu renovieren?
Und, vor allem, gelingt es dem Ohaha und seinen fanatischen Asketen, die Regierung zu stürzen?

Der Tauchanzug

Zwischen 1412 und 1413 entwickelte Urkomiker und Universalgenie Leonardo da Wutzi diesen Tauchanzug für Nilos.
Jahrhunderte hindurch trugen alle Nilos diese schwere Ausrüstung bei ihrer täglichen Unterwasserarbeit.

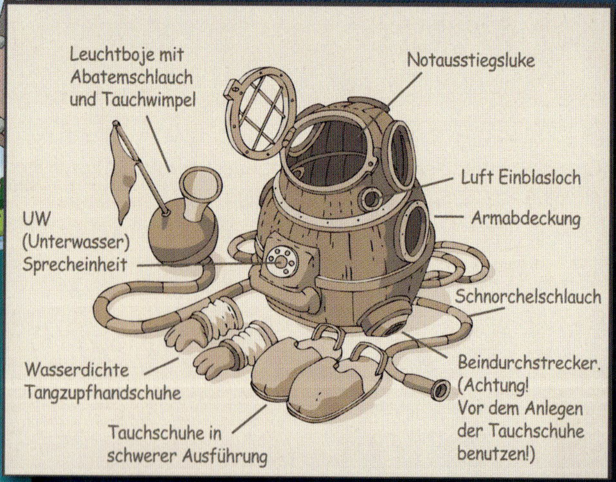

Erst dreihundert Jahre später, beim so genannten Nilsteiner Brückensturz, entdeckte Nilobrand Platschling, dass er und seine Artgenossen ohne den Tauchanzug des großen Leonardo da Wutzi unter und über Wasser bedeutend besser zurecht kommen.

50. Der Tanz auf dem Vulkan

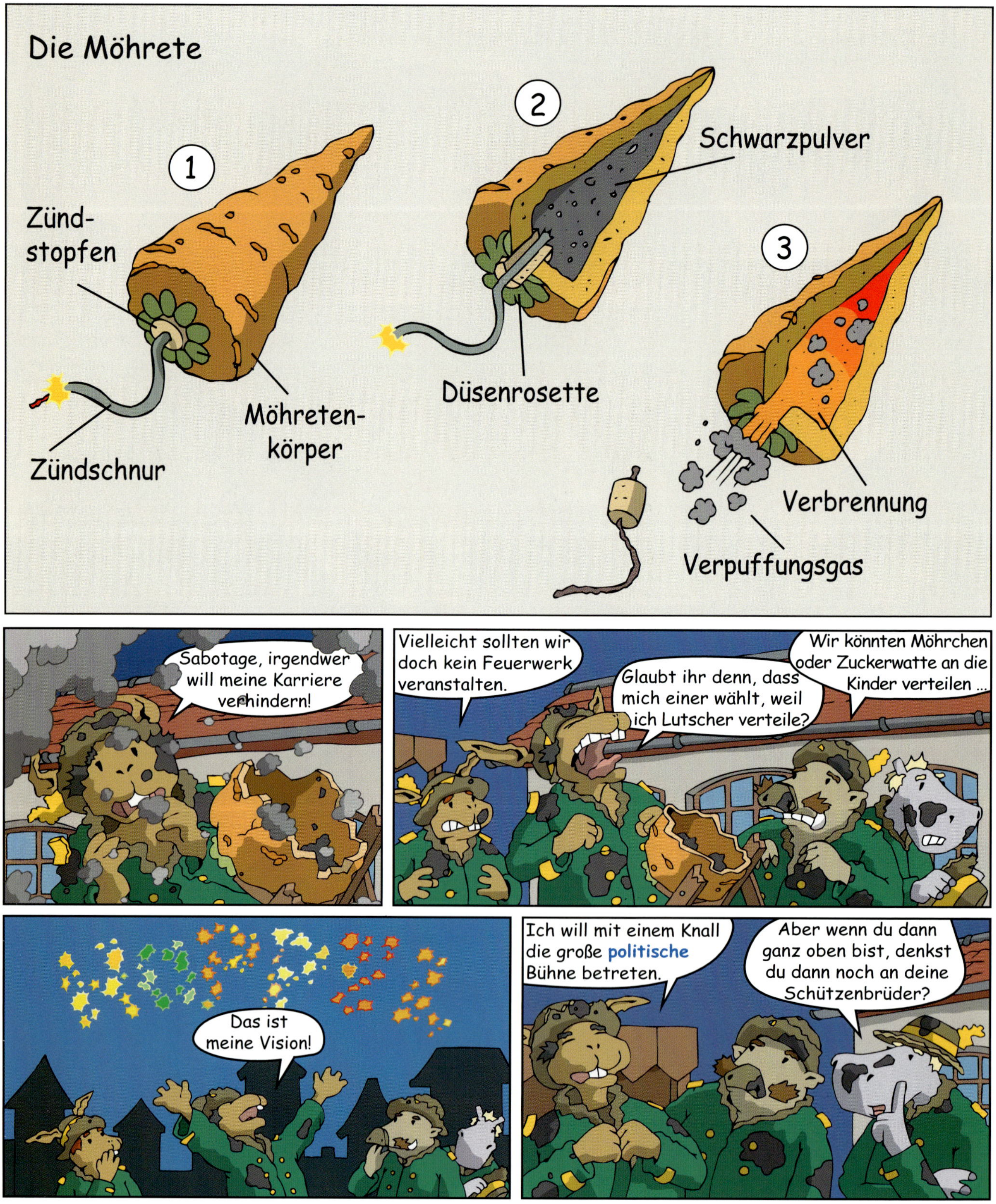
Die Möhrete
1
Zünd-
stopfen
Zündschnur
Möhreten-
körper
2
Schwarzpulver
Düsenrosette
3
Verbrennung
Verpuffungsgas
Sabotage, irgendwer will meine Karriere verhindern!
Vielleicht sollten wir doch kein Feuerwerk veranstalten.
Wir könnten Möhrchen oder Zuckerwatte an die Kinder verteilen ...
Glaubt ihr denn, dass mich einer wählt, weil ich Lutscher verteile?
Das ist meine Vision!
Ich will mit einem Knall die große **politische** Bühne betreten.
Aber wenn du dann ganz oben bist, denkst du dann noch an deine Schützenbrüder?

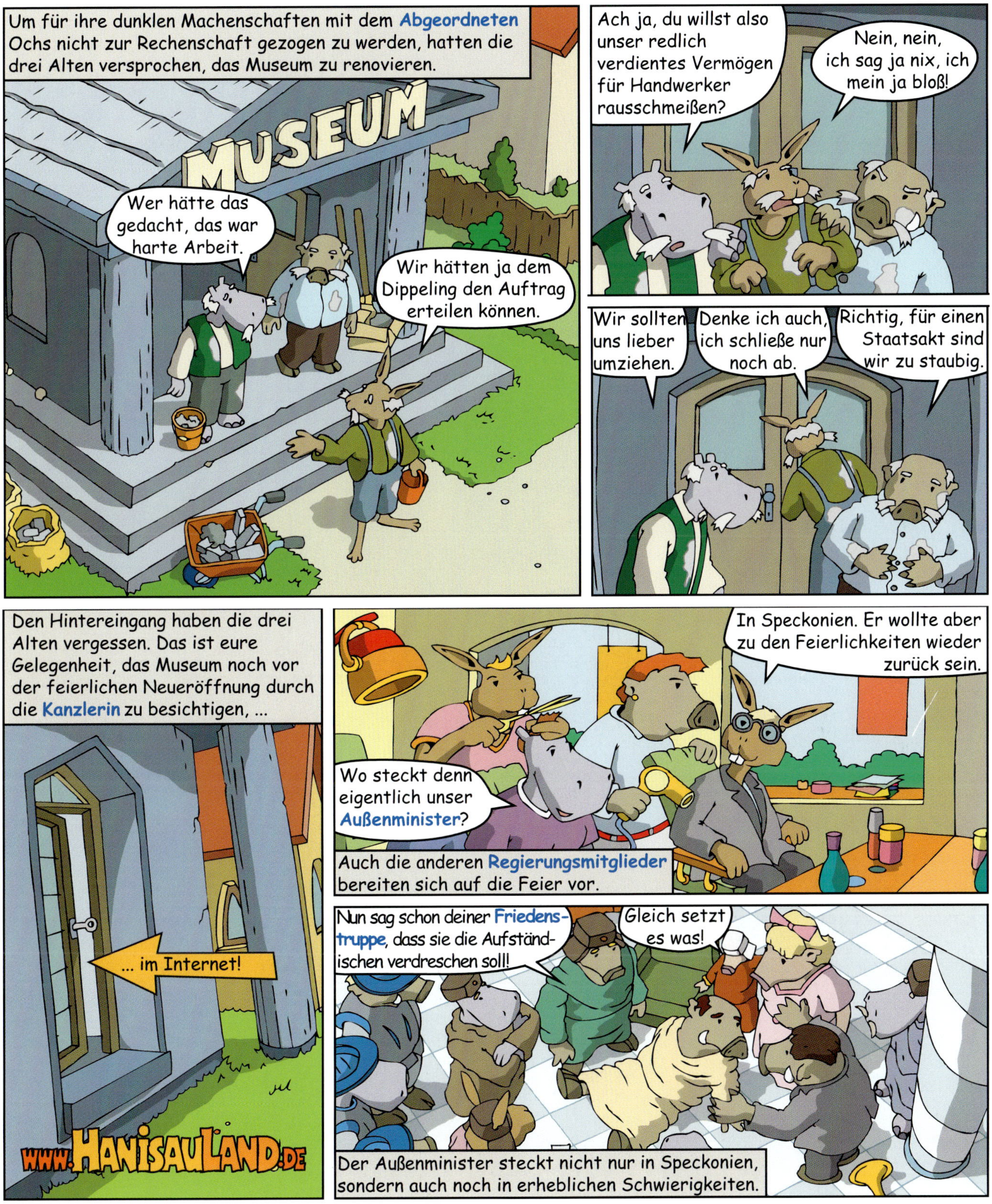

Um für ihre dunklen Machenschaften mit dem Abgeordneten Ochs nicht zur Rechenschaft gezogen zu werden, hatten die drei Alten versprochen, das Museum zu renovieren.
MUSEUM
Wer hätte das gedacht, das war harte Arbeit.
Wir hätten ja dem Dippeling den Auftrag erteilen können.
Ach ja, du willst also unser redlich verdientes Vermögen für Handwerker rausschmeißen?
Nein, nein, ich sag ja nix, ich mein ja bloß!
Wir sollten uns lieber umziehen.
Denke ich auch, ich schließe nur noch ab.
Richtig, für einen Staatsakt sind wir zu staubig.
Den Hintereingang haben die drei Alten vergessen. Das ist eure Gelegenheit, das Museum noch vor der feierlichen Neueröffnung durch die Kanzlerin zu besichtigen, ...
... im Internet!
www.HanisauLand.de
Wo steckt denn eigentlich unser Außenminister?
In Speckonien. Er wollte aber zu den Feierlichkeiten wieder zurück sein.
Auch die anderen Regierungsmitglieder bereiten sich auf die Feier vor.
Nun sag schon deiner Friedenstruppe, dass sie die Aufständischen verdreschen soll!
Gleich setzt es was!
Der Außenminister steckt nicht nur in Speckonien, sondern auch noch in erheblichen Schwierigkeiten.

Wisst ihr, wie das ist, wenn einem die eigene Verwandtschaft in den Rücken fällt?
Meinst du wirklich?
Aber ja, nur vorübergehend, bis die da sich beruhigt haben.
Dringende Staatsgeschäfte rufen euren geliebten Herrscher ins befreundete **Ausland** ...
Sind sie noch hinter uns her?
Nein, wir haben sie abgehängt!
Wenn wir uns beeilen, schaffen wir es zur Feier.
Gib Gas, Mama!
Typisch für den ollen Speckig! Überrumpelt hat er uns ...
... und nun ist er auf und davon. Aber er kommt wieder ...
MUSEU
Neue
5 Jahre Hanisauland
Na, gespannt, Tantchen?
Na ja, was werden die drei Alten schon groß gestiftet haben?
Normalerweise stiften die Unheil.
Wir und die dankbaren **Bürger** finden, dass unser Museum auch ein Bild von einer der Säulen unserer **Demokratie**, also ein Bild unserer **Kanzlerin** ausstellen sollte!
Das bin ich nicht!
Oh doch, deine **politische** Kraft und dein **diplomatisches** Talent ...
... kommen in den leuchtenden Farben voll zum Ausdruck!

Dem Rübstädter Schützenverein ist es gelungen, einige Raketenmöhren her- zustellen.
Macht leise, es soll eine Überraschung werden.
Ja, ja, eine laute Überraschung.
Jetzt warten wir, bis es richtig dunkel ist, ...
... und dann lassen wir es krachen!
Bei der nächsten Landtagswahl bist du der Spitzenkandidat.
Und dann geht es nur noch bergauf für die Seilschaft.
Ist es wahr, Meister, dass in diesem gepriesenen Lande Religionsfreiheit herrscht ...
...und du deshalb von der Regierung verlangen willst, ...
... dass sie uns für unsere Gebetsstunden einen Vulkan baut?
Bringt dem Meister einen Fackelzug dar!
Er ist der wahre Bewahrer des leuchtenden Magmas!
Was hat der denn vor?
Passt mit dem Feuer auf, ihr Volltrottel!

Schade um das schöne Fest. Was werden Egon und die **Friedenstruppe** tun? Kann Schlotter die öffentliche Ordnung wiederherstellen? Besteht die **Kanzlerin** auf dem „Recht am eigenen Bild" und lässt sie das Gemälde wieder verhängen? Und was, glaubt ihr, wird aus Schützenkönig und **Bürgermeister** Max Hoppel?

51. Flammen über Nilstein

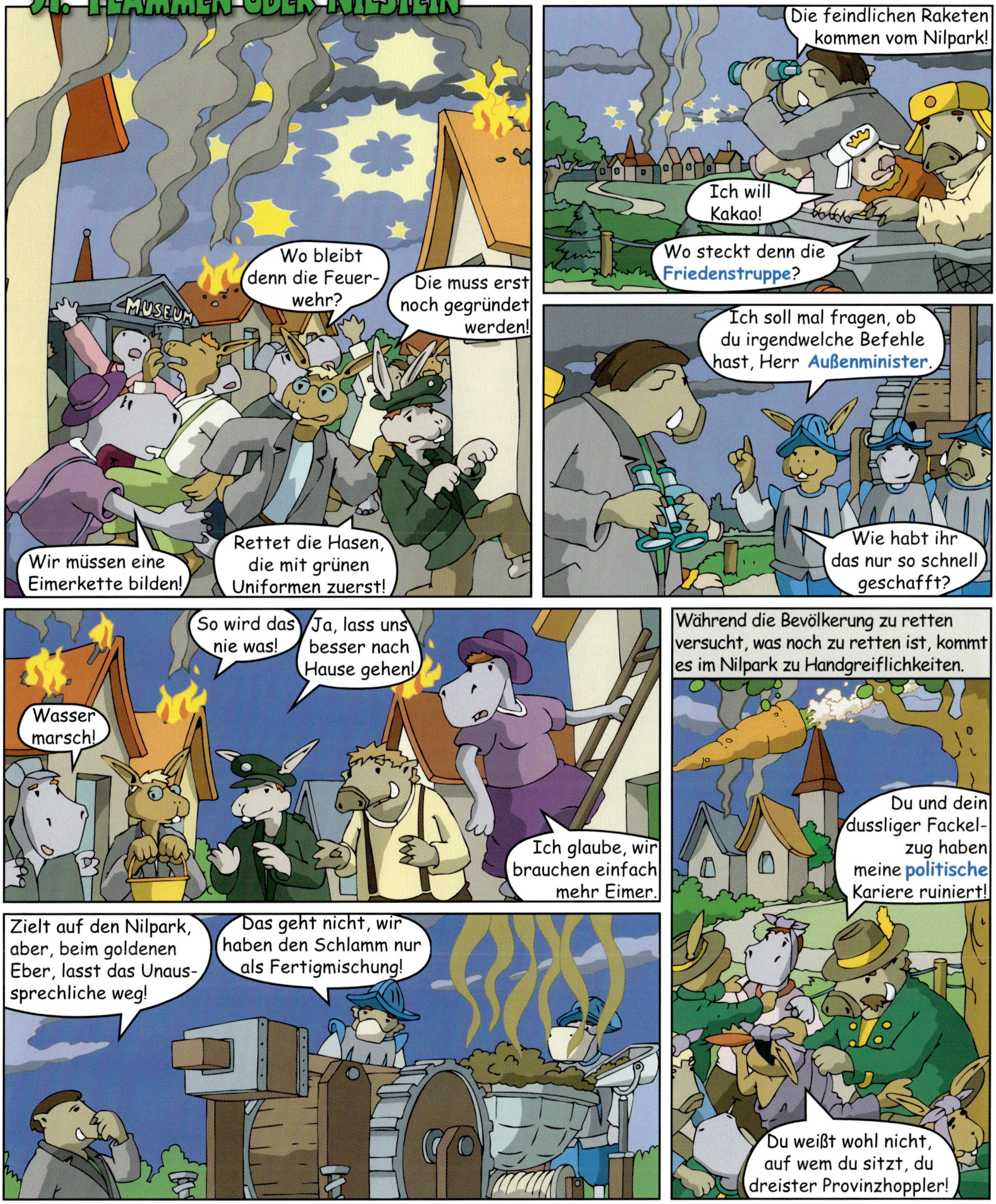

Schlamm frei!
Ich hoffe, du weißt, was du tust!
So muss ein Politiker sein, hart und wild entschlossen!
Hoffentlich sieht Bärbel das auch so!
So glaub mir doch, eine schwarze Wolke rast auf uns zu!
Das ist ein fauler Trick, darauf falle ich heute mal nicht rein.
Gut, dass der Kanzlerin eingefallen ist, dass man auch mit Badezubern löschen kann, wenn man zu wenig Eimer hat.
Hört auf, die ganze Stadt ist klatschnass!
Hier brennt so schnell nix mehr!
Gut, ich geh dann mal!
Genau, du gehst und findest die Schurken, die uns das angetan haben!
Ich wollte aber lieber ins Bett gehen.
Einmal mehr zeigt sich, dass gegen die unaussprechliche Hinterlassenschaft der Sautiere kein Kraut gewachsen ist.
Ich will ja nicht stören, aber würde sich einer von euch verhaften lassen?

Du hast also den Nilpark einschlammen lassen?
Genau, von da kamen die Raketen!
Eine politisch absolut korrekte Entscheidung. Meine Fraktion steht geschlossen hinter dir.
Aber wer steckt denn nun hinter dem Feuerzauber?
Ich konnte keinen festnehmen, sie schlafen alle und stinken vor sich hin.
Na, dann weck sie und schlepp sie ins Gefängnis!
Aber es heißt doch immer, man soll keine schlafenden Hasen wecken!
Ich fürchte fast, für einige der Schäden müssen wir aufkommen!
Ach was, das war doch bloß grober Unfug!
Das verstehe ich nicht, Schäden durch Feuer haben wir doch von der Versicherung ausgeschlossen!
Na ja, aber die Schäden durch das Löschwasser!
Unsere Kunden scheinen aber anderer Meinung zu sein.
Vertrag ist

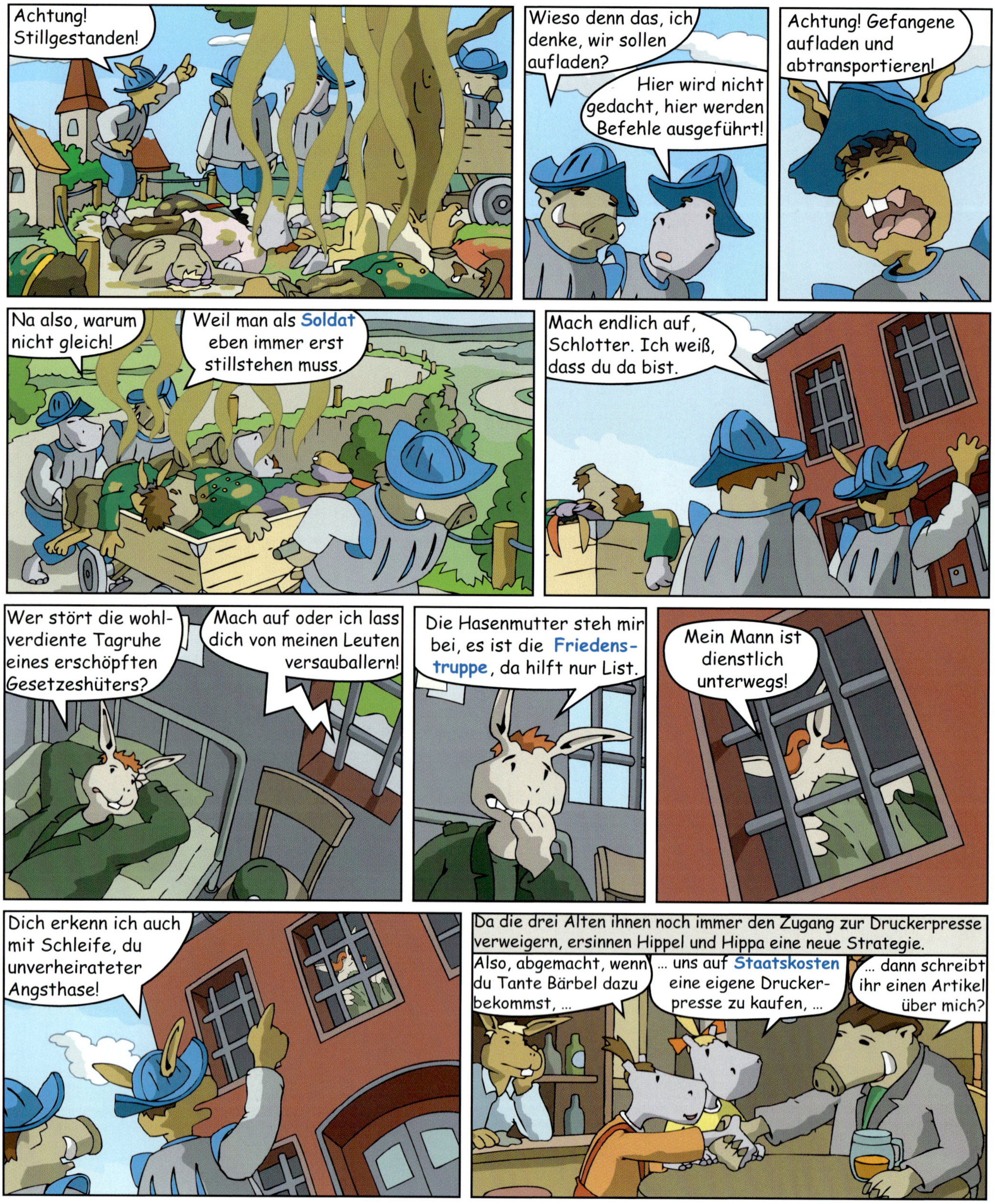
Achtung! Stillgestanden!
Wieso denn das, ich denke, wir sollen aufladen?
Hier wird nicht gedacht, hier werden Befehle ausgeführt!
Achtung! Gefangene aufladen und abtransportieren!
Na also, warum nicht gleich!
Weil man als Soldat eben immer erst stillstehen muss.
Mach endlich auf, Schlotter. Ich weiß, dass du da bist.
Wer stört die wohlverdiente Tagruhe eines erschöpften Gesetzeshüters?
Mach auf oder ich lass dich von meinen Leuten versauballern!
Die Hasenmutter steh mir bei, es ist die Friedenstruppe, da hilft nur List.
Mein Mann ist dienstlich unterwegs!
Dich erkenn ich auch mit Schleife, du unverheirateter Angsthase!
Da die drei Alten ihnen noch immer den Zugang zur Druckerpresse verweigern, ersinnen Hippel und Hippa eine neue Strategie.
Also, abgemacht, wenn du Tante Bärbel dazu bekommst, ...
... uns auf Staatskosten eine eigene Druckerpresse zu kaufen, ...
... dann schreibt ihr einen Artikel über mich?

Ja, so ist das, die einen stehen in der **Zeitung** und die anderen sitzen im **Gefängnis** und warten auf das gnadenlose Urteil von **Richterin** Tusnelda Ringel. Werden die drei Alten den Nilsteinern die immensen Wasserschäden ersetzen, die bei den Löscharbeiten entstanden sind?

LEONARDO DA WUTZIS EIMERKETTE

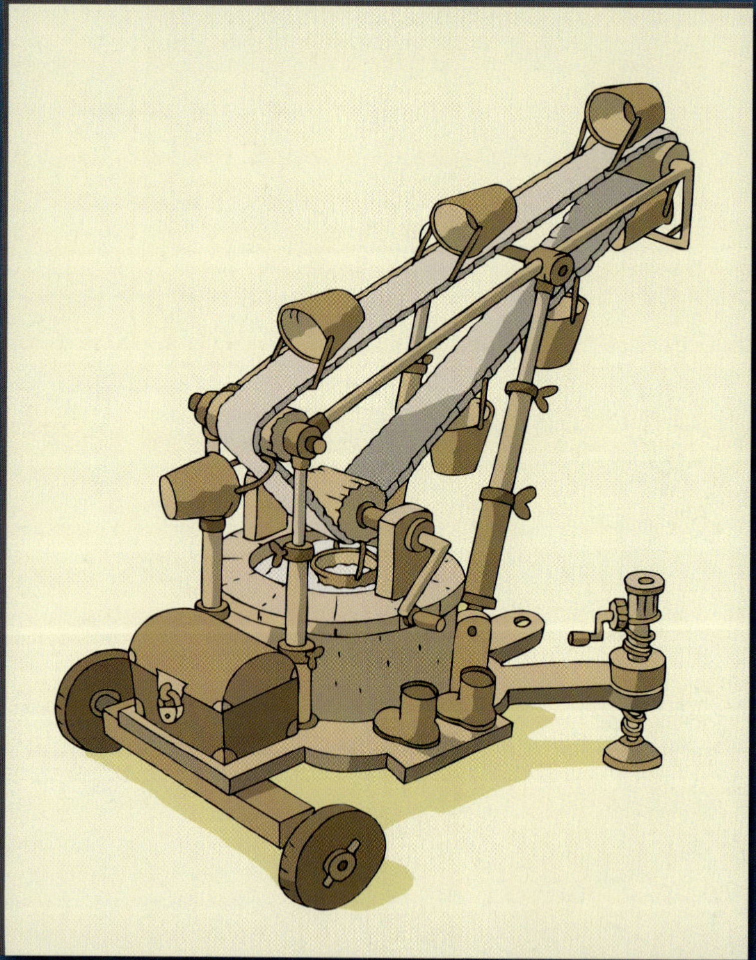

Erst nach den tragischen Vorfällen während der Fünfjahresfeier erinnerten sich die Hanisauländer wieder an die segensreiche Erfindung des großen Leonardo da Wutzi.

52. Schuld und Sühne

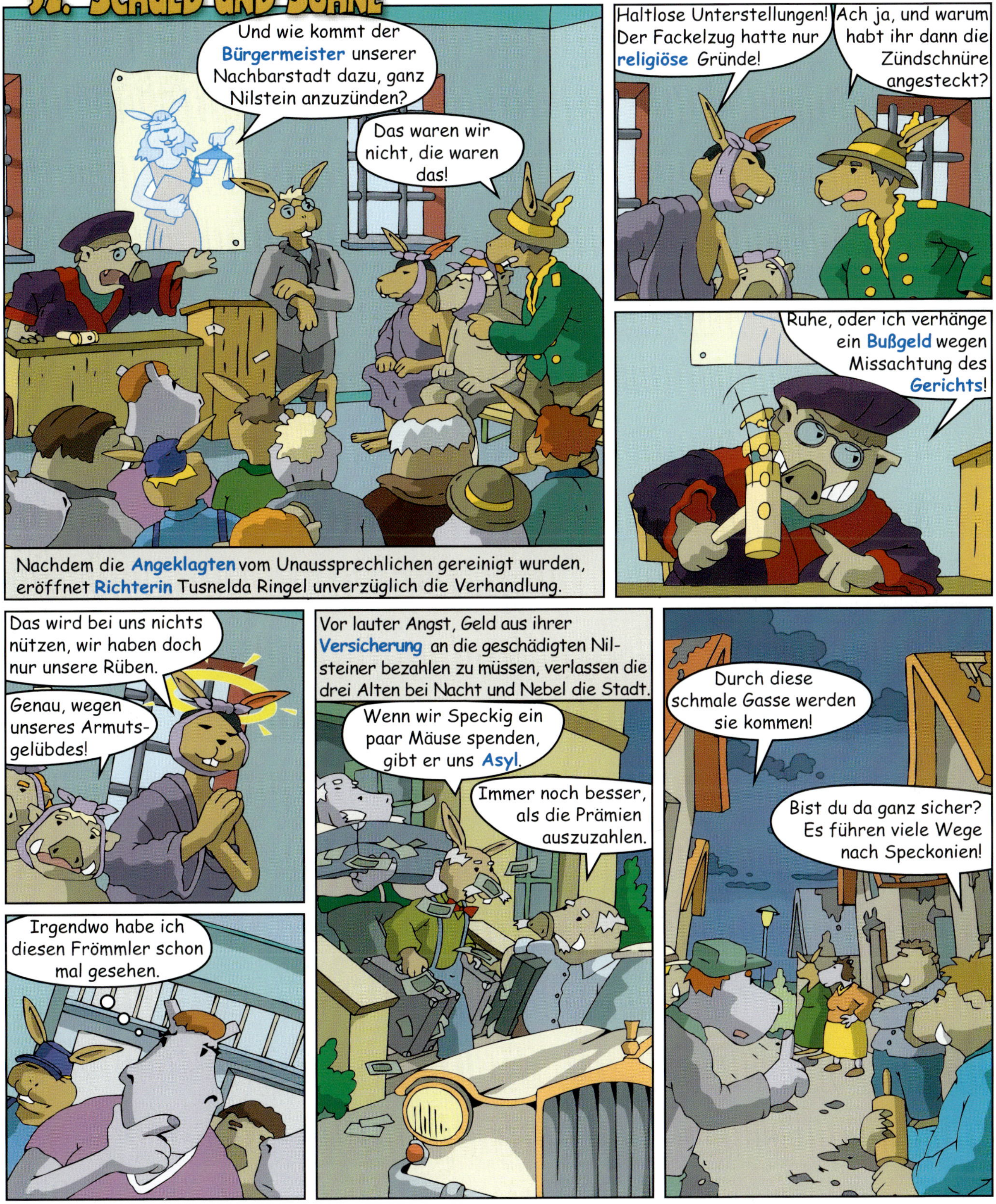

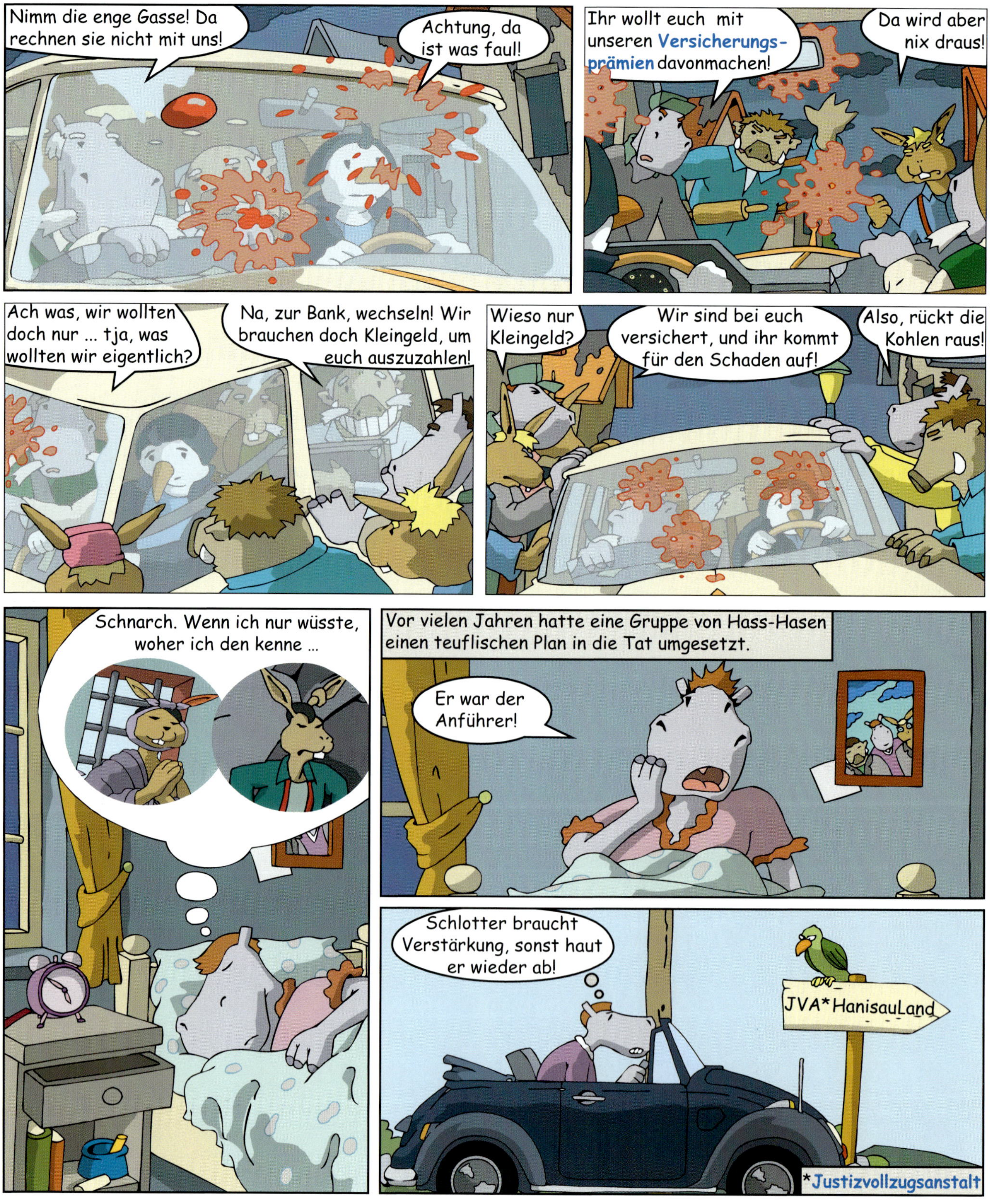
Nimm die enge Gasse! Da rechnen sie nicht mit uns!
Achtung, da ist was faul!
Ihr wollt euch mit unseren Versicherungsprämien davonmachen!
Da wird aber nix draus!
Ach was, wir wollten doch nur ... tja, was wollten wir eigentlich?
Na, zur Bank, wechseln! Wir brauchen doch Kleingeld, um euch auszuzahlen!
Wieso nur Kleingeld?
Wir sind bei euch versichert, und ihr kommt für den Schaden auf!
Also, rückt die Kohlen raus!
Schnarch. Wenn ich nur wüsste, woher ich den kenne ...
Vor vielen Jahren hatte eine Gruppe von Hass-Hasen einen teuflischen Plan in die Tat umgesetzt.
Er war der Anführer!
Schlotter braucht Verstärkung, sonst haut er wieder ab!
JVA*HanisauLand
*Justizvollzugsanstalt

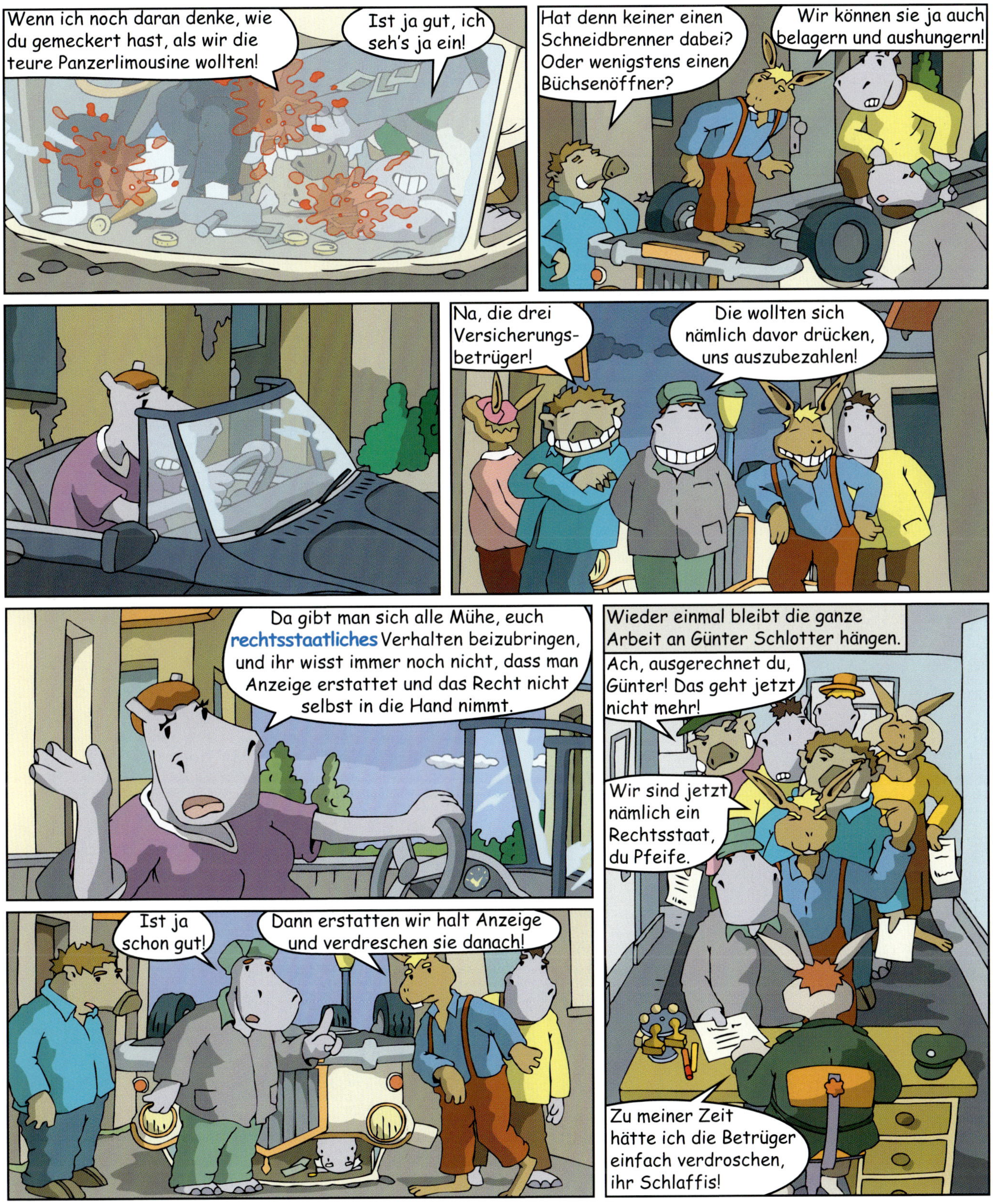
Wenn ich noch daran denke, wie du gemeckert hast, als wir die teure Panzerlimousine wollten!
Ist ja gut, ich seh's ja ein!
Hat denn keiner einen Schneidbrenner dabei? Oder wenigstens einen Büchsenöffner?
Wir können sie ja auch belagern und aushungern!
Na, die drei Versicherungs-betrüger!
Die wollten sich nämlich davor drücken, uns auszubezahlen!
Da gibt man sich alle Mühe, euch rechtsstaatliches Verhalten beizubringen, und ihr wisst immer noch nicht, dass man Anzeige erstattet und das Recht nicht selbst in die Hand nimmt.
Wieder einmal bleibt die ganze Arbeit an Günter Schlotter hängen.
Ach, ausgerechnet du, Günter! Das geht jetzt nicht mehr!
Wir sind jetzt nämlich ein Rechtsstaat, du Pfeife.
Ist ja schon gut!
Dann erstatten wir halt Anzeige und verdreschen sie danach!
Zu meiner Zeit hätte ich die Betrüger einfach verdroschen, ihr Schlaffis!

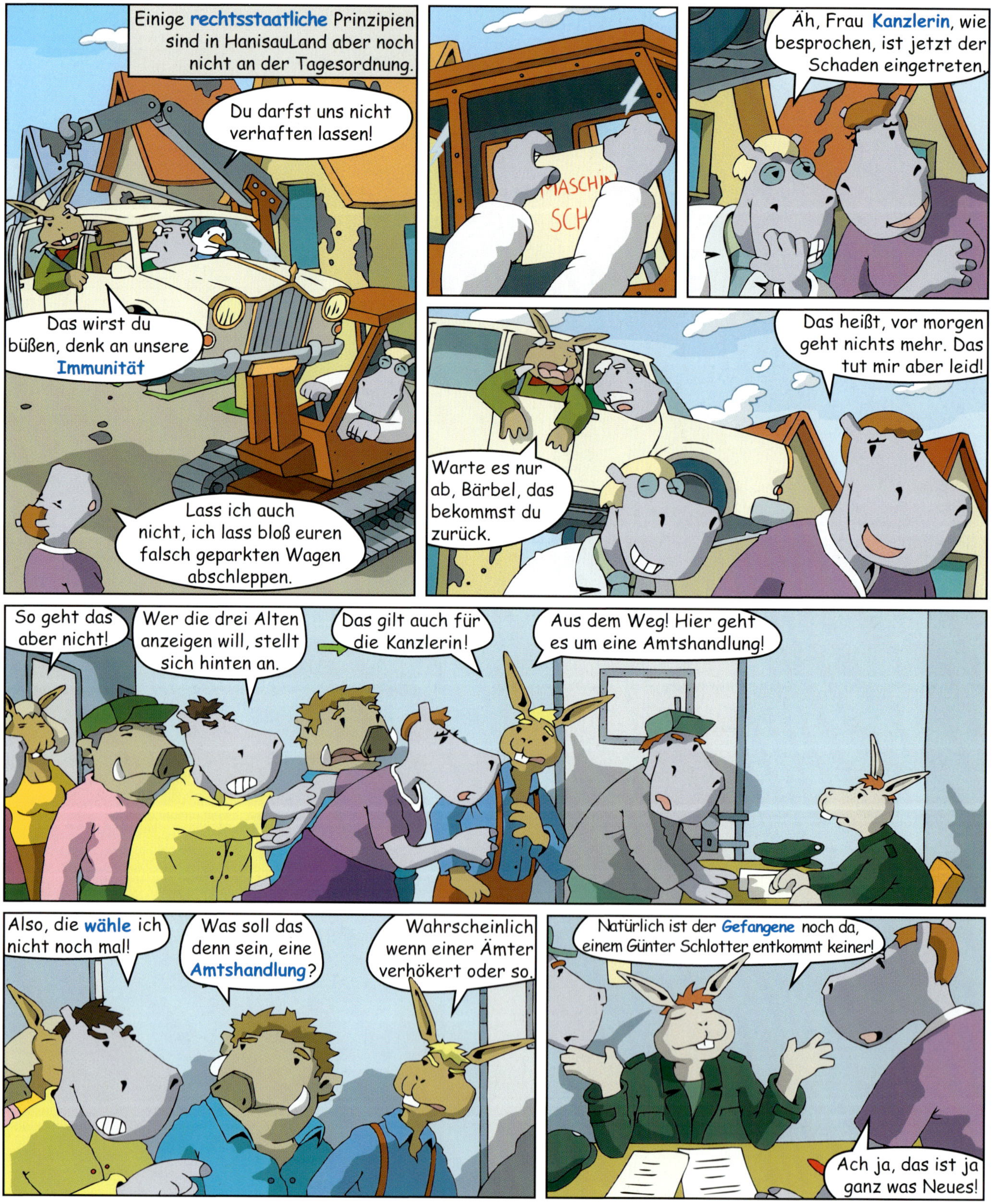
Einige rechtsstaatliche Prinzipien sind in HanisauLand aber noch nicht an der Tagesordnung.
Du darfst uns nicht verhaften lassen!
Das wirst du büßen, denk an unsere Immunität
Lass ich auch nicht, ich lass bloß euren falsch geparkten Wagen abschleppen.
MASCHIN SCH
Äh, Frau Kanzlerin, wie besprochen, ist jetzt der Schaden eingetreten.
Das heißt, vor morgen geht nichts mehr. Das tut mir aber leid!
Warte es nur ab, Bärbel, das bekommst du zurück.
So geht das aber nicht!
Wer die drei Alten anzeigen will, stellt sich hinten an.
Das gilt auch für die Kanzlerin!
Aus dem Weg! Hier geht es um eine Amtshandlung!
Also, die wähle ich nicht noch mal!
Was soll das denn sein, eine Amtshandlung?
Wahrscheinlich wenn einer Ämter verhökert oder so.
Natürlich ist der Gefangene noch da, einem Günter Schlotter entkommt keiner!
Ach ja, das ist ja ganz was Neues!

Ihr hindert mich und meine Leute an der freien Ausübung unserer Religion, das ist gegen die Verfassung!
Wieso denn, du kannst doch so viel predigen, wie du willst.
Das geht hier nicht, wir brauchen dazu einen Vulkan!
Das ist kein fanatischer Asket, das ist der alte Chef der Hass-Hasen.
Egal, den Klo-trick macht er nicht noch mal.
So, liebe Brüder, es ist Zeit für uns zu gehen.
Aber wie denn?
Der Schlotter hat zweimal abgeschlossen!
Die Geister des Magmas haben sich gegen uns gewandt!
Verzagt nicht, wir verschwinden durch die geheime Fluchttoilette.
Zubetoniert, beim blubbernden Magna, einfach zubetoniert!
Gut, dass wir noch Champagner haben ...
Und ein leckeres Notmöhrchen hab ich auch noch ...
Na ja, Hauptsache unser schwer ersch..., äh erworbenes Geld ist noch da.
Was ist, gebt ihr uns ein Interview?
Aber nur, wenn ihr uns versprecht, ausnahmsweise mal genau das zu drucken, was wir sagen!
Aufgehängt
Opposition von Regierungschefin in eigener Limousine aufgehängt! Sind Abgeordnete eigentlich immun oder
Opposition in der Schwebe
keine Chance
Was wird als Nächstes passieren: Gelingt es den drei Alten, sich aus ihrer Luxuslimousine zu befreien? Wird Bärbel Breitfuß Hippel und Hippa die Druckerpresse wieder wegnehmen?
Kann die Gerichtsverhandlung gegen den Ohaha fortgesetzt werden oder hat ihn der Sturz in die zubetonierte Toilette verhandlungsunfähig werden lassen? Die Antworten auf diese Fragen und noch mehr Abenteuer findet ihr im Internet unter:
www.HANISAULAND.DE

Bücher und Plakate zu HanisauLand können bestellt werden unter www.HanisauLand.de oder www.bpb.de. Die Plakate sind kostenlos. Die Comic-Bände kosten 2 EUR/Stück. Im Klassensatz sind sie kostenlos erhältlich. Dazu muss die Bestellung mit Schulstempel an die Bundeszentrale für politische Bildung, Adenauerallee 86, 53113 Bonn geschickt werden. "Das junge Politik-Lexikon" mit Illustrationen und weit über 400 politischen Begriffen kostet 6 EUR. Die Portokosten müssen bei allen Bestellungen immer vom Empfänger gezahlt werden.

Gerd Schneider und Christiane Toyka-Seid

Lexikon

Du weißt von nix, da ist er schon, der Schweiger mit dem Lexikon. Fragen über Fragen zur Politik? Die Antworten gibt es hier und noch aktueller im Internet!

www.HANISAULAND.de

Abgeordnete

Die **Bürgerinnen und Bürger** einer Stadt oder eines Landes können nicht alle gleichzeitig darüber entscheiden, welche **Politik** gemacht wird. Sie wählen daher Frauen oder Männer in freien und geheimen **Wahlen** für eine bestimmte Zeit als ihre Vertreter. Diese Abgeordneten gehören meist einer **Partei** an. Sie sollen im **Parlament** – das kann der **Bundestag (→ Deutscher Bundestag)**, der **Landtag**, ein Stadt- oder **Gemeinderat (→ Stadtrat/Gemeinderat)** sein – die Interessen ihrer Wählerinnen und Wähler vertreten und möglichst in deren Sinne entscheiden. Der wichtigste Teil der Abgeordnetenarbeit findet in Arbeitsgruppen und Ausschüssen statt. Dort wird beispielsweise beraten, wie die Jugend- oder Gesundheitspolitik aussehen soll. Die finanzielle Entschädigung für Abgeordnete, die für eine bestimmte Zeit ihren normalen Beruf nicht ausüben, nennt man „Diäten".

Absolute Mehrheit

→ Mehrheitsprinzip

Absolutismus

Heutzutage können **Königinnen (→ Monarchie)** oder Könige zum Beispiel in England oder Spanien keineswegs alleine **politische** Entscheidungen treffen. Gewählte **Parlamente** und **Regierungen** bestimmen in diesen Ländern vor allem die Politik. Anders war dies in der Staatsform des Absolutismus, die sich nach dem Ende des Dreißigjährigen **Krieges** (1648) in **Europa** entwickelte und von der Französischen **Revolution** (1789) beendet wurde. Ein einzelner Herrscher, der Monarch, übte im Absolutismus die unumschränkte Herrschaft aus. Er stand über dem **Volk**, dessen Vertretern und allen **Gesetzen**, fühlte sich von Gott für diese Arbeit ausgewählt. Berühmt und charakteristisch für diese Herrschaftsform ist der Ausspruch des absoluten Herrschers Ludwig XIV., des so genannten „Sonnenkönigs". Er verkündete: „Der **Staat** bin ich" (auf Französisch, denn der König sprach Französisch: „L'état c'est moi")

Amt

Im Wort „Polizeibeamter" steckt das Wort „Amt". Das Wort entwickelte sich aus einer mittelalterlichen Sprache und hieß früher „Ambet" oder „Ammet". Es bedeutet, dass jemand bestimmte Aufgaben hat, die er für andere Menschen erledigt, wie es zum Beispiel der **Polizist** oder auch die Finanzbeamtin tut. Der **Beamte** hat also ein Amt. Man unterscheidet, ob das Amt hauptberuflich oder neben dem eigentlichen Beruf als so genanntes **Ehrenamt** ausgeübt wird. Wer hauptberuflich ein Amt ausübt, wird dafür bezahlt, für ein Ehrenamt wird man nicht bezahlt. Die Gebäude oder Diensträume, in denen die Menschen arbeiten, die ein öffentliches Amt haben, werden Ämter oder Behörden genannt. Wir kennen das Finanzamt und das Sozialamt. Wir hören oft vom Kanzleramt, wo der Regierungschef arbeitet. Denn die Arbeit des **Bundeskanzlers** ist auch ein öffentliches Amt und wird in einem dafür vorgesehenen öffentlichen Gebäude erledigt.

Anarchie

Das griechische Wort „anarchos" bedeutet übersetzt so viel wie „Herrschaftslosigkeit" oder „Gesetzlosigkeit". Eine **Gesellschaft**, in der Anarchie herrscht, ist eine Gesellschaft, in der niemand das Sagen hat. Hier gibt es keine **staatliche** Gewalt, keine gewählten **Volksvertreter (→ Abgeordnete)** in einem **Parlament**, keine **Monarchie** oder irgendeine sonstige Herrschaftsform. Diejenigen, die eine Anarchie wollen (man nennt sie Anarchisten), treten für die totale **Freiheit** des Menschen ein. Es soll keine Regeln geben, keiner soll über den anderen herrschen und man soll nicht nach **Gesetzen** leben, die von anderen Menschen oder einer **Regierung** gemacht werden. Man kann sich aber vorstellen, dass in einer solchen Gesellschaft nur der Stärkste gewinnt und das Chaos herrscht.

Antisemitismus

Wenn Menschen **Juden** gegenüber feindlich eingestellt sind, nennt man das „Antisemitismus". Das kann sich in Beschimpfungen äußern, in Lügen, Erniedrigungen und Ungerechtigkeiten. Es kann sich aber auch in körperlicher Gewalt zeigen oder sogar in organisierter Massentötung, wie beim **Holocaust**, dem **staatlich** ausgeübten Massenmord an Juden im **Nationalsozialismus**.
Der Begriff „Antisemitismus" für „Judenfeindschaft" kam in **Deutschland (→ Bundesrepublik Deutschland)** im letzten Drittel des 19. Jahrhunderts auf. Er hat sich bis heute gehalten, obwohl „Antisemitismus" genau übersetzt eigentlich etwas anderes bedeutet.

Die Semiten sind eine Volksgruppe, zu der alle **Völker** gehören, die semitische Sprachen sprechen. Eine semitische Sprache ist zum Beispiel Hebräisch – das ist die Sprache der Juden –, aber dazu gehören auch Aramäisch, Äthiopisch und Arabisch. Weil „anti" „gegen" heißt, müsste sich Antisemitismus also gegen die Semiten richten. Tatsächlich bezeichnet der Begriff „Antisemitismus" aber die Abneigung oder Feindschaft gegenüber Juden, nicht aber gegenüber Arabern.
In unserem **Grundgesetz** steht ausdrücklich, dass antisemitische Handlungen und Äußerungen verboten sind. Aber es gibt den Antisemitismus immer noch; besonders in Kreisen der **Neonazis (→ Rechtsextremismus)** werden judenfeindliche Parolen verbreitet oder an Wände geschmiert und jüdische Grabmale geschändet. Die Täter werden verfolgt und bestraft.

Arbeitskampf

Angenommen, Arbeiter und Angestellte in der Autoindustrie fordern mehr Lohn oder wollen kürzere Arbeitszeiten und bessere Arbeitsbedingungen haben. Sie beauftragen die **Gewerkschaften**, also diejenigen, die ihre Interessen vertreten, mit den Unternehmern und deren **Verbänden (→ Interessenverbände)** über die Lohnerhöhung zu verhandeln. Wenn die Arbeitgeber Nein sagen, wenn sie sagen, das ist uns zu viel, das können wir nicht bezahlen oder mehr Urlaub oder kürzere Arbeitszeiten können wir nicht verkraften, dann gibt es einen **Konflikt**. Wenn es auch nach mehreren Verhandlungsrunden zu keiner Einigung kommt, beschließen die Arbeiterinnen und Arbeiter häufig, einige Zeit nicht zu arbeiten. Dann streiken sie.
Eine andere Form dieses Kampfes ist die **Aussperrung (→ Streik/Aussperrung)**. Dabei können die Firmenleitungen, also die Arbeitgeber, ihre Arbeiter und Angestellten für eine bestimmte Zeit von der Beschäftigung und den Lohnzahlungen ausschließen. Um einen Streik abzuwehren, drohen die Arbeitgeber manchmal mit der Aussperrung.

Arbeitslosengeld

Wenn jemand seine Arbeit verliert und **arbeitslos** wird, hat er für eine bestimmte Zeit Anspruch auf Arbeitslosengeld. Zurzeit gelten dafür folgende Regelungen: Ausgezahlt wird das Geld von der Agentur für Arbeit. Bevor jemand Arbeitslosengeld (ALG I) beantragen kann, muss er vorher mindestens zwölf Monate lang gearbeitet haben. Er muss zudem von seinem Gehalt oder Lohn monatlich einen gewissen Betrag in die Arbeitslosenversicherung eingezahlt haben.
Wie hoch das Arbeitslosengeld ist, hängt davon ab, wie viel der Arbeitslose vorher verdient hat. Und wichtig ist auch, in welcher persönlichen Situation der Arbeitslose lebt. Jemand, der zum Beispiel eine **Familie** zu ernähren hat, bekommt 67 Prozent vom früheren Lohn, Arbeitslose ohne Kinder erhalten 60 Prozent.
Das Arbeitslosengeld wird bis zu zwölf Monate lang bezahlt. Menschen, die 55 Jahre oder älter sind, erhalten es höchstens 18 Monate lang. Um aber überhaupt Arbeitslosengeld bekommen zu können, muss sich der Arbeitslose Mühe geben, eine neue Arbeit zu finden. Bietet die Arbeitsagentur dem Arbeitslosen eine zumutbare Arbeit an, muss der Arbeitslose diese Arbeit annehmen. Weigert er sich, bekommt er weniger Geld.
Neben dem so genannten Arbeitslosengeld I gibt es auch das Arbeitslosengeld II (ALG II). Dies können Menschen beantragen, die länger als ein Jahr arbeitslos sind (Langzeitarbeitslose). Die Unterstützung durch das ALG II erhalten nur Arbeitslose, die das Geld auch brauchen. Das Motto lautet hier: Fordern und Fördern. Um festzustellen, wie viel Geld die Langzeitarbeitslosen genau bekommen, müssen sie in Fragebögen Auskunft über ihre Vermögensverhältnisse geben. Wer mehr besitzt als eine bestimmte festgelegte Summe (das ist der so genannte Freibetrag), muss erst dieses Vermögen verbrauchen, bevor er Anspruch auf **staatliche** Unterstützung hat. Langzeitarbeitslose, die ALG II erhalten, müssen fast jede Arbeit annehmen. Wenn sie das nicht tun, wird ihr ALG II gekürzt. Wenn Jugendliche unter 25 Jahren sich weigern dies zu tun, bekommen sie möglicherweise gar kein Geld mehr.
Die Arbeitsagentur betreut die Arbeitslosen, organisiert Bildungsmaßnahmen, an denen die Arbeitslosen teilnehmen.

Arbeitslosigkeit

Wenn jemand entlassen wird, wird er oder sie arbeitslos. Für viele Menschen ist Arbeitslosigkeit eine schlimme Erfahrung. Sie haben das Gefühl, dass man sie nicht mehr braucht, obwohl sie noch arbeiten könnten und wollen. Außerdem haben sie nach der Entlassung viel weniger Geld als vorher, denn die **Arbeitslosenversicherung (→ Arbeitslosengeld)**, in die sie während ihrer Beschäftigung eingezahlt haben,

zahlt nur ungefähr 60 Prozent ihres alten Gehaltes. Das gilt auch für diejenigen Menschen, die nicht von ihrem Arbeitgeber entlassen wurden, sondern von sich aus gekündigt und dann keine Arbeit gefunden haben.
Die arbeitslosen Frauen und Männer müssen sich in bestimmten Abständen bei der Agentur für Arbeit melden. Dort versucht man, neue Arbeit für sie zu finden. Melden sich die Arbeitslosen nicht, gibt es kein Arbeitslosengeld. Wenn die Zeit ohne bezahlte Arbeit länger als zwei Jahre dauert, gibt es noch weniger Geld. Je länger die Arbeitslosigkeit dauert und je älter die Menschen sind, die Arbeit suchen, umso schwieriger wird es, einen neuen Job zu finden.
Das Wort „Arbeit" hat sich aus dem Mittelhochdeutschen entwickelt, aus dem Wort „Arebeit". Das hieß vor ungefähr 700 Jahren „Mühe" oder „Not".

Arbeitsmarkt/Arbeitsmarktpolitik

Der Arbeitsmarkt ist kein Platz, den man sehen oder besuchen kann wie einen Gemüse- oder Jahrmarkt. Man bezeichnet damit einen „virtuellen", also unsichtbaren und nur vorgestellten Ort, auf dem die Nachfrage und das Angebot von Arbeitskräften zusammentreffen.
Wenn zum Beispiel in einem bestimmten Industriezweig, sagen wir auf dem Bau, Arbeiter und Ingenieurinnen gebraucht werden, versuchen die Firmen über die **Agentur für Arbeit (→ Arbeitslosigkeit)** oder durch Stellenanzeigen die richtigen Leute zu finden. Auf dem Arbeitsmarkt wird auch über die Höhe der Löhne und Gehälter verhandelt und über die Arbeitsbedingungen. Damit nicht jede Arbeitnehmerin und jeder Arbeitnehmer alleine über den Lohn oder die Arbeitszeit oder auch die Zahl der Urlaubstage verhandeln muss, haben sich viele Arbeitnehmer in **Gewerkschaften** zusammengeschlossen, die ihre Interessen vertreten. Für unser Beispiel Bauindustrie wäre das die Gewerkschaft IG BAU (Industriegewerkschaft Bau Agrar Umwelt). So wie die Arbeitnehmer sich in den Gewerkschaften zusammenschließen, so schließen sich auch die Arbeitgeber in eigenen **Verbänden (→ Interessenverbände)** zusammen. Diese sollen dafür sorgen, dass auf dem Arbeitsmarkt die Interessen der Arbeitgeber berücksichtigt werden.
Mit Arbeitsmarktpolitik werden alle Maßnahmen bezeichnet, die das Angebot und die Nachfrage von Arbeitskräften regeln. Auf diese Weise soll verhindert werden, dass Arbeitslosigkeit entsteht oder – was auch passieren kann – dass es einen Mangel an Arbeitskräften gibt. Zur Arbeitsmarktpolitik gehört es auch, die Voraussetzungen dafür zu schaffen, dass möglichst viele neue Arbeits- und Ausbildungsplätze entstehen können.

Armee

→ Streitkräfte/Armee

Armut

In der Welt gibt es über 1 Milliarde Menschen, die nicht genug Nahrung, kaum Kleidung und keine Wohnung haben. Viele können nie zur Schule gehen. Diese Menschen leben in bitterer Armut. Die Armut hat viele Ursachen. Oft finden die Menschen keine Arbeit, weil es keine Arbeit gibt oder weil sie keine Ausbildung haben. Weitere Gründe sind schlechte Ernten durch Unwetter, fehlende **Rohstoffe (→ Energiepolitik)**, Überbevölkerung oder die Ausbeutung der Menschen durch die eigenen Herrscher oder durch fremde Mächte. Auch bei uns in **Deutschland (→ Bundesrepublik Deutschland)** leben viele Menschen in Armut. Unter den 7 Millionen Armen in Deutschland sind besonders viele alte Menschen, allein erziehende Frauen und Kinder. Die Hauptursache der Armut in unserem Land ist die hohe **Arbeitslosigkeit**. Der **Staat** versucht zum Beispiel durch Sozialhilfe, die schlimmsten Auswirkungen dieser Armut zu mildern.

Asyl

Das Wort kommt aus dem Griechischen und bedeutet so viel wie „Heim", „Unterkunft" und „Zufluchtsstätte". In vielen Ländern werden Menschen wegen ihrer **religiösen** oder **politischen** Überzeugungen verfolgt, verhaftet, **gefoltert (→ Folter)**, mit dem Tode bedroht oder sogar umgebracht. Deswegen fliehen viele Menschen und bitten in anderen Ländern um Asyl. Das heißt, sie möchten dort ohne **Verfolgung (→ Exil)** und Bedrohung leben und arbeiten. In vielen **demokratischen Staaten** steht in der **Verfassung**, dass der Staat Asyl gewährt. In **Deutschland (→ Bundesrepublik Deutschland)** heißt es zum Beispiel im Artikel 16 des **Grundgesetzes** (so nennt man die deutsche Verfassung): „Politisch Verfolgte genießen Asylrecht".

Attentat

Dieser Begriff stammt von dem lateinischen Wort „attentatum" ab, was „versuchtes Verbrechen" bedeutet. In unserem Sprachgebrauch beinhaltet dieses Wort aber nicht nur ein geplantes oder versuchtes Verbrechen, sondern auch einen ausgeführten Anschlag oder Mord. Attentäter wollen gewaltsam **gesellschaftliche** und **politische** Veränderungen nach ihren eigenen Vorstellungen herbeiführen. Die Opfer ihrer **Anschläge (→ Terrorismus)** sind meist prominente Personen aus der Politik, zum Beispiel Staatsoberhäupter, Regierungsmitglieder, aber auch Sportler und Sportlerinnen, Popstars, Richter, **Richterinnen** oder wichtige Mitglieder **religiöser** Organisationen. Hinter einem Attentat steht entweder eine einzelne Person, eine Gruppe oder eine Organisation – zum Beispiel eine **Widerstandsgruppe**, ein **Geheimdienst** oder eine **terroristische** Vereinigung. Manchmal wird ein Attentat auch aus religiösen Gründen gegen Menschen begangen, die einen anderen Glauben als die Täter haben. Attentate erfolgen oft unerwartet aus dem Hinterhalt. Die Täter benutzen außer Pistolen und Gewehren oft auch Bomben, die viele Menschen töten. So genannte Selbstmordattentäter sprengen sich inmitten ihrer Opfer selbst in die Luft, nehmen so ihren eigenen Tod in Kauf. Mittlerweile sind auch Verkehrsmittel wie Flugzeuge oder U-Bahnen oder Gebäude wie Synagogen, Bahnhöfe und Hochhäuser zum Ziel von Terrorgruppen geworden. Die Terroristen wollen mit der wahllosen Ermordung von Menschen politischen Druck ausüben. Der furchtbare Anschlag auf das World Trade Center in New York am 11. September 2001 ist solch ein schreckliches Attentat der Terrorgruppe Al-Qaida gewesen, bei dem über 4000 Menschen starben.

Weitere Attentate:
März 44 vor Christus: Der römische Kaiser Julius Cäsar wird ermordet.
28. Juni 1914: Erzherzog Franz Ferdinand und seine Frau werden in Sarajevo erschossen. Dieses Attentat löste den **Ersten Weltkrieg** aus.
20. Juli 1944: Anschlag auf Adolf **Hitler (→ Nationalsozialismus)** durch Claus Graf Schenk von Stauffenberg, dem Vertreter einer Widerstandsgruppe von Offizieren der deutschen Wehrmacht. Der **Diktator** überlebte den Anschlag.
22. November 1963: John F. Kennedy, damaliger **Präsident** der Vereinigten **Staaten** von Amerika, wird in Dallas/Texas auf offener Straße erschossen.

Aufklärung

Ein bestimmter, zunächst unklarer Sachverhalt wird erklärt und dann aufgedeckt. Auch ein Verbrechen wird (hoffentlich) aufgeklärt. In der Schule gibt es im Fach Sexualkunde ebenfalls Aufklärung. Zusammenhänge, die ihr vorher noch nicht verstanden habt, sind euch dann deutlich geworden, ihr seid darüber aufgeklärt worden.
Mit dem Wort „Aufklärung" wird auch eine geistige Bewegung bezeichnet, die am Ende des 17. Jahrhunderts in **Europa** entstand. Diese Denkrichtung erklärte die Vernunft (Rationalität) des Menschen und ihren richtigen Gebrauch zum Maßstab allen Handelns. Nur das, was mit dem Verstand begründet werden kann, was beweisbar ist, kann als Richtschnur des eigenen Verhaltens dienen. Der Philosoph Immanuel Kant, einer der bedeutendsten Vertreter der Aufklärung, forderte: „Habe Mut, deinen Verstand zu gebrauchen." Die Aufklärer sagten, dass das Hauptziel aller Erziehung sein müsse, die Fähigkeiten des Verstandes auszubilden. Nur so sei ein **freiheitliches**, menschenwürdiges und glückliches Zusammenleben der Menschen möglich. Weitere wichtige Vertreter der Aufklärung im deutschsprachigen Raum neben Kant waren: in der **Politik** König Friedrich II. („Friedrich der Große"), in der Erziehung Johann Heinrich Pestalozzi, in der Literatur Gotthold Ephraim Lessing.
Im geistigen Leben des 18. Jahrhunderts breiteten sich die Ideen der Aufklärung in Europa und Nordamerika immer stärker aus, modernere Zeiten nahmen ihren Anfang. Denn mit zunehmenden bürgerlichen Freiheiten wurden die alten Mächte des **Feudalismus**, die sich auf die Tradition und die Autorität von Königen und Fürsten stützten, zurückgedrängt.

Aufschwung

Wenn sich die **wirtschaftliche** Gesamtlage eines Landes verbessert, spricht man von Aufschwung. Man kann ihn an verschiedenen Anzeichen erkennen: Die Arbeitslosenzahlen sinken, die Unternehmen bekommen wieder mehr Aufträge und produzieren mehr. Für den Aufschwung ist es auch wichtig, wie zum Beispiel **Politiker** und Unternehmer die zukünftige wirtschaftliche Entwicklung einschätzen. Eine optimistische Einschätzung verbreitet Mut und Hoffnung, was sich auf das Verhalten von uns allen auswirken kann. Die Unternehmen investieren dann mehr Geld und die Menschen kaufen wieder mehr als vorher. Das beflügelt die Wirtschaft weiter, es wird noch mehr produziert, es entstehen mehr Arbeitsplätze, mehr **Steuern** kommen in die **Staatskasse**, die **Volkswirtschaft** erholt sich.

Ausländer/in

In **Deutschland (→ Bundesrepublik Deutschland)** leben über 7 Millionen Männer, Frauen und Kinder, die keinen deutschen **Pass** haben. Alle Ausländerinnen und Ausländer, die in Deutschland leben, müssen sich an die deutschen **Gesetze** halten. Wenn Ausländerinnen oder Ausländer aus einem Land der **Europäischen Union** kommen, also zum Beispiel aus Frankreich, Italien oder England, haben sie fast die gleichen Rechte und Pflichten wie die deutschen **Staatsbürger (→ Bürger/in/Bürgertum)**. Sie können arbeiten und wohnen, wo sie wollen. Anders ist es bei Menschen, die nicht aus **EU-Ländern (→ Europäische Union (EU))** kommen, also zum Beispiel aus Amerika, Afrika oder Asien. Sie müssen beim Ausländeramt bestimmte Genehmigungen beantragen, etwa eine Aufenthaltserlaubnis und eine Arbeitsgenehmigung. Oder sie müssen einen Antrag auf **Asyl** stellen, damit sie in Deutschland bleiben können. Seit 1991 gibt es das „Ausländerrecht". Es enthält alle Bedingungen, die den Aufenthalt von Ausländerinnen und Ausländern regeln.

Aussenminister

→ Minister/in

Autonomie

Im Griechischen bedeutet das Wort so viel wie „Selbstgesetzgebung". Mit „Autonomie" wird demnach das Recht eines **Staates**, einer Gruppe oder einzelner Menschen bezeichnet, seine Verhältnisse selbst zu regeln. Bei einem Staat bedeutet das, dass er in der Lage ist, sich seine **Gesetze** selbst zu geben, sich selber zu verwalten und **politische** Entscheidungen zu treffen, ohne dass sich andere Staaten einmischen. Wenn sich innerhalb eines Staates eine Organisation selbst verwalten und sich selbst Regeln geben kann, nach denen sie funktioniert, dann ist sie autonom (Fachleute sprechen dann von „innerstaatlicher Autonomie").
Zum Beispiel haben Städte und **Gemeinden**, auch **Gewerkschaften** oder Universitäten das Recht, ihre Angelegenheiten autonom zu regeln. Dabei müssen sie natürlich die geltenden Gesetze beachten.
Zur Ergänzung: Als „Autonome" bezeichnen sich in der **Bundesrepublik Deutschland** einige meist politisch links stehende Gruppen. Ihr Ziel ist es, in einer herrschaftsfreien **Gesellschaft (Anarchie)**, in der es keinerlei Autoritäten gibt, zu leben. Um ihre Ziele zu erreichen, schrecken sie oft auch vor Gewalt nicht zurück. So sieht man immer wieder so genannte Autonome, die bei **Demonstrationen** Steine werfen oder Schaufenster eintreten.

Banknote

Banknote ist ein anderes Wort für „Geldschein". Die Banknoten werden als Zahlungsmittel verwendet. Damit sie möglichst nicht gefälscht werden können, haben sie besondere Sicherheitsmerkmale wie das Wasserzeichen oder einen Sicherheitsfaden.

Beamte

Jeder von uns kennt Beamte oder Beamtinnen, zum Beispiel **Polizisten**, Leute von der Stadtverwaltung, Lehrerinnen. Die meisten von ihnen sind Beamte oder „Staatsdiener", wie manchmal gesagt wird. In diesem Wort steckt schon drin, was sie von anderen Berufsgruppen (Arbeitern oder Angestellten zum Beispiel) unterscheidet. Sie sind vom **Staat** angestellt (das kann der **Bund** sein, ein **Bundesland** oder eine **Gemeinde**), sie sollen dem Staat dienen, „hoheitliche" Aufgaben im Auftrag des Staates ausführen. Bei einem Polizisten oder Kriminalbeamten versteht man das sofort, auch beim Finanzbeamten, der schließlich dafür sorgt, dass der Staat unsere **Steuern** bekommt. Beamte haben besondere „Dienst- und Treuepflichten". Sie müssen der **Verfassung** dienen und unparteiisch sein. Sie dürfen auch nicht, wie andere Arbeitnehmer, für mehr Lohn oder bessere Arbeitsbedingungen **streiken**. Sie haben, wie es heißt, dem Wohle der Allgemeinheit zu dienen, also für uns alle da zu sein. Im Beamtenrecht stehen die **Gesetze** und **Verordnungen**, die für Beamte gelten. Auch wie Beamte bezahlt (besoldet) werden und wie viel Geld sie im Ruhestand bekommen, ist genau festgelegt.

Behinderte Menschen

Vielleicht habt ihr einen Mitschüler, der im Rollstuhl sitzt oder andere Hilfe braucht. Vielleicht begegnet ihr auf der Straße behinderten Nachbarn. Wahrscheinlich habt ihr auch schon von den „Paralympics" gehört oder anderen internationalen Wettkämpfen des Behindertensports. Aber ziemlich sicher wisst ihr nicht, dass es alleine bei uns in **Deutschland (→ Bundesrepublik Deutschland)** fast sieben Millionen Menschen gibt, die mit einer schweren Behinderung leben. Etwa die Hälfte von ihnen ist über 65 Jahre alt. Dabei sind in dieser Statistik nicht einmal alle Betroffenen erfasst, sondern nur diejenigen, die einen Schwerbehindertenausweis bei der Behörde beantragt haben. Man sieht also, dass behinderte Menschen zu unserem Alltag gehören und eine große Gruppe in unserer **Gesellschaft** sind. Im **Grundgesetz** steht, dass niemand wegen seiner Behinderung benachteiligt werden darf. Deshalb gibt es verschiedene Hilfen, um behinderten Menschen das Leben in der Gesellschaft, in der Schule und bei der Arbeit zu erleichtern. Im Behindertengleichstellungsgesetz (BGG) aus dem Jahre 2002 sowie in weiteren **Gesetzen** und **Verordnungen** gibt es dazu genaue Vorschriften. Aber auch jeder Einzelne sollte sich darum bemühen, behinderten Menschen so gut es geht dabei zu unterstützen, sich im Leben zurecht zu finden.
Als Behinderungsarten gelten Körperbehinderungen, dauerhafte Schädigungen innerer Organe, Schädigungen beim Hören, Sehen oder Sprechen, geistige Behinderungen, psychische Behinderungen (zum Beispiel Suchtkrankheiten) und soziale Behinderungen wie Lernbehinderungen und Verhaltensstörungen. Allgemein gesagt heißt das, Personen sind behindert, deren Alltag und Teilnahme am Leben der Gesellschaft sehr erschwert ist. Genaue Festlegungen darüber, was als Behinderung zu gelten hat, stehen im „Sozialgesetzbuch".
Die Deutsche Behindertenhilfe „Aktion Mensch" ist die größte Organisation in Deutschland, die sich für die Aufklärung über die Situation von Behinderten und für die Verbesserung ihrer Lebensbedingungen einsetzt. Das Geld, das sie für ihre Arbeit braucht, sammelt sie über eine Lotterie und mit Spendenaktionen.

Berliner Mauer

In der Nacht vom 12. auf den 13. August 1961 haben Grenzpolizisten der **DDR** damit begonnen, in Berliner Straßen das Pflaster aufzureißen, Barrikaden aus den Steinen zu errichten und quer durch die Stadt Stacheldraht zu ziehen. Sie bauten rund um West-Berlin eine drei Meter hohe, unüberwindliche Mauer. Dadurch wurde der westliche Teil Berlins von der DDR und Ostberlin abgetrennt. Wieso?
Um das zu verstehen, müssen wir etwas über den geschichtlichen Hintergrund wissen:
Der **Zweite Weltkrieg** endete 1945 mit der Niederlage der **nationalsozialistischen Diktatur**. Deutschland wurde in vier Besatzungszonen eingeteilt. Die **Hauptstadt** Berlin wurde von den vier Siegermächten USA, Sowjetunion, England und Frankreich gemeinsam verwaltet und in vier Bereiche, so genannte Sektoren, aufgeteilt. Von Anfang an gab es zwischen den Siegermächten große Spannungen und schon bald brach die **Koalition** der Siegermächte auseinander. Es kam zum **Kalten Krieg**.
1949 entstanden zwei deutsche **Staaten**: Im Westen die **Bundesrepublik Deutschland**, ein **demokratischer** Staat mit der vorläufigen Hauptstadt Bonn; im Osten die DDR, eine **kommunistische** Diktatur mit der Hauptstadt Ost-Berlin. West-Berlin stand unter dem Schutz der westlichen Siegermächte.
In den ersten Jahren der deutschen Teilung konnten die Menschen die **Grenze** zwischen der DDR und dem Westen noch ziemlich leicht überqueren. Das war besonders im geteilten Berlin wichtig, da viele Menschen, die im Osten der Stadt wohnten, im Westteil arbeiteten. Die **wirtschaftliche** Lage der DDR verschlechterte sich aber zwischen 1950 und 1960 zunehmend. Die Menschen in der Bundesrepublik (und in West-Berlin) erlebten dagegen einen wirtschaftlichen

Aufschwung, es ging ihnen gut. Das führte dazu, dass viele Menschen die DDR verließen und im Westen blieben. Deshalb fehlten im Osten allmählich immer mehr **Arbeitskräfte (→ Arbeitsmarkt/Arbeitsmarktpolitik)**. So beschloss die oberste **Partei**- und

Staatsführung der DDR, die Menschen daran zu hindern, die DDR zu verlassen. Sie ließen die Grenzanlagen befestigen und in Berlin im August 1961 die Mauer bauen. Die DDR errichtete entlang ihrer Grenze Wachtürme, von denen aus beobachtet wurde, ob Menschen das Land verlassen wollten. Außerdem wurden Minen verlegt, die die Menschen töteten, wenn sie berührt wurden. Dies war der so genannte Todesstreifen, der nachts von starken Scheinwerfern beleuchtet wurde.
Mit dem Mauerbau war der Osten Berlins total vom Westen abgeriegelt. Viele Familien wurden auseinandergerissen und konnten sich Jahrzehnte lang nicht mehr treffen.
Obwohl die Mauer als unüberwindbar galt, versuchten dennoch viele Menschen, aus der DDR zu fliehen und riskierten dabei ihr Leben. Mehr als 130 starben zwischen 1961 und 1989 an der Berliner Mauer. An der gesamten Grenze zwischen der Bundesrepublik und der DDR starben fast tausend Menschen.
Die Berliner Mauer wurde erst nach dem 9. November 1989 abgerissen, nachdem die DDR zusammengebrochen war.
Am 13. August 1998 wurde in Berlin eine Mauer-Gedenkstätte in der Bernauer Straße eingeweiht. Sie besteht aus einem etwa 70 Meter langen, von Stacheldraht eingefassten Mauerrest.

Betriebsrat

Eine Klasse oder eine Schule kann sich eine Vertretung wählen, die berechtigt ist, im Namen aller zu sprechen. Die Beschäftigten eines privaten Betriebes oder Unternehmens können sich ebenfalls eine Vertretung wählen, den Betriebsrat. Das entspricht dem Gedanken der **Mitbestimmung**. Der Betriebsrat nimmt gegenüber der Firmenleitung die Interessen der Arbeiter und Angestellten wahr. Er kann zum Beispiel die Vorschriften zur Unfallverhütung überwachen oder Beschwerden von Arbeiterinnen und Arbeitern entgegennehmen und sie an die Verantwortlichen weiterleiten. Bei Einstellungen oder Entlassungen von Mitarbeitern und Mitarbeiterinnen wird der Betriebsrat gehört. Auch bei der Festlegung der Arbeitszeiten oder bei den Bestimmungen für Pausen und Urlaub hat er ein Mitspracherecht.
Im Betriebsverfassungsgesetz sind die Rechte und Pflichten eines Betriebsrates geregelt. Die Vertretung der Arbeitnehmer in einem **staatlichen** Betrieb, etwa einem **Ministerium (→ Ressort)** oder einer Stadtverwaltung, wird Personalrat genannt.

Bildung

Dieser Mann oder diese Frau ist sehr gebildet, hört man manchmal jemanden sagen. Oder auch: Der oder die hat eine gute Allgemeinbildung. Damit meint man, dass eine Person viel weiß. Bildung ist also das gesamte Wissen eines Menschen. Unter dem Begriff versteht man aber auch den Weg, wie dieses Wissen erworben wird. Das kann durch die Ausbildung in der Schule, in der Lehre oder in der Universität geschehen. Man kann sich aber auch selber viel beibringen, wenn man sehr neugierig ist, viel liest und sich für viele Fragen interessiert. Für Bildung gibt es keine Altersbegrenzung.
Mit dem Begriff „Bildung“ ist aber auch noch etwas anderes gemeint, und das geht über die Ansammlung von Wissen hinaus. Es ist die innere Bildung, die so genannte Herzensbildung, also die geistige und seelische Ausbildung des Menschen. Sie gibt ihm die Fähigkeit, in seinem Leben verantwortlich zu handeln, seine Anlagen und Talente verantwortlich umzusetzen. Dazu gehört auch die Bereitschaft, an seine Mitmenschen zu denken und entsprechend zu handeln.

Bildungswesen

Eure Schule gehört zum Bildungswesen in **Deutschland (→ Bundesrepublik Deutschland)**. Dazu zählen auch alle anderen öffentlichen oder privaten Schulen, die Fachschulen, Volkshochschulen und Universitäten und auch die Vorschule im Kindergarten. Es ist das gesamte Schul- und Ausbildungswesen eines **Staates** mit seinen vielen verschiedenen Schul- und Universitätsabschlüssen sowie den Möglichkeiten der Weiterbildung. Dazu gehören auch Bildungseinrichtungen von Verbänden und **Parteien**.
Das Bildungswesen ist zwar in allen Staaten unterschiedlich organisiert, aber es gibt viele Ähnlichkeiten. In Deutschland wie in fast allen anderen Ländern der Welt besteht **Schulpflicht**. Sie beginnt in unserem Land für alle Kinder mit sechs Jahren. Auch die Schulpflicht ist ein Teil des Bildungswesens. Für die Gestaltung, Verwaltung und Finanzierung des Bildungswesens sind in Deutschland die **Bundesländer** zuständig. Man sagt: „Bildungswesen ist Ländersache". Aber nicht alle Angelegenheiten des Bildungswesens regeln die Bundesländer. Der **Bund**, also die **Regierung** in Berlin, ist zuständig für die Berufsausbildung und die Berufsberatung, er erlässt **Gesetze** für die Hochschulen und kümmert sich um die Förderung der wissenschaftlichen Forschung. Damit sich der Bund und die Bundesländer bei der Planung bestimmter Aufgaben nicht gegenseitig behindern, gibt es eine Bund-Länder-**Kommission** für Bildungsplanung und Forschungsförderung, die sich regelmäßig trifft.
Als Bildungspolitik bezeichnet man alle Handlungen des Staates, die damit zu tun haben, wie die Ausbildung der **Bürger** durchgeführt wird.

Botschaft/Botschafter/in

Den höchsten **diplomatischen** Vertreter oder die Vertreterin eines Landes in einem anderen **Staat** nennt man „Botschafter" oder „Botschafterin". Die Botschafter haben in ihrem Gastland besondere Rechte. Um ein Beispiel zu nennen: Der deutsche Botschafter in Ägypten kann den Staatschef oder Außenminister um ein Gespräch bitten, um ihm eine wichtige Mitteilung (Botschaft) zu überbringen oder eine dringende Angelegenheit im Auftrag seiner **Regierung** zu besprechen. Umgekehrt kann er selber zum Regierungschef oder einem **Minister** seines Gastlandes gerufen werden, um eine wichtige Nachricht oder einen Brief an seine Regierung entgegenzunehmen.
Die Gebäude, in denen die Botschafter mit ihren Mitarbeitern im Ausland arbeiten, sind die Botschaften. Das Gastland hat die Pflicht, sie zu schützen. Deutsche **Bürger** können in einer deutschen Botschaft im Ausland Rat und Hilfe erbitten, wenn sie zum Beispiel ihren **Pass** oder ihr Geld verloren haben. **Deutschland (→ Bundesrepublik Deutschland)** hat in mehr als 90 Ländern eine Botschaft, also fast in jedem zweiten Land der Welt.

Buddhismus

Siddharta Gautama (er lebte ungefähr von 560 bis 480 vor Christi Geburt) war ein indischer Fürstensohn. Nachdem er eine schwere Krankheit überstanden hatte, gab er sein bisheriges Luxusleben auf. Er verließ seine **Familie** und zog sich in die Einsamkeit zurück. Dort dachte er viel über das Leben und den Tod nach. Der Legende nach hatte er unter einem Feigenbaum eine Erleuchtung. Ihm war klar geworden, wie die Menschen richtig und sinnvoll leben könnten. Deshalb wurde er fortan Buddha (das heißt „Der Erleuchtete") genannt. Er zog durch das Land und verkündete seine Lehre, den Buddhismus. Es gibt mehrere **Gebote (→ Gesetz)**, die die Buddhisten in ihrem Leben beachten müssen. Sie dürfen unter anderem nicht töten, nicht stehlen, nicht lügen und keinen Alkohol trinken.
Die Buddhisten sind davon überzeugt, dass die Menschen häufig wiedergeboren werden. Nur wer nach den Grundsätzen des Buddhismus lebt, wird eines Tages von der Wiedergeburt erlöst werden. Er wird dann, so der Glaube, endgültig ins Nirwana („Nichts") eingehen. Buddha selbst wird von den Anhängern dieser Religionsgemeinschaft als Lehrer und Vorbild verehrt. Am stärksten ist der Buddhismus mit 336 Millionen Anhängern in Asien verbreitet.
Der Buddhismus gehört wie das **Christentum**, der **Islam**, das **Judentum** und der **Hinduismus** zu den großen Religionen dieser Welt.

Bundeskanzler/in

Der Chef oder die Chefin der **Regierung** heißt Bundeskanzler oder Bundeskanzlerin. Er oder sie wird vom **Bundestag (→ Deutscher Bundestag)** gewählt und bestimmt, welche **Politik** gemacht wird (bestimmt die „Richtlinien der Politik"). Die Amtszeit dauert üblicherweise vier Jahre. Zum Bundeskanzler/zur Bundeskanzlerin kann gewählt werden, wer **volljährig** ist.

Der Kanzler oder die Kanzlerin sucht die **Ministerinnen und Minister** aus, mit denen er oder sie die Regierungsmannschaft bildet. Diese werden dann vom **Bundespräsidenten** ernannt. Seit November 2005 ist Angela Merkel Bundeskanzlerin. Sie ist die erste Frau, die in **Deutschland (→ Bundesrepublik Deutschland)** dieses Amt innehat.

Bisherige deutsche Bundeskanzler:

Konrad Adenauer (CDU)	1949–1963
Ludwig Erhard (CDU)	1963–1966
Kurt Georg Kiesinger (CDU)	1966–1969
Willy Brandt (SPD)	1969–1974
Helmut Schmidt (SPD)	1974–1982
Helmut Kohl (CDU)	1982–1998
Gerhard Schröder (SPD)	1998–2005
Angela Merkel (CDU)	seit 2005

Bundeskartellamt

Stellt euch vor, es gäbe nur drei oder vier Unternehmen, die Inlineskates verkaufen. Diese Unternehmen könnten sich zusammentun und beschließen, dass sie nur wenige Inlineskates produzieren, diese dann aber teuer verkaufen. Solch einen Zusammenschluss von unabhängigen Unternehmen, die das Ziel haben, den Markt zu kontrollieren, nennt man „Kartell". In solch einem Fall gäbe es für die Kartelle keine **Konkurrenz (→ Wettbewerb/Konkurrenz)** mehr, und ihr müsstet viel mehr für Inlineskates bezahlen, als sie wert sind, oder darauf verzichten. Damit so etwas nicht passiert, gibt es das **Gesetz** gegen Wettbewerbsbeschränkungen (GWB), das solche Kartelle verbietet.

Das so genannte Bundeskartellamt, das seinen Sitz in Bonn hat, überprüft, ob dieses Verbot auch beachtet wird. Wenn ein Verdacht vorliegt, untersucht es, ob Verstöße gegen das Kartellgesetz vorliegen: Es muss dann kontrollieren, ob bestimmte Firmen zum Beispiel Preisabsprachen getroffen haben, die nicht erlaubt sind. Die grundlegende Aufgabe des Bundeskartellamtes besteht darin, den Wettbewerb zu schützen. Deshalb müssen auch große Unternehmen, die zu einem Unternehmen verschmelzen möchten, also eine so genannte Fusion anstreben, vorher das Bundeskartellamt um Erlaubnis fragen.

Bundesländer/Föderalismus

Deutschland (→ Bundesrepublik Deutschland) ist ein **Bundesstaat**. So bezeichnet man den Zusammenschluss mehrerer **Staaten** zu einem übergeordneten Gesamtstaat. Bei uns nennt man die einzelnen Staaten Bundesländer, das sind zum Beispiel Nordrhein-Westfalen, Brandenburg oder Bayern. Es gibt insgesamt 16 Bundesländer, darunter auch die so genannten Stadtstaaten Berlin, Hamburg und Bremen. Die **politische** Macht wird aufgeteilt zwischen der Zentralregierung in Berlin (man spricht oft von dem „Bund") und den **Regierungen** der einzelnen Bundesländer. So vertritt zum Beispiel der Bund das Land nach außen (Außenpolitik). Diese Form der Machtverteilung zwischen Bund und Bundesländern nennt man Föderalismus. Der Begriff kommt vom lateinischen Wort „foedus", das heißt „Bündnis", „Staatsvertrag".

Die einzelnen Bundesländer bestimmen mit ihren Regierungen, in denen auch ein Ministerpräsident oder eine **Ministerpräsidentin** sowie **Minister und Ministerinnen** sitzen, über die Organisation der **Polizei** oder auch die Schul- und Kulturpolitik. Daher kann es vorkommen, dass eine Abschlussprüfung in Bayern anders bewertet wird als in Mecklenburg-Vorpommern. Die Aufgabenverteilung dieser beiden politischen Ebenen – Bund und Länder – ist im **Grundgesetz** geregelt.

Bundespolizei

Die Bundespolizei, die früher „Bundesgrenzschutz" (BGS) hieß, ist die **Polizei** des **Bundes**. In **Deutschland (→ Bundesrepublik Deutschland)** sind zwar grundsätzlich die **Bundesländer** für die Polizei zuständig. Aber in manchen Bereichen hat der Bund mit der Bundespolizei die Verantwortung. So schützt die Bundespolizei die Grenzen Deutschlands sowie wichtige **staatliche** Gebäude – zum Beispiel das Bundeskanzleramt, die **Ministerien (→ Ressort)** oder den Amtssitz des **Bundespräsidenten**. Sie schützt aber auch die Bahnhöfe und Flughäfen oder auch die **Botschaften** Deutschlands im Ausland. Wenn es Katastrophen oder besondere Unglücksfälle gibt, kann die Bundespolizei eingesetzt werden. Zu den Aufgaben dieser Polizei gehört unter anderem auch der Schutz der **Umwelt** auf der Nord- und Ostsee. Auch bei Aktionen der **UNO** oder der **EU (→ Europäische Union (EU))** kann die Bundespolizei tätig werden.

Bundespräsident/in

Der Bundespräsident ist der erste Mann, die erste Frau im **Staat**. Bisher gab es in **Deutschland (→ Bundesrepublik Deutschland)** nur Männer in diesem **Amt**. Vielleicht wird auch einmal eine Frau dieses Amt bekleiden. Kein **Gesetz** spricht dagegen. Der Bundespräsident wird von der **Bundesversammlung** für fünf Jahre gewählt. Die Bundesversammlung setzt sich zusammen aus den Mitgliedern des **Bundestages (→ Deutscher Bundestag)** und aus Personen, die von den **Parlamenten** der **Bundesländer** gewählt werden. Dies können ganz normale **Bürgerinnen und Bürger** oder auch Prominente sein. Zum Bundespräsidenten kann jeder Deutsche gewählt werden, der mindestens 40 Jahre alt ist. Oft ist der Bundespräsident im Fernsehen zu sehen, wenn er andere Staatsoberhäupter empfängt oder selber Staatsbesuche macht. Darin liegt eine seiner wichtigsten Aufgaben: die Vertretung Deutschlands gegenüber dem Ausland und der Abschluss von Verträgen mit anderen Ländern. Gesetze gelten ohne seine Unterschrift nicht. Zur Arbeit des Bundespräsidenten gehört auch die Ernennung des Bundeskanzlers oder der **Bundeskanzlerin** und der **Minister und Ministerinnen**. Der Bundespräsident hat ein besonderes Recht: Er kann **Gefangene** begnadigen. Seit dem 1. Juli 2004 ist Horst Köhler Bundespräsident der Bundesrepublik Deutschland.

Deutsche Bundespräsidenten seit 1949:

Theodor Heuss	1949–1959
Heinrich Lübke	1959–1969
Gustav Heinemann	1969–1974
Walter Scheel	1974–1979
Karl Carstens	1979–1984
Richard von Weizsäcker	1984–1994
Roman Herzog	1994–1999
Johannes Rau	1999–2004
Horst Köhler	seit 1. Juli 2004

Bundesrat

Über den Bundesrat sind die **Bundesländer** an der Bundespolitik beteiligt. Wenn die Regierung mit ihrer **Mehrheit** zum Beispiel ein Gesetz im **Deutschen Bundestag** beschließen will, kann der Bundesrat ihm zustimmen, es ablehnen oder **Einspruch (→ Veto)** einlegen. Manche **Gesetze** können nur dann gültig werden, wenn der Bundesrat zustimmt.
Der Bundesrat hat 69 Mitglieder. Jedes Bundesland hat mindestens drei Stimme höchstens sechs Stimmen.
Je mehr Einwohner ein Bundesland hat, desto mehr Stimmen hat es im Bundesrat. Die Vertreter der Bundesländer im Bundesrat sind nicht direkt vom **Volk** gewählt wie die Mitglieder des Bundestages, sondern sie gehören den jeweiligen **Landesregierungen (→ Regierung)** an. Der Bundesratspräsident oder die Bundesratspräsidentin, der oder die immer für ein Jahr gewählt wird, ist gleichzeitig Vertreter/in des **Bundespräsidenten**.

Bundesrepublik Deutschland

Am 23. Mai 1949 wurde das **Grundgesetz** für die Bundesrepublik Deutschland verkündet. Das war der Zeitpunkt der Gründung des **Staates**, in dem wir heute leben. Zu der Gründung kam es, weil sich nach dem

Ende des **Zweiten Weltkriegs (→ Zweiter Weltkrieg)** auf deutschem Boden zwei völlig unterschiedliche **politische** Systeme gegenüberstanden: In der sowjetisch besetzten Zone entstand die **DDR**; auf dem Gebiet, das von den westlichen Siegermächten USA, Frankreich und England besetzt war, entstand die Bundesrepublik Deutschland.
Im Artikel 20 des Grundgesetzes ist festgelegt, dass die Bundesrepublik Deutschland ein **demokratischer** und sozialer **Bundesstaat** ist. Seit der Verkündung unserer **Verfassung** ist daher „Bundesrepublik Deutschland“ die offizielle und **amtliche** Bezeichnung für unser Land.

Bundesstaat/Bund

Wenn sich mehrere **Staaten** zu einem Gesamtstaat verbinden und dabei teilweise ihre Selbstständigkeit aufgeben, wird daraus ein Bundesstaat. Im Unterschied zum **Staatenbund** hat der Bundesstaat ein Staatsoberhaupt und eine **Regierung**. Die **Bundesrepublik Deutschland** ist ein solcher Bundesstaat. Der **Bundespräsident** und die Bundesregierung haben ihren Amtssitz in Berlin. Sie vertreten den Gesamtstaat, der auch „Bund“ genannt wird. In den einzelnen Bundesstaaten, die bei uns „**Bundesländer**“ genannt werden, gibt es Länderregierungen. Die Landesregierung von Nordrhein-Westfalen beispielsweise hat ihren Sitz in Düsseldorf. Die staatlichen Aufgaben in einem Bundesstaat, die Verwaltung und die **Gesetzgebung** werden zwischen der Regierung des Gesamtstaates und den Regierungen der Bundesländer aufgeteilt.
Unsere Nachbarländer Österreich und Schweiz, aber auch Kanada und die USA sind Bundesstaaten. Weil die **Europäische Union** weder ein einfacher Staatenbund, noch ein richtiger Bundesstaat ist, hat das **Bundesverfassungsgericht** festgelegt, dass sie als Staatenverbund zu bezeichnen ist.

Bundestagspräsident/in

In der Rangfolge der wichtigsten Ämter in **Deutschland (→ Bundesrepublik Deutschland)** steht das **Amt** des Bundestagspräsidenten nach dem **Bundespräsidenten** an zweiter Stelle. Nachdem ein neuer **Bundestag (→ Deutscher Bundestag)** gewählt worden ist, wählen die **Abgeordneten** in geheimer **Wahl** ihren Präsidenten oder ihre **Präsidentin**. Normalerweise gehört er oder sie der stärksten **Fraktion** an.

Der Bundestagspräsident vertritt den Deutschen Bundestag nach außen und leitet zusammen mit seinen Stellvertretern und Stellvertreterinnen die Sitzungen des **Parlaments**.

Die bisherigen Präsidentinnen und Präsidenten des Deutschen Bundestages:

Erich Köhler (CDU)	1949–1950
Hermann Ehlers (CDU)	1950–1954
Eugen Gerstenmaier (CDU)	1954–1969
Kai-Uwe von Hassel (CDU)	1969–1972
Annemarie Renger (SPD)	1972–1976
Karl Carstens (CDU)	1976–1979
Richard Stücklen (CSU)	1979–1983
Rainer Barzel (CDU)	1983–1984
Philipp Jenninger (CDU)	1984–1988
Rita Süssmuth (CDU)	1988–1998
Wolfgang Thierse (SPD)	1998–2005
Norbert Lammert (CDU)	seit 2005

Bundesverfassungsgericht

Wenn jemand der Meinung ist, dass ein neues (oder auch ein altes) **Gesetz** gegen das **Grundgesetz** verstößt, kann er das prüfen lassen. Zum Beispiel, ob es richtig ist, **Soldaten (→ Streitkräfte/Armee)** und Soldatinnen in ein fremdes Land zu senden oder das Rentengesetz zu verändern. Jeder **Bürger**, jede Bürgerin hat dann das Recht, eine Klage vor das Bundesverfassungsgericht nach Karlsruhe zu bringen. Dieses Gericht ist der oberste Hüter der **Verfassung** und hat bei Streitigkeiten das letzte Wort. Sollte dort dem Kläger, der Klägerin Recht gegeben werden, muss das Gesetz zurückgenommen oder zumindest so verändert werden, dass es dem Grundgesetz nicht widerspricht. Das Bundesverfassungsgericht ist also eine sehr wichtige Einrichtung in **Deutschland (→ Bundesrepublik Deutschland)**. Es ist den anderen hohen Verfassungsorganen (**Bundestag (→ Deutscher Bundestag), Bundesregierung (→ Regierung), Bundesrat, Bundespräsident/in**) gegenüber unabhängig und gleichgestellt. Natürlich sollen die Bürgerinnen und Bürger nicht wegen jedem Nachbarschaftsstreit nach Karlsruhe gehen. Dafür sind andere **Gerichte** zuständig oder noch besser: Man sollte sich friedlich ohne Gericht einigen.

Bundesversammlung

Wenn ein neuer Bundespräsident oder eine neue **Bundespräsidentin** gewählt wird (oder der bisherige wieder gewählt wird), tritt die Bundesversammlung zusammen. Dies geschieht alle fünf Jahre. In der Bundesversammlung sind alle **Abgeordneten** des **Deutschen Bundestages** vertreten. Dazu kommen genau so viele Personen, die von den Landtagen der einzelnen **Bundesländer** gewählt werden. So wird sichtbar zum Ausdruck gebracht, dass der Bundespräsident sowohl den **Bund** als auch die Länder repräsentiert.

Bundeswehr

„Bundeswehr" ist der Name für die deutschen **Streitkräfte**. Die Bundeswehr wurde 1955 gegründet und darf nach dem **Grundgesetz** nur zur Verteidigung (und nicht zum Angriff) eingesetzt werden. Zuerst waren nur Freiwillige in der Bundeswehr, 1956 wurde dann die **Wehrpflicht (→ Wehrdienst/Wehrpflicht)** für Männer ab 18 Jahren eingeführt. Die Bundeswehr ist in drei Teile aufgeteilt. Die Soldaten gehören zum Heer, wenn sie zum Beispiel Panzerfahrer sind, zur Luftwaffe, wenn sie Piloten sind, oder sie gehören zur Marine, wenn sie ihren Dienst auf einem Schiff tun.
Das Kommando über die Bundeswehr hat normalerweise, also wenn **Frieden** herrscht, der **Bundesminister (→ Minister/in)** der Verteidigung. Wenn aber **Deutschland (→ Bundesrepublik Deutschland)** von einem Feind angegriffen würde und die Bundeswehr zur Verteidigung des Landes kämpfen müsste, dann hätte der **Bundeskanzler** das Kommando. Zum Glück ist Deutschland aber, so lange die Bundeswehr besteht, noch nie angegriffen worden. Bisher hat die Bundeswehr schon öfters bei Katastrophen wie Überschwemmungen geholfen oder Soldaten wurden von der **UNO** oder der **NATO** zu Friedenseinsätzen in andere Länder geschickt.
Übrigens: Früher waren in der Bundeswehr nur Männer. Seit 2001 können auch Frauen in allen Bereichen der Bundeswehr Dienst leisten.

Bürger/in/Bürgertum

Du bist ein Bürger oder eine Bürgerin, deine Freunde und Freundinnen auch. Heute sind nahezu alle Menschen Bürger zum Beispiel von **Deutschland (→ Bundesrepublik Deutschland)**, Frankreich, England oder anderen **Staaten**. Früher wurden Menschen „Bürger" genannt, die im Umkreis einer Burg lebten und das Recht hatten, bei Kriegsgefahr innerhalb der Burgmauern Schutz zu suchen. Dieses Recht hatten etwa die Bauern oder die fahrenden Händler und Gaukler nicht. Auch Gäste der Burg standen oft unter einem anderen Recht als die Bürger. Aus dem Begriff „Bürger" entwickelte sich das „Bürgertum". Das waren die Stadtbewohner und -bewohnerinnen. Das Bürgertum unterschied sich durch seine Arbeit, seine Kleidung, seine Wohnungen und Umgangsformen von den anderen Schichten der **Gesellschaft**. Heute spielen diese Unterschiede keine Rolle mehr und alle Bürgerinnen und Bürger eines Staates haben die gleichen Rechte und Pflichten.

Bürgerkrieg

Bürgerkrieg ist die bewaffnete Auseinandersetzung zwischen **Bürgern** eines **Staates**. Dabei überfällt nicht ein Staat einen anderen Staat, sondern zwei oder mehrere Gruppen in einem Staat bekämpfen sich untereinander. Oft werden Bürgerkriege geführt, um **politische** oder **gesellschaftliche Verhältnisse** gewaltsam zu verändern. Manchmal will auch eine Gruppe im Staat die **Regierung** stürzen und die Macht an sich reißen oder ein Teil der Bevölkerung will sich vom Gesamtstaat abspalten. So war – um eines der bekanntesten geschichtlichen Beispiele zu nennen – der Auslöser des Amerikanischen Bürgerkriegs (1861–1865) die Trennung der Südstaaten vom übrigen Teil der USA. Sie gründeten einen eigenen Staat, es kam zu einem **Krieg**, in dem weit mehr als 500 000 Menschen starben. Die **Armee (→ Streitkräfte/Armee)** der Südstaaten verlor diesen Bürgerkrieg, die Einheit der USA wurde wiederhergestellt. Auch in **Europa** gab es schlimme Bürgerkriege, in denen viele tausend Menschen starben. Nach der russischen **Oktoberrevolution (→ Kommunismus)** 1917 kam es in Russland zu einem jahrelangen Bürgerkrieg. In Spanien brach 1936 ein Bürgerkrieg aus, der drei Jahre dauerte. Eines der jüngsten Beispiele: Im ehemaligen Jugoslawien bekämpften sich nach dem Zerfall des alten jugoslawischen **Bundesstaates** im Bürgerkrieg von 1991–1992 unterschiedliche Volksgruppen, die bis dahin friedlich nebeneinander in ihrem Staat gelebt hatten.
Nach dem **Völkerrecht** gilt ein Bürgerkrieg nicht als „Krieg“, sondern als innere Angelegenheit eines Staates. Daher entstehen immer wieder Diskussionen, ob sich **ausländische** Staaten in Bürgerkriege einmischen dürfen und sollten, um den bedrohten Menschen zu helfen.

Bürgermeister/in

Jede **Gemeinde**, also jedes Dorf und jede Stadt hat bestimmte Regeln, nach denen es oder sie sich selbst verwaltet. Diese Regeln sind in der Gemeindeverfassung festgelegt. Geleitet wird die Gemeinde von einem Bürgermeister oder einer Bürgermeisterin. Er oder sie wird für eine bestimmte Zeit gewählt und übt dieses **Amt** meistens hauptamtlich, hin und wieder auch **ehrenamtlich** aus. Eine wichtige Aufgabe des Bürgermeisters ist es, den **Gemeinderat (→ Stadtrat/Gemeinderat)** oder den Stadtrat zu leiten. Der Bürgermeister berät und entscheidet mit, ob zum Beispiel ein neues Jugendzentrum gebaut oder wieviel Geld für eine Sportanlage ausgegeben wird. Vor allem aber vertreten die Bürgermeister/innen ihre Gemeinden nach außen. Deswegen sind sie auch hin und wieder in der **Zeitung** zu sehen, wenn sie zum Beispiel Besuchergruppen empfangen, die sich in das Goldene Buch der Stadt eintragen.

Bussgeld

Ein Bußgeld ist eine Strafe, die man für eine Ordnungswidrigkeit bezahlen muss. Wenn man zum Beispiel zu schnell Auto fährt, verstößt man gegen das Straßenverkehrsrecht. Viele Bereiche des Lebens sind durch Anordnungen, **Gebote (→ Gesetz)** und Verbote geregelt. So darf man beispielsweise seinen Müll nicht einfach in den Park werfen, sondern muss ihn ordnungsgemäß entsorgen.
Wie hoch das Bußgeld ausfällt, hängt von der jeweiligen Ordnungswidrigkeit ab. In so genannten Bußgeldkatalogen steht, wie hoch eine Strafe für eine bestimmte Ordnungswidrigkeit sein kann. Nicht nur Privatpersonen, sondern auch Unternehmen werden bestraft, wenn sie Ordnungswidrigkeiten begehen.

Christentum

Das Christentum ist eine der fünf großen Weltreligionen (neben **Judentum, Islam, Buddhismus** und **Hinduismus**). Es ist aus dem Judentum hervorgegangen. Über zwei Milliarden Menschen bekennen sich heute weltweit zum Christentum. Christliche Kirchen seht ihr in allen Städten und Dörfern **Europas** und Amerikas. Das Christentum geht zurück auf Jesus von Nazareth, genannt Christus (das heißt „der Gesalbte“). Er hat vor rund 2000 Jahren in **Palästina (→ Nahostkonflikt)** gelebt und wurde dort zum Tode verurteilt und ans Kreuz geschlagen. Die Christen glauben, dass Jesus vom Tod auferstanden und der Sohn Gottes ist.
Durch seinen Tod am Kreuz, so steht es in der Bibel, hat er die Menschen von ihrer Schuld im Leben erlöst. Seither gilt das Kreuz als das Symbol des Christentums. Die Bibel mit dem Alten und Neuen Testament gilt als Heilige Schrift. Wesentlich im Christentum ist der Glaube an einen Gott, das Bekenntnis zu Jesus Christus, die Gemeinschaft der Gläubigen in der Kirche und der Glaube an das ewige Leben. Dazu gibt es Vorschriften, die man im Leben befolgen soll (die Zehn Gebote).

Schon bald nach dem Tod von Jesus breitete sich das Christentum über das ganze damalige Römische Reich aus. In Rom, der ehemaligen **Hauptstadt** des Römischen Reiches, lebt bis heute der Papst, der das Oberhaupt der katholischen Christen ist. Innerhalb des Christentums entwickelten sich im Laufe der Zeit verschiedene Gemeinschaften. Im 16. Jahrhundert wollte Martin Luther vieles in der damaligen Kirche erneuern (das heißt auf Lateinisch **„reformieren**“, deshalb spricht man von der „Reformation“). Daraus entwickelte sich die protestantische (evangelische) Kirche.

Mehr als die Hälfte aller Christen sind katholisch, etwa 20 Prozent sind evangelisch. Die christlich-**orthodoxe** Kirche hat vor allem in Osteuropa viele Anhänger. Die anglikanische Kirche hat ihre meisten Anhänger in England. Daneben gibt es noch viele kleinere unabhängige Kirchengemeinschaften, die alle dem Christentum angehören. Sie verteilen sich über die ganze Welt.

DDR

Die DDR (das war die Abkürzung für „Deutsche **Demokratische Republik**“)entstand 1949 aus der damaligen sowjetischen Besatzungszone (SBZ). Sie umfasste das Gebiet der heutigen **Bundesländer** Brandenburg, Mecklenburg-Vorpommern, Sachsen, Sachsen-Anhalt und Thüringen. Die DDR verstand sich als **sozialistischer (→ Sozialismus) Staat** und bezeichnete sich selbst als Arbeiter- und Bauernstaat. Die **politische** Macht lag alleine bei einer **Partei** (SED = Sozialistische Einheitspartei Deutschlands). Freie **Wahlen** gab es nicht, von Demokratie konnte nicht gesprochen werden. Am 17. Juni 1953 haben viele Menschen in einem Aufstand gegen die Verhältnisse in der DDR protestiert. Doch sie konnten nichts ausrichten, die **Demonstration** wurde gewaltsam niedergeschlagen. Weil viele Menschen die DDR in den ersten Jahren ihres Bestehens verlassen haben, um im Westen zu leben, haben die Machthaber in der DDR im August 1961 die **Grenze** zur **Bundesrepublik Deutschland** geschlossen und die **Berliner Mauer** errichtet. Fast 40 Jahre nach der Gründung der DDR sind viele Menschen im Herbst 1989 auf die Straße gegangen und haben demonstriert. Sie wollten, dass sich die DDR ändert, und sie hatten Erfolg. Die DDR und die Bundesrepublik Deutschland vereinigten sich am 3. Oktober 1990. Seither ist dieser Tag ein Feiertag und wird „Tag der Deutschen Einheit“ genannt.

Demokratie

Der Begriff kommt aus dem Griechischen und bedeutet „Herrschaft des **Volkes**“. In **Deutschland (→ Bundesrepublik Deutschland)** gibt es diese Staatsform seit 1949, zuvor gab es sie bereits einmal von 1918 bis 1933. Demokratie heißt: Alle **Bürger und Bürgerinnen** haben die gleichen Rechte und Pflichten. Über sie herrscht kein Kaiser, auch kein **König (→ Monarchie)** und kein General. Alle Menschen dürfen frei ihre Meinung sagen, sich versammeln, sich informieren. Es gibt unterschiedliche Parteien, die ihre Vorstellungen in so genannten Parteiprogrammen kundtun. Die Bürger wählen Personen und Parteien, von denen sie eine bestimmte Zeit lang regiert werden wollen. Und wenn die **Regierung** ihre Arbeit schlecht macht, kann das Volk bei der nächsten **Wahl** eine andere Regierung wählen.

In einer Demokratie muss alles, was der **Staat** tut, nach den Regeln der **Verfassung** und der geltenden **Gesetzen** erfolgen. In Deutschland stehen diese Regeln im **Grundgesetz**. Der demokratische Staat ist also immer auch ein **Rechtsstaat**.

In Deutschland gab es von 1949 bis 1990 einen zweiten deutschen Staat, die „Deutsche Demokratische Republik“, abgekürzt **DDR**. Obwohl im Staatsnamen der Begriff „Demokratie“ vorkam, war die DDR aber keine Demokratie.

Demonstration

Wenn sich Menschen zu einer öffentlichen Versammlung treffen, in langen Reihen mit Lautsprechern, Plakaten und Spruchbändern durch die Straßen ziehen, handelt es sich um eine Demonstration. Die Demonstranten wollen auf ihre Meinungen und Forderungen aufmerksam machen. Zum Beispiel könnten sich Bauern treffen, um für höhere Preise bei landwirtschaftlichen Produkten zu demonstrieren. Oder es haben sich Arbeiter und Angestellte vor einem Firmengelände versammelt, um gegen Massenentlassungen zu demonstrieren. Und an einem anderen Tag sehen wir viele Leute durch die Straßen ziehen, die laut und deutlich ihre Meinung gegen einen **Krieg** äußern. Das Wort „Demonstration“ kommt aus dem Lateinischen und bedeutet so viel wie „Beweis“ oder „Beweisführung“. Das Recht, für oder gegen etwas zu demonstrieren, sich zu versammeln und auf diese Weise deutlich und frei seine Meinung zu äußern, ist in den **demokratischen Staaten** in der **Verfassung** fest verankert.

Despot

Im alten Griechenlandwar war der „despotes“ der Hausherr, der alles zu bestimmen hatte. Abgeleitet davon ist „Despot“ die Bezeichnung für einen Herrscher, der sich keiner **Verfassung** und keinen **Gesetzen** verpflichtet fühlt. Entsprechend ist die Despotie oder der Despotismus eine Staatsform, in der das Staatsoberhaupt die absolute und unumschränkte Herrschaft ausübt und sein **Volk** durch Tyrannei und Willkür beherrscht. Sowohl die **absolute Monarchie (→ Monarchie)** konnte eine despotische Herrschaftsform sein als auch eine **Republik**, wenn einer oder mehrere Machthaber despotisch oder **diktatorisch** regierten.
Der Begriff „Despotismus“ wird auch in anderen Bereichen gebraucht. Zum Beispiel im Familienleben, wenn ein Vater über alles despotisch bestimmen will. Auch im Leben eines Vereins, einer **Gemeinde** oder Kirche können sich despotische Herrschaftsformen zeigen, wenn einer alleine oder eine kleine Gruppe sich **radikal** gegen einen Mehrheitswillen durchsetzt.

Deutsche Bundesbank

Die Deutsche Bundesbank ist sozusagen die oberste deutsche Bank. Sie regelt den Geld- und Zahlungsverkehr und verwaltet die Reserven des **Staates** (also zum Beispiel das Gold, das in staatlichen Safes aufbewahrt wird, oder anderes Vermögen, das im Besitz des Staates ist). Außerdem hat die Deutsche Bundesbank die Aufsicht darüber, dass alle Regeln und Vorschriften im deutschen Bankenwesen eingehalten werden. Die Gewinne der Bundesbank gehören dem Staat, aber der Staat muss auch für die Verluste einstehen. Wenn eine Bank oder Sparkasse sich Geld ausleihen muss, leiht sie es von der Deutschen Bundesbank.
Bis 2002 war die Bundesbank auch für den Druck und die Ausgabe der deutschen **Banknoten** zuständig. Dann wurde der **Euro** eingeführt. Eine neu gegründete Bank, die **Europäische Zentralbank** (EZB), die wie auch die Bundesbank ihren Sitz in Frankfurt am Main hat, ist nun über die Bundesbank gestellt. Sie entscheidet, wie viele Banknoten innerhalb der **EU (→ Europäische Union (EU))**-Länder, in denen die Euro-**Währung** eingeführt wurde, ausgegeben werden. Die EZB passt zusammen mit der Bundesbank und anderen **europäischen** Banken auch darauf auf, dass die Gemeinschaftswährung Euro stabil bleibt, also die Inflationsrate möglichst niedrig ist.
Die Deutsche Bundesbank wurde übrigens 1957 als unabhängige deutsche Zentralbank gegründet.

Deutscher Bundestag

„Deutscher Bundestag“ ist der Name des deutschen **Parlaments**. Es arbeitet in der **Hauptstadt** Berlin. Die Mitglieder des Bundestages, die Abgeordneten, werden für vier Jahre vom **Volk** gewählt. Die Volksvertreterinnen und **Volksvertreter (→ Abgeordnete)** gehören verschiedenen **Parteien** an. Alle Abgeordneten, die derselben Partei angehören, sitzen bei Versammlungen des Bundestages in einer **Fraktion** zusammen, wenn **Gesetze** diskutiert und beschlossen werden. Ein Beschluss kann aber nur gefasst werden, wenn mindestens die Hälfte aller Mitglieder des Bundestages anwesend ist. Zu den wichtigsten Aufgaben des Bundestages gehören die **Wahl** des Bundeskanzlers oder der **Bundeskanzlerin**, die Kontrolle der **Regierung**, die **Gesetzgebung**, die Mitwirkung bei der Wahl des **Bundespräsidenten** und die Wahl der **Richter** am **Bundesverfassungsgericht**.

Deutscher Kinderschutzbund (DKSB)

Der Deutsche Kinderschutzbund wurde 1953 in Hamburg gegründet. Mit seinen über 50 000 Mitgliedern ist er der größte Kinderschutzverband Deutschlands. Grundlage für die Arbeit des DKSB ist die UN-**Kinderrechtskonvention**. Danach hat jedes Kind das Recht auf Entwicklung, auf Versorgung und auf Schutz. Der Kinderschutzbund versucht überall da zu helfen, wo Kinderrechte verletzt werden, vor allem wenn es um Kinderarmut oder Gewalt gegen Kinder geht. Der Kinderschutzbund will Kinder stark machen, will, dass Kinder ernst genommen, ihre Fähigkeiten gefördert und ihre Stimmen gehört werden.
Wenn ihr Probleme habt, könnt ihr kostenfrei das Kinder- und Jugendtelefon anrufen unter der
Tel.-Nr.: 0800 - 111 0 333
(montags bis freitags von 15 bis 19 Uhr)
oder Kontakt im Internet aufnehmen über
www.kinderundjugendtelefon.de

Diaspora

Wenn **Juden** in einer Gegend leben, wo sonst fast nur Menschen mit einer anderen **Religion** wohnen, leben sie „in der Diaspora". Oder wenn **Christen** zum Beispiel in Indien wohnen, leben sie „in der Diaspora", weil dort die meisten Menschen **Hinduisten** sind. Das Wort kommt aus dem Griechischen und bedeutet „Zerstreuung" – die Menschen einer bestimmten Religion leben also nicht als große Gemeinschaft zusammen, sondern sind „in alle Welt zerstreut".

Dienstleistung

In einem Geschäft werden wir von einer Verkäuferin oder einem Verkäufer bedient. Im Haar-Salon schneidet uns eine Frisörin oder ein Frisör die Haare. In beiden Läden werden Dienstleistungen erbracht. Auch am Bankschalter, wo wir Geld abheben oder Überweisungen tätigen, wird ein Dienst am Kunden geleistet. Und der Verkehrspolizist „dient", indem er dafür sorgt, dass alles reibungslos läuft. Auch die **Beamten** in der Stadtverwaltung, die Ärzte und Krankenschwestern im Gesundheitswesen dienen den Menschen. Das tun auch die **Rechtsanwälte**, die uns vor **Gericht** vertreten, oder der Installateur, der den Wasserhahn repariert. Dienstleistungen sind also Tätigkeiten, bei denen nichts hergestellt wird – anders als zum Beispiel beim Bau eines Hauses oder wenn ein Auto am Fließband zusammen gesetzt wird. Durch Dienstleistungen werden andere Bedürfnisse der Menschen erfüllt. Im Dienstleistungsgewerbe arbeiten in **Deutschland (→ Bundesrepublik Deutschland)** sehr viele Menschen. Weil es in den letzten Jahrzehnten immer mehr geworden sind und ein immer größerer Teil der Bevölkerung in diesem Bereich beschäftigt ist, spricht man heutzutage auch von einer „Dienstleistungsgesellschaft".

Diktatur

Das Wort kommt aus dem Lateinischen und ist genau das Gegenteil von **Demokratie**: Nicht die **Mehrheit** des **Volkes** bestimmt, sondern einige wenige, zum Beispiel eine einzige **Partei** oder sogar nur eine einzelne Person: der Diktator. Der Diktator ist meistens nicht gewählt worden, sondern er hat sich selber mit Gewalt an die Macht gebracht – häufig mit der Hilfe des **Militärs (→ Streitkräfte/Armee)**. Das muss den Diktator oftmals vor dem Volk schützen. Viele Menschen, die in einer Diktatur leben, haben Wut und Angst, können ihre Meinung nicht mehr frei sagen. Wenn sie es doch tun, „verschwinden" sie, kommen ins **Gefängnis**, werden **gefoltert (→ Folter)** oder sogar umgebracht.

Diplomatie/Diplomat/in

Wenn jemand geschickt seine Worte wählt und verhandelt, dann sagt man auch, er oder sie ist „diplomatisch". „Diplomatie" (das Wort kommt aus dem Griechischen) bedeutet die „Kunst der Verhandlung". Wenn verschiedene Länder miteinander etwas beschließen wollen, müssen die Vertreter der Länder zuerst verhandeln, das heißt miteinander reden und sicherstellen, dass es keine Probleme geben wird. Erst dann, wenn alles vorbereitet ist, unterschreiben die Regierungschefs Verträge mit anderen Ländern zum Beispiel darüber, dass man eine gemeinsame internationale Schule gründen oder zusammen Geschäfte machen will. Die Menschen, die im Auftrag ihrer Länder miteinander sprechen, nennt man „Diplomatinnen" oder „Diplomaten". Diese Frauen und Männer haben in einer Diplomatenschule die Kunst des Verhandelns gelernt. In den fremden Ländern, wo die Diplomaten ihre Arbeit tun, genießen sie einen speziellen Schutz. Diesen nennt man „**Immunität**".

Diskriminierung

Wenn einzelne Menschen oder Gruppen benachteiligt werden, weil sie zum Beispiel eine andere Hautfarbe oder eine andere **Religion** haben, so werden sie diskriminiert (das Wort stammt aus dem Lateinischen und bedeutet „Unterscheidung"). Die Gründe dafür können sehr unterschiedlich sein. Oft spielen **Vorurteile** eine Rolle. So haben manche Menschen ohne Grund eine schlechte Meinung von Menschen fremder Herkunft oder mit fremdländischem Aussehen. Sie behandeln diese Menschen deshalb unfair und ungerecht – sie diskriminieren sie.

Bei der Diskriminierung spielt oft auch das Geschlecht eine Rolle. So erhalten Frauen im Berufsleben manchmal weniger Gehalt oder Lohn als ihre männlichen Kollegen, obwohl sie die gleiche Arbeit tun. Diese Frauen werden ungleich behandelt. Auch das ist Diskriminierung.

Drogen

Das Wort „Drogerie" kennt ihr alle. Als „Drogen" bezeichnete man ursprünglich Stoffe (Blätter, Blüten, Wurzeln), die man zur Herstellung von Medikamenten, von Heil- oder Anregungsmitteln brauchte. Deshalb heißt ein Geschäft, in dem es solche Mittel gibt, auch Drogerie. Heute wird der Begriff „Drogen" meistens für so genannte Rauschgifte gebraucht. Je nach Stärke und Zusammensetzung bewirken alle Drogen eine seelische oder körperliche Veränderung im Menschen. Anfangs nehmen Menschen Drogen, um einen für sie angenehmen Zustand zu erreichen. Das kann aber schnell dazu führen, dass sie sich daran gewöhnen und von Drogen abhängig werden. Abhängigkeit aber zerstört die eigene Gesundheit und spielt denen in die Hände, die mit Drogenhandel viel Geld verdienen.

Man muss zwischen erlaubten (legalen) und verbotenen (illegalen) Drogen unterscheiden. Genussmittel wie Alkohol, Nikotin oder Kaffee zählen zu den legalen Drogen und sind jedenfalls für Erwachsene überall zu kaufen. Auch bestimmte Schmerz-, Beruhigungs- oder Aufputschmittel kann man als legale Drogen in der Apotheke mit oder ohne Rezept kaufen. Illegale Drogen sind Haschisch, Marihuana oder so genannte Opiate wie Heroin und Kokain sowie viele Drogen, die künstlich (synthetisch) in Labors hergestellt werden. Dazu zählen zum Beispiel Crack und Ecstasy. Erwerb, Besitz und Konsum, also der Verzehr illegaler Drogen kann in **Deutschland (→ Bundesrepublik Deutschland)** mit bis zu 10 Jahren **Gefängnis** bestraft werden.

Der **Staat** will die Verbreitung von Drogen stoppen oder wenigstens einschränken. Die **Polizei** versucht deshalb zu verhindern, dass Drogen überhaupt ins Land kommen, und sie verfolgt kleine und große Händler, die diese Drogen verkaufen. Aufklärung an Schulen soll verhindern, dass Drogen genommen werden und bereits Jugendliche abhängig werden. In zahlreichen Einrichtungen, Therapien und Kliniken wird denen geholfen, die abhängig geworden sind, deren Leben bedroht ist und die auf jeden Fall versuchen müssen, von den Rauschgiften wieder loszukommen.

Über die Wirkung von einzelnen Drogen und darüber, welche Schäden ihr Konsum anrichtet, informieren zum Beispiel die Drogenberatungsstellen.

Ehrenamt

Ehrenamtliche Mitarbeiter engagieren sich in Vereinen, sozialen Diensten, in der Kirche oder anderen Organisationen für eine Sache, die ihnen besonders am Herzen liegt. Dies tun sie oft, um anderen Menschen zu helfen. So arbeiten zum Beispiel alleine für den **Deutschen Kinderschutzbund** ungefähr 10 000 Ehrenamtliche und leisten damit einen enormen Beitrag zur Arbeit des Kinderschutzbundes. Menschen, die ein Ehrenamt bekleiden, erhalten keine Bezahlung für ihre Tätigkeit, manchmal werden ihnen ihre Kosten ersetzt.

Übrigens: Es gibt auch Ehrenämter, die übernommen werden müssen, zum Beispiel, wenn das **Gericht** einen **Bürger** als **Schöffen (→ Richter/in)**, also als ehrenamtlichen Richter, in einem Prozess bestimmt. Auch eine ehrenamtliche Tätigkeit als Wahlhelfer ist Pflicht, wenn die **Gemeinde** jemanden dazu bestimmt. Aber die meisten Ehrenämter sind freiwillig.

Einbürgerung

Ausländer, die bei uns leben, und Menschen, die keine **Staatsangehörigkeit** haben (Staatenlose), können die deutsche Staatsbürgerschaft erwerben. Bevor eine so genannte Einbürgerung oder Naturalisation stattfindet, müssen einige Voraussetzungen erfüllt sein, von denen wir nur einige nennen können. So muss der Antragsteller in **Deutschland (→ Bundesrepublik Deutschland)** wohnen und er darf keine Straftaten begangen haben. Er muss, wie es heißt, seine Unbescholtenheit nachweisen. Außerdem muss für seinen Lebensunterhalt gesorgt sein.

Einen Anspruch auf Einbürgerung haben Ausländer in der Regel nur dann, wenn sie mindestens acht Jahre in Deutschland leben, für sich sorgen können und keine Straftat begangen haben. Kinder **ausländischer** Eltern erwerben mit der Geburt das Recht auf die deutsche Staatsangehörigkeit, wenn ein Elternteil seit acht Jahren in Deutschland wohnt. Menschen aus osteuropäischen oder östlichen Ländern, die nachweisen können, dass sie deutsche Vorfahren haben, können ebenfalls eingebürgert werden.

Emigration

Der Begriff kommt vom lateinischen Wort „emigratio". Er bedeutet „wegziehen". Von „Emigration" spricht man, wenn jemand aus dem Land, aus dem er stammt, wegzieht. Eine Emigration kann freiwillig oder erzwungen sein. Es gibt unterschiedliche Ursachen, wieso Menschen ihr Herkunftsland verlassen: Es kann aus **politischen**, **religiösen** oder auch aus **wirtschaftlichen** Gründen geschehen. Manchmal ist die Emigration eine **Flucht (→ Asyl)** vor **Verfolgung (→ Exil)** oder **Verhaftung (→ Haftbefehl)**. In den vergangenen Jahrhunderten gab es viele solcher Flucht- oder Auswanderungsbewegungen. Im 20. Jahrhundert sind nach der russischen **Oktoberrevolution (→ Kommunismus)** 1917 viele tausend Menschen vor den neuen Machthabern **geflohen (→ Flüchtling)**. In **Deutschland (→ Bundesrepublik Deutschland)** haben während des **Nationalsozialismus** zwischen 1933 und 1945 viele tausend **Juden** und politische Gegner des **Staates** ihre Heimat verlassen, um der Verfolgung zu entkommen. 1991/92 gab es eine Emigrationswelle aus den Kriegsgebieten des ehemaligen Jugoslawien.
Es gibt auch den Begriff „innere Emigration". Davon spricht man, wenn zum Beispiel politische Gegner eines **Diktators** zwar nicht ihr Land verlassen, um im Ausland zu leben, sich aber innerlich zurückziehen. Sie äußern sich nicht mehr in der Öffentlichkeit. Sie lassen ihre Gegnerschaft zum Regime nicht erkennen, um sich und ihre **Familie** nicht zu gefährden.
Mit „Emigration" wird nicht nur das Verlassen eines Landes, also die Auswanderung bezeichnet. Auch den Aufenthalt in einem fremden Land nach der Auswanderung bezeichnet man so. Die Menschen befinden sich dann in der Emigration, sie sind Emigranten.

Energiepolitik

Energiepolitik sorgt dafür, dass wir alle ausreichend mit Energie, also mit Strom, Öl, Benzin, Gas usw. versorgt werden. Das ist in **Deutschland (→ Bundesrepublik Deutschland)**, einem Land mit viel Industrie und großen Städten, eine besonders wichtige Aufgabe. Die meiste Energie wird heute durch das Verbrennen von Rohstoffen wie Holz, Kohle und Erdöl hergestellt. Alle Betriebe, alle Eisenbahnen, alle großen Gebäude und Maschinen verbrauchen viel Energie. Aber auch jeder Einzelne von uns braucht Energie, zum Beispiel zum Kochen, Fernsehen oder Mofa fahren. Zum einen gibt es **erneuerbare Energien**, das sind zum Beispiel Wasser- und Windenergie, Biogas oder **Sonnenenergie**. (Wenn diese Energien verbraucht sind, entstehen sie wieder neu – deshalb heißen sie „erneuerbar".) Zum anderen gibt es Energiearten, die sich nicht erneuern, also Erdöl, Erdgas, Kohle, Atomkraft. Diese Vorräte sind irgendwann verbraucht. Bei Erdöl schätzt man, dass dies schon in ungefähr 60 Jahren der Fall sein wird (womit werden dann wohl die Autos fahren?). Deshalb ist es besonders wichtig, behutsam mit den vorhandenen Energien umzugehen. Vor allem aber müssen noch mehr Methoden gefunden werden, um die erneuerbaren Energien wie die Sonnenenergie zu nutzen.

Enquête

Wörtlich übersetzt aus dem Französischen heißt das „durchgeführte Untersuchung". Man meint damit nicht die polizeiliche Untersuchung und **Aufklärung** eines bestimmten Kriminalfalles. Gemeint ist eine **amtliche** Untersuchung etwa darüber, ob es zu viele **Beamte** in den Verwaltungen gibt oder ob man die **Verfassung** verändern muss, damit es leichter wird, **Gesetze** zu machen. Der **Bundestag (→ Deutscher Bundestag)** setzt öfters so genannte Enquête-**Kommissionen** ein. Diese Kommissionen bestehen aus **Abgeordneten** und Fachleuten, die der **Regierung** und dem **Parlament** Berichte übergeben. Darin stehen wichtige Informationen, die die Regierung und das Parlament nutzen sollen, bevor sie ihre Entscheidungen treffen. Jahrelang arbeitete zum Beispiel eine Enquête-Kommission an einem Bericht über die Folgen der **Gentechnologie** (Veränderung des natürlichen Erbgutes von Pflanzen und Tieren), bevor Regierung und Bundestag darüber entschieden haben, was in **Deutschland (→ Bundesrepublik Deutschland)** im Rahmen der Gentechnologie erlaubt und verboten sein soll.

Entwicklungsländer/ Entwicklungshilfe

Nicht allen Menschen auf dieser Welt geht es so gut wie uns. In vielen Ländern außerhalb **Europas** herrscht große **Armut**. Familien hungern, Eltern sind **arbeitslos**, die Kinder haben zum Teil keine Möglichkeit, lesen und schreiben zu lernen. Viele Kinder müssen sogar selbst hart arbeiten, weil ihre Eltern nicht genug für die **Familie** verdienen. Viele Menschen werden krank, weil sie keine richtigen Wohnungen haben oder verschmutztes Wasser trinken müssen. Sie können nicht vom Arzt behandelt werden, weil es zu wenig Ärzte und Krankenhäuser gibt. Auch der **Staat** kann nicht helfen, weil er zum Beispiel nicht richtig organisiert ist oder falsch geführt wird. Oder der Staat ist verschuldet. Er muss seine Schulden oft mit hohen **Zinsen** zurückzahlen und besitzt deswegen nicht genügend Geld, um Krankenhäuser oder Schulen zu bauen. Länder, die so arm sind, bezeichnet man als Entwicklungsländer. Viele reiche Länder und private Organisationen versuchen, diese Länder zu fördern, indem sie ihnen so genannte Entwicklungshilfe anbieten. Damit soll das jeweilige Land so lange unterstützt werden, bis es sich selber helfen kann. Diese Hilfe nennt man auch „Hilfe zur Selbsthilfe". Es werden zum Beispiel Brunnen gebohrt, Lehrerinnen und Ingenieure ausgebildet, Straßen gebaut und bessere Methoden für die Landwirtschaft entwickelt.

Es gibt viele Gründe dafür, dass die Entwicklungsländer arm sind. In vielen Entwicklungsländern gibt es nicht genug Lebensmittel und **Rohstoffe (→ Energiepolitik)**, um die immer schneller wachsende Bevölkerung zu versorgen. Ein weiterer Grund ist, dass viele entwickelte Staaten wie zum Beispiel **Deutschland (→ Bundesrepublik Deutschland)** glauben, dass sie ihre eigene **Wirtschaft** vor billigen Waren aus den Entwicklungsländern „schützen" müssen. Dazu erheben sie so genannte Einfuhrzölle. Dadurch werden die Waren aus den ärmeren Ländern teurer und können nur noch schlecht verkauft werden. Viele Probleme der Entwicklungsländer haben ihre Ursachen in der Vergangenheit. Die Kolonialmächte haben ihre **Kolonien** ausgenutzt und daran gehindert, sich zu gleichstarken Handelspartnern zu entwickeln. Probleme bereitet in vielen armen Ländern auch das Klima. Immer wieder gibt es Dürrekatastrophen. Sie haben meist zur Folge, dass die Ernten zerstört werden.

Erneuerbare Energie

Ihr kennt sicher Windkraftwerke: die hohen Pfeiler, die man manchmal in der Landschaft sieht. Oben drehen sich Flügel, die durch den Wind angetrieben werden. Sie werden dort aufgestellt, wo es meist sehr windig ist, zum Beispiel an der Küste. Diese Windkraftwerke nutzen den Wind als Energie, weil er sich immer wieder erneuert. Im Gegensatz zu Erdöl oder Kohle, die in unseren Kraftwerken verbrannt werden, um Strom zu erzeugen, gibt es den Wind immer wieder. Auch die Sonne, die Erdwärme und die Bewegung des Wassers kann man nutzen, um Energie zu gewinnen. Das Vorteilhafte, besser gesagt, das Gute daran ist, es wird nichts „ver"-braucht, sondern nur „ge"-braucht. Zu den erneuerbaren Energien zählen auch die **Rohstoffe (→ Energiepolitik)**, die nachwachsen können wie zum Beispiel Holz. Aber auch mit erneuerbaren Energien muss man sorgfältig umgehen. So darf man immer nur eine bestimmte Anzahl von Bäumen fällen, und neu gepflanzten Bäumchen muss man genügend Zeit lassen, um nachzuwachsen. Bei manchen Baumarten, zum Beispiel Eichen, muss man besonders vorsichtig sein, denn sie wachsen nur sehr langsam.

Erster Weltkrieg

Der Erste Weltkrieg dauerte von 1914 bis 1918. Deutschland hatte große Schuld an seinem Ausbruch. Auf der einen Seite kämpften Deutschland, Österreich-Ungarn, die Türkei und später Bulgarien, auf der anderen Seite waren es vor allem Frankreich, Großbritannien, Russland, Serbien, Griechenland, Rumänien, Italien, die USA und Japan. Über zehn Millionen Menschen sind im **Krieg** gestorben. Ausgelöst wurde dieser große Krieg durch die Ermordung des österreichischen Thronfolgers im serbischen Sarajevo am 28. Juni 1914. Die tieferen Ursachen dieses **Weltkrieges** aber waren lange andauernde Streitigkeiten zwischen den großen **europäischen** Mächten. Großbritannien, Frankreich, das Deutsche Reich, Österreich-Ungarn und Russland wollten ihre Macht vergrößern. Sie kämpften um mehr **wirtschaftlichen** Einfluss auf den Weltmärkten. Vor allem aber führte das **militärische (→ Streitkräfte/Armee)** Wettrüsten dieser Länder zu immer größeren Spannungen.

Deutschland und seine Verbündeten verloren den Ersten Weltkrieg. Die Siegermächte haben im Versailler Vertrag festgeschrieben, welche Folgen das für Deutschland hatte. Die **Monarchie** im Deutschen Reich wurde abgeschafft, der Kaiser musste das Land verlassen. Grenzgebiete im Osten und im Westen Deutschlands gingen an die Nachbarländer. Außerdem musste Deutschland seine Armee auf 100 000 Soldaten verringern und an die Sieger hohe Schadensersatzleistungen, das nennt man „Reparationen“, bezahlen.

Euro

Der Euro ist die gemeinsame **Währung** verschiedener **Staaten** in **Europa**. Es sind die folgenden 13 Staaten, die eine **Währungsunion** bilden: Belgien, **Deutschland (→ Bundesrepublik Deutschland)**, Finnland, Frankreich, Griechenland, Irland, Italien, Luxemburg, die Niederlande, Österreich, Portugal, Slowenien und Spanien. Der Euro gilt außerdem in Monaco, San Marino, Vatikanstadt, Montenegro und dem Kosovo. Der Name wurde 1995 von einer Versammlung des **Europäischen Rates** in Madrid beschlossen. Ein Jahr später wählten die Staats- und Regierungschefs der **EU-Länder (→ Europäische Union (EU))** die Bilder, die auf den Euro-Geldscheinen zu sehen sind. Sie wurden von dem österreichischen Grafiker Robert Kalina entwickelt. 1997 wurde das Aussehen der Münzen nach Entwürfen des belgischen Designers Luc Luycx festgelegt. Anfang 2002 tauschten die Banken der verschiedenen Staaten der Währungsunion im Auftrag der **Europäischen Zentralbank** die nationalen Währungen gegen den Euro ein. Auf den Euro-Scheinen (5, 10, 20, 50, 100, 200 und 500 Euro) sieht man auf den Vorderseiten Fenster und Tore. Sie sollen ein Ausdruck für Offenheit sein. Auf den Rückseiten der **Banknoten** sieht man Brücken unterschiedlicher Baustile von Klassik, Romanik und Gotik und weiteren Stilen früherer Jahrhunderte bis zur modernen Architektur des 20. Jahrhunderts. Dadurch soll gezeigt werden, dass es zu allen Zeiten Verbindungen zwischen den Menschen in Europa gab, dass schon immer Brücken geschlagen wurden. Die Geldscheine sind in allen Ländern gleich. Die Münzen (1, 2, 5, 10, 20, 50 Cent, 1 und 2 Euro) sind nur auf der Vorderseite gleich gestaltet. Auf der Rückseite zeigen sie nationale Motive. Die in Deutschland ausgegebenen Euro-Münzen zeigen zum Beispiel den Bundesadler, das Brandenburger Tor oder Eichenblätter.

Europa

Deutschland (→ Bundesrepublik Deutschland) liegt mitten in Europa. Mit einer Fläche von 10 Millionen Quadratkilometern ist Europa nach Australien der zweitkleinste Kontinent oder Erdteil. So nennt man große zusammenhängende Landmassen mit dazugehörigen Inseln und Meeren. Auf unserem Globus gibt es fünf Erdteile: Asien, Amerika, Afrika, Europa, Australien. Deutschland würde ungefähr 18-mal in Europa hineinpassen. Das Ural-Gebirge in Russland grenzt Europa von Asien im Osten ab; im Süden ist das Mittelmeer die **Grenze** zu Afrika. Westlich und nördlich von Europa liegt der Atlantische Ozean. Der südlichste Punkt Europas liegt in Zypern, der nördlichste ist das Nordkap in Norwegen. Würde man vom südlichsten Punkt des Kontinents bis zum nördlichsten reisen, wäre man mit Auto und Schiff – ohne Staus und Pausen – vier bis fünf Tage unterwegs.
In Europa gibt es viele verschiedene Länder, darunter auch sehr viele kleine Länder. Insgesamt leben hier über 700 Millionen Menschen. Es werden über 60 verschiedene Sprachen gesprochen.
Viele europäische **Staaten** haben sich in der **Europäischen Union** (EU) zusammengeschlossen, um in manchen Bereichen eine gemeinsame **Politik** zu betreiben.
Woher der Name Europa kommt, wollt ihr noch wissen? Diesen Namen hat man der griechischen Sagenwelt entnommen. „Europa“ hieß dort die Tochter eines phönizischen **Königs (→ Monarchie)**. Sie wurde vom Götterkönig Zeus, der sich als Stier verkleidet hatte, geraubt. Deswegen wird Europa in der Kunst oft als eine Frau mit einem Stier dargestellt.

Europäischer Rat

Zeitungen und Fernsehen berichten halbjährlich von einem großen Treffen aller Staats- und Regierungschefs der **Europäischen Union**. Bei diesem „Gipfeltreffen“, an dem auch der **Präsident der Kommission der EU** teilnimmt, handelt es sich um eine Tagung des **Europäischen** Rates. Er trifft die wichtigsten **politischen** Entscheidungen in der EU. Er bestimmt die Leitlinien der Politik und das bedeutet: Der Europäische Rat legt fest, welchen Kurs die EU in der nächsten Zeit steuern wird.
Regelmäßig finden auch Treffen der **Ministerinnen** und Minister aus den verschiedenen Mitgliedsstaaten statt. Dort wird dann zum Beispiel über die gemeinsame

Verkehrs- oder Agrarpolitik beraten. Wenn sich die Minister aber nicht einigen können, so entscheiden die Regierungschefs im Europäischen Rat, wie vorgegangen werden soll.

Europäische Union (EU)

Die Europäische Union (abgekürzt: EU) ist ein Zusammenschluss von **europäischen Staaten**, die gemeinsame **politische** Ziele verfolgen. Die EU besteht seit dem 1. November 1993. An diesem Tag haben sich zwölf Staaten, darunter auch **Deutschland (→ Bundesrepublik Deutschland)**, zur Europäischen Union zusammengeschlossen. So war es vorher im Vertrag von Maastricht vereinbart worden war. Schon vorher gab es einen Zusammenschluss europäischer Staaten, die so genannte „Europäische Gemeinschaft“. Jeder Staat in Europa hat die Möglichkeit, der Europäischen Union beizutreten. Allerdings müssen dafür einige Voraussetzungen erfüllt sein. Eine der wichtigsten Voraussetzungen ist es, dass der Staat, der beitreten will, **demokratisch** ist. Heute gehören 27 Staaten zur EU. Sie haben insgesamt fast 490 Millionen Einwohner. Wenn alle, die einen Aufnahmeantrag gestellt haben, in den nächsten Jahren von der EU aufgenommen werden, wird die EU mehr als 30 Mitglieder haben.
Die Staaten, die sich in der EU zusammengeschlossen haben, wollen in vielen politischen, **wirtschaftlichen** und sozialen Fragen zusammenarbeiten. Sie wollen gemeinsam dafür sorgen, dass der Wohlstand in Europa gesichert wird und die Menschen in **Frieden** leben können. Eine solche gemeinsame Politik ist manchmal ziemlich kompliziert. Alle Staaten in der Gemeinschaft sind immer noch selbstständige Staaten und haben eigene **Regierungen**. Da gibt es manchmal Streit zwischen der EU und einzelnen Staaten – und natürlich auch zwischen den Staaten untereinander. Das ist so wie in einer großen Familie. Da ist eine Einigung nicht immer leicht zu erreichen.
Anfang 1999 wurde eine gemeinsame **Währung** eingeführt, die in vielen EU-Staaten gültig ist: der **Euro**. Vielleicht ist euch aufgefallen, dass an den Grenzen zu den Niederlanden, nach Frankreich oder zu anderen EU-Ländern zwar manchmal noch kleine Kontrollhäuschen stehen, dort aber keine Passkontrollen mehr stattfinden. Früher musste man immer einen **Pass** vorzeigen, wenn man in ein anderes Land fuhr. Dass das Reisen in Europa von einem Land ins andere heute so leicht ist, zeigt, dass die Menschen auf unserem Kontinent in einem „Gemeinsamen Haus Europa“ leben.
Zur EU gehören: Belgien, Bulgarien, Dänemark, Deutschland, Estland, Finnland, Frankreich, Griechenland, Irland, Italien, Lettland, Litauen, Luxemburg, Malta, die Niederlande, Österreich, Polen, Portugal, Rumänien, Schweden, die Slowakische Republik, Slowenien, Spanien, die Tschechische Republik, Ungarn, das Vereinigte Königreich (Großbritannien) und der griechische Teil Zyperns.
Der Begriff „Union“ kommt übrigens aus dem Lateinischen und heißt „Vereinigung“.

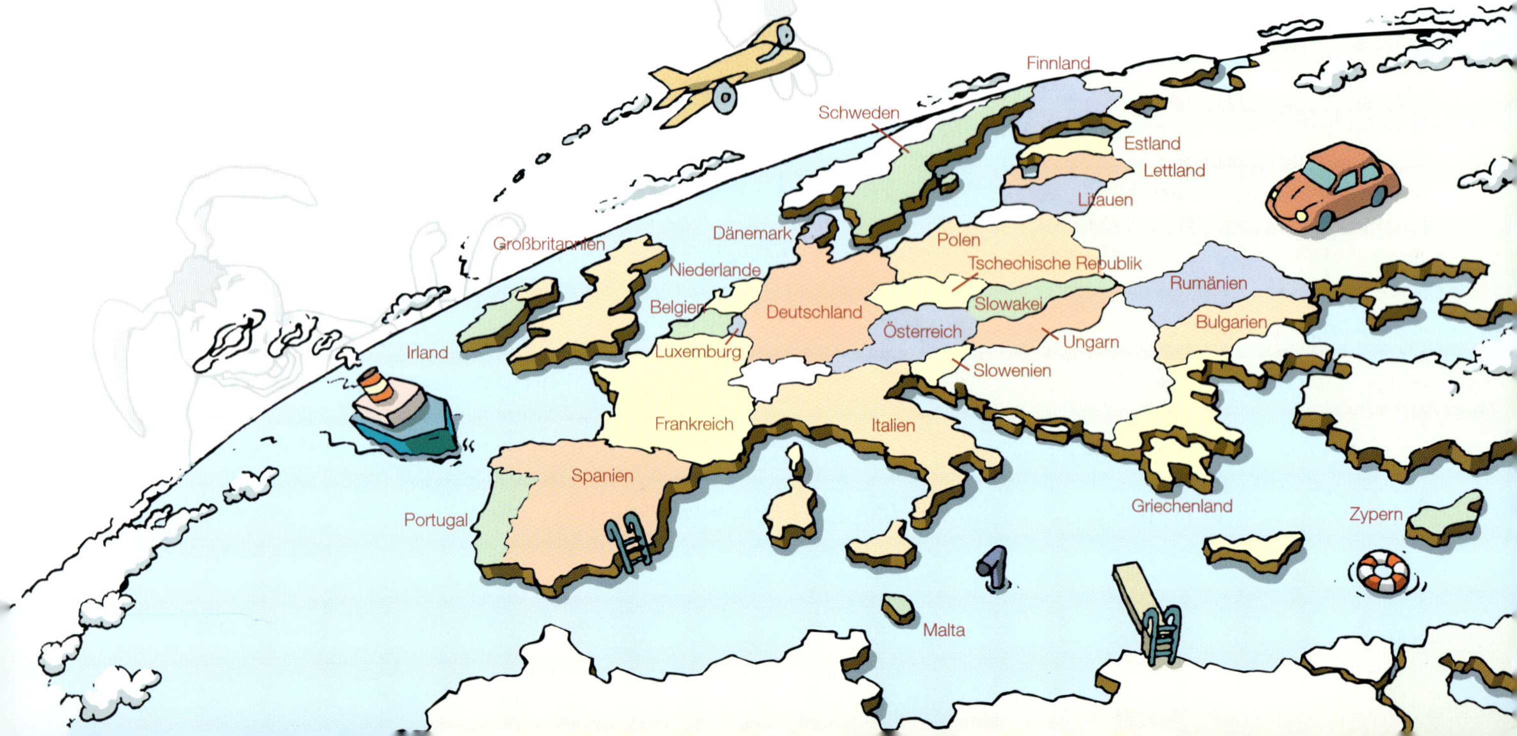

Europäische Zentralbank

Alle **Staaten** der **EU (→ Europäische Union (EU))**, die an der **Europäischen Währungsunion** teilnehmen und den **Euro** als Zahlungsmittel eingeführt haben, haben gemeinsam eine zentrale Bank. Diese Europäische Zentralbank, kurz EZB genannt, wurde 1998 gegründet und hat ihren Sitz in Frankfurt am Main. Sie ist unabhängig. Keine **Regierung** darf ihr Weisungen geben oder Vorschriften machen. Die wichtigste Aufgabe der EZB ist es, dafür zu sorgen, dass der Euro seinen Wert behält, also stabil bleibt. Die Ausgabe der Euro-**Banknoten** gehört ebenfalls zu den Aufgaben der EZB. Und die Anzahl der Euro-Münzen, die ein Staat ausgibt, muss ebenfalls von der EZB genehmigt werden. Die EZB darf keiner Regierung in der EU **Kredite** oder irgendwelche Vergünstigungen gewähren.

Exekutive

→ Gewaltenteilung

Exil

Das Wort kommt aus dem Lateinischen. Menschen werden manchmal in ihrem Heimatland aus **politischen** oder **religiösen** Gründen verfolgt und mit Strafe bedroht. Dem **Diktator** oder den Regierenden passt es nicht, dass diese Menschen anderer Überzeugung sind und ihre Meinung öffentlich gesagt haben. Den Verfolgten bleibt oft nichts anderes übrig, als sich ins sichere Ausland abzusetzen, also zu fliehen, wenn sie überleben wollen. Im Ausland aber befinden sich die Verfolgten im „Exil". (Sie sind **emigriert**. Dieses Wort kommt auch aus dem Lateinischen und heißt „wegziehen".) Es gibt auch ein aufgezwungenes Exil: Menschen werden verbannt, das heißt aus ihrer Heimat ausgewiesen, vielleicht weil sie die herrschende **Regierung** kritisiert haben und deshalb gefährlich für die Machthaber geworden sind.
Es kommt auch vor, dass ein Diktator selber ins Exil geht, weil er vom **Volk** vertrieben wird.

Familie/Familienpolitik

Was Familie ist, wissen wir natürlich alle: Dazu gehören Eltern, Kinder, Großeltern und die weitere Verwandtschaft. Früher lebte die ganze Familie oft unter einem Dach zusammen. So erklärt sich auch das Wort, denn „Familie" kommt von lateinisch „familia", das bedeutet „Hausgenossenschaft". Solche Großfamilien gibt es heute bei uns nur noch selten. Meistens leben Eltern und Kinder in einer Kleinfamilie zusammen. Das hat viele Gründe. Ein Grund ist, dass es in den Städten nicht genug Wohnraum für große Familien gibt.
Unter „Familienpolitik" versteht man alles das, was eine **Regierung** tut, damit es den Familien in einem **Staat** möglichst gut geht. Dazu gehören zum Beispiel **Gesetze**, die festlegen, dass Familien mit Kindern nicht so viel **Steuern** zahlen müssen wie andere Leute. Dazu gehören auch Gesetze zur Schulpolitik oder zur **Bildungspolitik**. Die Vorschriften zur Elternzeit sollen es ermöglichen, dass Mütter und Väter eine Zeitlang weniger in ihrem Beruf arbeiten und sich mehr um ihre Kinder kümmern können.
Übrigens: Auch in der Botanik und Zoologie, also im Pflanzen- und Tierreich, wird der Begriff „Familie" gebraucht, wenn man miteinander verwandte Pflanzen und Tiere benennen und einordnen will.

Fanatismus

Wenn ich ein Ziel blind und ohne viel Überlegung verfolge, dabei aggressiv, das heißt ohne Rücksicht auf andere handele, bin ich fanatisch (das Wort kommt aus dem Lateinischen). Der Fanatiker lässt nichts mehr neben sich gelten, schon gar keine Menschen, die anders denken als er. Fanatiker hören auf keine Kritik am eigenen Handeln und bekämpfen diese sogar mit allen Mitteln. Im Laufe der Geschichte haben viele **politische** Bewegungen und **Parteien** fanatisch ihre gefährlichen Ziele verfolgt. Im Mittelalter gab es einen Fanatismus, der durch **Religion** geprägt war. Er hat dazu geführt, dass viele Menschen im Namen Gottes verfolgt oder sogar verbrannt wurden.

Faschismus

Der Faschismus ist eine **politische** Bewegung, die Anfang des 20. Jahrhunderts in Italien entstand. Die Faschisten hatten als Zeichen auf ihren Fahnen und Parteiabzeichen das altrömische Rutenbündel (lateinisch: „fasces"). Die faschistische **Partei** hat schon bald nach ihrer Gründung unter dem Einsatz von Gewalt und **Terror** die Macht in Italien übernommen. Der unbedingte Gehorsam gegenüber dem Führer der Bewegung, der Benito Mussolini hieß, war die oberste Pflicht der Mitglieder. Mussolini forderte von seinen Leuten die

völlige Unterwerfung unter das **rechtsextreme**, **rassistische** und fremdenfeindliche Gedankengut. Das **demokratische Parlament** war machtlos geworden. Nur noch der Führer und seine obersten Gefolgsleute bestimmten, was die Menschen zu tun und zu denken hatten. Weil es den Menschen in dieser Zeit **wirtschaftlich** sehr schlecht ging, hatten sie sich nach einem starken Führer gesehnt. Sie hofften, dass er ihnen aus ihrer Not heraushelfen würde. Auch in anderen Ländern, wo es den Menschen nicht gut ging, konnte der Faschismus Fuß fassen, insbesondere in **Deutschland (→ Bundesrepublik Deutschland)**, wo er **Nationalsozialismus** hieß. Der Führer dieser Bewegung in Deutschland hieß Adolf Hitler. Ihr Zeichen war das Hakenkreuz. Erst mit dem Ende des **Zweiten Weltkrieges (→ Zweiter Weltkrieg)** 1945 war der faschistische Terror in den **europäischen** Ländern vorbei.
Er lebte ab und zu noch in südamerikanischen **Staaten** wieder auf, wenn dort **Diktatoren** an die Macht kamen.

Feudalismus

Der Begriff „Feudalismus“ kommt vom lateinischen Begriff „feudum“ und heißt abgeleitet „Lehngut“. Der Feudalismus war eine Form der **gesellschaftlichen**, **politischen** und **wirtschaftlichen** Ordnung, die sich im Mittelalter (ungefähr ab dem 10. Jahrhundert) in West- und Mitteleuropa herausbildete. Der **Monarch** (Kaiser, König), der Adel und die Kirche waren die Grundbesitzer, ihnen gehörten also die Ländereien. Sie bildeten die führende Schicht und gaben bestimmte Rechte und Land (so genannte Lehen) an Untertanen für treue Dienste weiter. Diese Untertanen nannte man „**Vasallen**“. Sie durften das Land nutzen, mussten dafür dem König ergeben sein. Sie mussten bereit sein, dem König zu dienen, zum Beispiel mit dem Feudalherrn (dem Lehnsherrn) in den **Krieg** ziehen. Den Grundherren wiederum waren die Bauern untertan. Sie bestellten das Land und schuldeten dafür dem Grundherren Abgaben (die Fron). Sie hatten als Unfreie keine eigenen Rechte und oftmals ging es ihnen als Leibeigenen so wie Sklaven.
Im Zeitalter der **Aufklärung**, ab dem 18. und mehr noch im 19. Jahrhundert, wurde das vom Handel und **Gewerbe** lebende **Bürgertum** in den Städten immer stärker. Nach und nach verlor der Feudalismus an Grundlage und Bedeutung und es begannen bürgerlich-**demokratische** Herrschaftsformen.

Flüchtling

In **Kriegen** müssen sehr viele Menschen um ihr Leben fürchten. Sie sind gezwungen, ihre Heimat für eine bestimmte Zeit oder auf Dauer zu verlassen. Sie werden zu Flüchtlingen. In der Vergangenheit gab es oftmals große Ströme von vielen Tausend oder Millionen Flüchtlingen, die auf der Suche nach einem sicheren Platz zum Leben waren. Es gibt Menschen, die in ihrem Heimatland vor **Verfolgung (→ Exil)** durch die Truppen ihres **Staates** fliehen, die ihre Hütten und Dörfer verlassen müssen, weil in ihren Heimatstaaten Machtkämpfe zwischen befeindeten Gruppen ausgetragen werden (diese Flüchtlinge nennt man „Binnen-Flüchtlinge“). Auch die vielen Menschen, die aus fremden Ländern zu uns kommen und Asyl suchen, sind Flüchtlinge. Es gibt unterschiedliche Gründe, wieso Menschen ihre Heimatländer verlassen mussten: manche werden wegen ihrer Nationalität, ihrer Zugehörigkeit zu einer bestimmten **Religion** oder wegen ihrer **politischen** Ansichten verfolgt. Andere sehen sich wegen der schlechten **wirtschaftlichen** Verhältnisse in ihren Heimatländern oder wegen eines Bürgerkrieges gezwungen zu fliehen. Wieder andere Menschen müssen ihre Heimat verlassen, weil schwere Naturkatastrophen wie **Erdbeben (→ Naturkatastrophe)** oder Überschwemmungen ihr Land unbewohnbar gemacht haben.
Die **UNO** hat die Stelle eines Hohen Flüchtlingskommissars (abgekürzt UNHCR) eingerichtet. Diese Organisation beschäftigt sich speziell mit dem Flüchtlingsproblem und hat verschiedene Hilfswerke eingerichtet. Nach den Zahlen des UNHCR sind einschließlich der Binnen-Flüchtlinge weltweit 60 Millionen Menschen auf der **Flucht (→ Asyl)**.

Folter

Foltern bedeutet, einen Menschen mit Absicht so lange zu quälen, bis er Informationen preisgibt oder ein Geständnis über eine Tat ablegt, die er tatsächlich begangen hat oder von der man annimmt, dass er sie begangen hat.
In **Deutschland (→ Bundesrepublik Deutschland)** war das Foltern im späten Mittelalter erlaubt, um aus Verdächtigen die vermeintliche Wahrheit herauszupressen. Unter den grausamen Qualen durch Feuer, durch Daumenschrauben, auf der Streckbank und durch viele andere unmenschliche Methoden und Foltergeräte gestanden die Gefangenen meist alles, was die Folter-

knechte von ihnen wissen wollten. Auch noch bei den so genannten Hexenprozessen im 16. und 17. Jahrhundert wurden diese furchtbaren Verhörmethoden eingesetzt. Heute ist der Einsatz von Folter in der Menschenrechtserklärung der **Vereinten Nationen (→ UNO/Vereinte Nationen)** (Artikel 5) und in der **Europäischen** Menschenrechtskonvention (EMRK) verboten. Auch in Deutschland ist Foltern ausdrücklich verboten.
Trotz aller Verbote werden auf der ganzen Welt aber immer wieder **Gefangene** auf grausame Weise gequält. Dies zeigt, dass ein **Gesetz** alleine nicht ausreicht, um Folter abzuschaffen. Jeder Einzelne ist dazu aufgerufen, auf die Einhaltung der **Menschenrechte (→ Grundrechte/Menschenrechte)** zu achten und Verletzungen der Menschenrechte anzuprangern, auch wenn sie am anderen Ende der Welt geschehen.

Fraktion

Übersetzt aus dem Französischen bedeutet das Wort „Bruchteil". Im Deutschen bezeichnet der Begriff eine Gruppe von Menschen mit ähnlichen **politischen** Ansichten, die sich freiwillig in einem gewählten **Parlament**, also in einer Volksvertretung, zusammengeschlossen haben. Das kann zum Beispiel in einem **Gemeinde**- oder **Stadtrat** sein oder im **Bundestag (→ Deutscher Bundestag)**. Meistens gehören die Mitglieder einer Fraktion derselben **Partei** an. Manchmal wird aber auch eine Fraktionsgemeinschaft gebildet, wenn die Mitglieder von zwei Parteien ähnliche politische Ansichten haben. Im Deutschen Bundestag bilden zum Beispiel die **Abgeordneten** der Parteien CDU und CSU seit Jahrzehnten eine gemeinsame Fraktion. Die Fraktionen im Deutschen Bundestag haben eine besondere Bedeutung, da ihre Mitglieder bei der Erarbeitung von neuen **Gesetzen** in vielen Beratungen mitwirken. Um als Fraktion anerkannt zu werden und dann bestimmte Rechte zu haben und auch entsprechende finanzielle Unterstützung zu bekommen, müssen Voraussetzungen erfüllt sein. So muss eine Gruppe von Abgeordneten, die eine Fraktion bilden will, mindestens fünf Prozent aller im Bundestag vertretenen Abgeordneten ausmachen.
Von „Fraktionszwang" spricht man, wenn auf die Mitglieder einer Fraktion (durch die Fraktionsführung oder andere Fraktionsmitglieder) Druck ausgeübt wird, damit alle bei einer Abstimmung einheitlich wählen.

Frauenbewegung

Jahrhunderte lang hatten Frauen viel weniger Rechte als Männer. Sie durften zum Beispiel keine Schulen oder Universitäten besuchen, keinen Beruf selber bestimmen und auch nicht wählen gehen. Am Ende des 18. Jahrhunderts entstand in vielen Ländern die Frauenbewegung. Sie nahm die Forderung der Französischen **Revolution** nach der Gleichheit aller Menschen auf und kämpfte um die **Gleichberechtigung** von Frauen in **Gesellschaft**, **Politik** und **Wirtschaft**. In **Deutschland (→ Bundesrepublik Deutschland)** entstanden Frauenvereine und Frauenorganisationen, die die Rechte der Frauen verbessern wollten. Fast alle von ihnen forderten das **Wahlrecht** für Frauen, die gleiche Schulbildung wie die Männer und die freie Berufswahl. Das Wahlrecht für Frauen wurde in Deutschland erst 1918 eingeführt.
Ende 1960 entstand in Deutschland die so genannte neue Frauenbewegung, die auch als „Feminismus" bezeichnet wird. Die Feministinnen fordern, dass die Bevorzugung von Männern in der Gesellschaft beendet wird und Frauen mehr Einfluss erhalten. Nur dann könne die Benachteiligung der Frauen überwunden werden. Diese neue Frauenbewegung machte vor allem darauf aufmerksam, dass es zwar viele **Gesetze** gibt, die die Gleichstellung von Frauen und Männern festschreiben. Tatsächlich aber gibt es immer noch keine Gleichbehandlung. Untersuchungen zeigen nämlich, dass bis heute Frauen in der Gesellschaft immer noch schlechtere Chancen haben als Männer. Heute unterstützen viele Menschen – Frauen wie Männer – die Ziele der Frauenbewegung.

Freie Marktwirtschaft

Stellt euch vor, ihr veranstaltet in der Schule einen Markt, auf dem ihr zum Beispiel Spielsachen, Sportgeräte oder Computerzubehör verkauft. Für das Geld könnt ihr dann bei euren Mitschülern verschiedene andere Dinge kaufen oder eure Ware gegen etwas anderes eintauschen. Wenn euch niemand Vorschriften darüber macht, was ihr verkaufen dürft und zu welchem Preis und zu welcher Qualität, so ist das die Grundidee der Freien Marktwirtschaft. In einer **Wirtschaftsordnung**, die auf der freien Marktwirtschaft beruht, gelten folgende Grundsätze: Es gibt privates Eigentum und einen freien Markt, auf dem Anbieter und Käufer frei (ohne **politische** oder **staatliche** Eingriffe) handeln können. Das ist das Prinzip von „Angebot und Nachfrage“. Diese Grundsätze sind vor allem in **demokratischen** Staaten gegeben, wo Freiheitsrechte in der **Verfassung** garantiert sind. Die Wirtschaftsordnung in **Deutschland (→ Bundesrepublik Deutschland)** ist die „**soziale Marktwirtschaft**“.

Freiheit

Vereinfacht kann man sagen: Wenn kein Zwang da ist, herrscht Freiheit. Wenn man selbst bestimmen kann, was man tut, ist man frei. Freiheit gehört zu den Grund- und **Menschenrechten (→ Grundrechte/Menschenrechte)** und zu jeder modernen Demokratie. Aber völlige Freiheit ist damit nicht gemeint. Meine Freiheit darf die Freiheit der anderen Menschen nicht einschränken. So steht es auch in unserer **Verfassung**, die man auch „freiheitlich-**demokratische** Grundordnung“ nennt.
In der Vergangenheit gab es ganz unterschiedliche Auffassungen von Freiheit. So waren zum Beispiel in der Antike (etwa 800 vor Christus bis 500 nach Christus) nur die städtischen **Bürger** und die Herrscher frei und nur sie hatten entsprechende Rechte. Die **Mehrheit** der Bevölkerung hatte wenige oder gar keine Rechte, viele Menschen lebten in Sklaverei. Auch später im Mittelalter gab es ganz verschiedene Stufen von Freiheit. Freiheit war nicht in einem **Gesetz** festgeschrieben. Sie war in der Regel davon abhängig, in welcher Stellung die Menschen lebten. Menschen, die Macht, Einfluss und Reichtum hatten, konnten mehr Freiheit genießen als arme Menschen. In der amerikanischen Verfassung von 1787 wurde die Freiheit aller Menschen zum ersten Mal als Verfassungsgrundsatz festgeschrieben. Zwei Jahre später lautete die Parole der Französischen **Revolution** „Freiheit, Gleichheit, Brüderlichkeit“. Damals wurden die Grundlagen dafür gelegt, was wir heute unter Freiheit verstehen: Es ist die Freiheit zur freien Entfaltung der eigenen Persönlichkeit.
Begrenzt wird die Freiheit des Einzelnen allerdings durch die Rechtsvorschriften, an die sich jeder halten muss. Die eigene Freiheit endet also spätestens dort, wo die Freiheit anderer geschützt werden muss.

Frieden

Du hast dich mit einem Freund furchtbar gestritten. Beinahe wäre es zu einer Prügelei gekommen. Doch dann seht ihr ein, dass der Grund für den Krach gar nicht so wichtig, vielleicht sogar ganz dumm war. Ihr vertragt euch wieder, habt also Frieden geschlossen. Auch **Staaten** können sich streiten und wenn es ganz schlimm wird, führen sie **Krieg** gegeneinander. Der letzte und schlimmste war sicher der **Zweite Weltkrieg** (1939 bis 1945). Wenn der Krieg zu Ende ist, herrscht Waffenstillstand oder Frieden. Doch Frieden tritt nicht einfach ein. Man muss sich darum bemühen.
Deswegen werden oft sehr lange Gespräche zwischen den ehemaligen Kriegsgegnern geführt, weil sichergestellt werden soll, dass der Streit nicht gleich wieder ausbricht. Zumeist muss man den Frieden mit Verträgen absichern, das sind dann Friedensverträge.
Es reicht aber nicht, nur Frieden zu schließen. Es muss auch dafür gesorgt sein, dass es keinen Grund mehr gibt, Krieg zu führen. Wie kann man das erreichen? Die Friedenspartner nach dem Zweiten Weltkrieg haben sich dazu Folgendes überlegt: Die Menschen müssen sich besser kennen lernen, sie sollten mehr reisen können und Fremdsprachen beherrschen.
Die Grenzen zwischen den Ländern **Europas** wurden geöffnet. Viele gemeinsame Projekte und Begegnungen von Menschen aus verschiedenen Ländern Europas, auch regelmäßige Treffen zwischen **Politikerinnen** und Politikern führten zu mehr Vertrauen. Heutzutage kann man sicher sein, dass es zwischen den Ländern der **Europäischen Union** keinen Krieg mehr gibt.

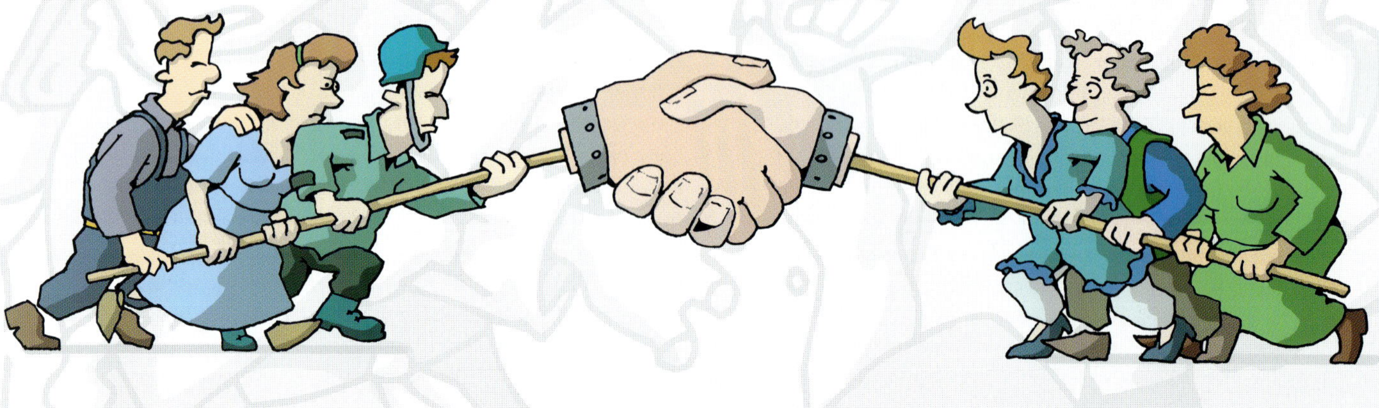

Friedensnobelpreis

Alfred Nobel (1833–1896) war ein schwedischer Chemiker und Industrieller. Er erfand unter anderem das Dynamit, was ihn sehr reich machte. Er hinterließ sein Vermögen einer Stiftung, die seit 1901 jedes Jahr hoch angesehene und mit viel Geld verbundene Auszeichnungen vergibt, die Nobelpreise. Sie werden für besondere Leistungen auf den Gebieten Physik, Chemie, Medizin und Literatur verliehen.
Eine weitere Auszeichnung ist der Friedensnobelpreis. Er wird an Menschen vergeben, die sich ganz besonders für den **Frieden** in der Welt eingesetzt haben. Die Schriftstellerin Bertha von Suttner war die erste Frau, die den Friedensnobelpreis erhielt. Preisträger war auch der deutsche **Bundeskanzler** Willy Brandt, der 1971 für die Aussöhnung zwischen Ost und West ausgezeichnet wurde.
Eine andere Preisträgerin war Mutter Teresa, die mit ihrem Engagement für die Ärmsten dieser Welt Friedensarbeit geleistet hat.
Nelson Mandela wurde für seinen Kampf gegen die Unterdrückung der Schwarzen in Südafrika ausgezeichnet.

Friedenstruppe

→ UNO-Friedenstruppe

Fron

→ Feudalismus

Gefängnis

Jemand ist von einem **Gericht** zu einer Haftstrafe verurteilt worden, weil er an einem Einbruch oder einem Banküberfall beteiligt war, also gegen ein **Gesetz** verstoßen hat. Er kommt für eine bestimmte Zeit in ein Gefängnis, um dort seine Strafe zu verbüßen. Ein Gefängnis besteht oft aus mehreren Gebäuden, die von hohen Mauern umgeben sind. Die Fenster sind vergittert, die Ein- und Ausgänge werden besonders gesichert und bewacht. Es gibt Gefängnisse für Männer, Frauen und Jugendliche. Für die Häftlinge, die im Gefängnis eingesperrt sind, dort ihre Strafe „absitzen", wie es in der Umgangssprache heißt, ist der Tagesablauf genau eingeteilt in Freizeit und Arbeit. Manche können im Gefängnis auch einen Beruf erlernen. Wenn sich Häftlinge gut benehmen, kann ihnen ein Teil ihrer Strafe erlassen werden. Die Häftlinge sollen nach Verbüßung ihrer Strafe möglichst wieder ein normales Leben führen können. Die **amtliche** Bezeichnung für ein Gefängnis ist „Justizvollzugsanstalt" oder „Strafvollzugsanstalt".

Geheimdienst/Nachrichtendienst

Alle kennen James Bond, Geheimagent mit der Kennnummer 007. Seine Abenteuer sind spannend verfilmt, doch mit der Wirklichkeit eines echten Geheimagenten haben sie nicht viel zu tun. Fast alle **Staaten** dieser Welt haben Geheimdienste, die man auch „Nachrichtendienste" nennt. Die Geheimdienste sollen über andere Staaten oder auch Personen Informationen beschaffen, die man nicht unbedingt in der **Zeitung** lesen oder im Fernsehen finden kann. Die Mitarbeiterinnen und Mitarbeiter der Dienste sollen zum Beispiel herausfinden, ob irgendwo **Terroranschläge (→ Terrorismus)** vorbereitet werden oder ob ein Staat vielleicht einen **Krieg** plant, von dem man nichts weiß. Vom Geheimdienst werden zum Beispiel auch die international tätigen Terroristen beobachtet oder der internationale Rauschgifthandel. Wenn solche Gefahren rechtzeitig erkannt werden, können die Geheimdienste ihre **Regierungen** warnen. Dann kann die Regierung etwas dagegen unternehmen. In **Deutschland (→ Bundesrepublik Deutschland)** ist es der Bundesnachrichtendienst (BND), der diese Informationen beschaffen und auswerten muss. Neben dem Bundesnachrichtendienst gibt es den so genannten „Verfassungsschutz". Er achtet darauf, dass unser **Grundgesetz** überall beachtet

wird und dass frühzeitig erkannt wird, wenn zum Beispiel Terroristen hier **Attentate** planen. Der Verfassungsschutz passt auch darauf auf, dass keine Zeitschriften verkauft werden, in denen dazu aufgerufen wird, Menschen Gewalt anzutun, weil sie **Ausländer** sind oder eine bestimmte Meinung vertreten.
Der dritte Geheimdienst in unserem Land ist der „Militärische Abschirmdienst“ (MAD). Er kümmert sich um den Schutz **militärischer (→ Streitkräfte/Armee)** Anlagen gegen Sabotage und **Spionage**. Alle drei Dienste werden von einer **Kommission** des **Parlaments** kontrolliert.

Gemeinde

Jeder von uns wohnt in einer Gemeinde (man sagt auch „Kommune“). Das kann ein Dorf sein oder, wenn es mehr als 10 000 Einwohner sind, eine Stadt. Im **Grundgesetz** steht in Artikel 28, dass die Gemeinden alle Angelegenheiten der Gemeinschaft, also der Menschen, die dort leben, selbst regeln dürfen. Das kann der Bau einer neuen Schule oder eines neuen Schwimmbades sein. Dabei muss sich die Gemeinde an das geltende Recht halten. Manchmal trifft die Gemeinde Entscheidungen, die die Einwohnerinnen und Einwohner ärgern. Das ist sehr oft so, wenn zum Beispiel die Abgaben für die Müllabfuhr oder für das Wasser erhöht werden.
Oft schließen sich mehrere einzelne Gemeinden zu Verbandsgemeinden zusammen, weil die Aufgaben, wie zum Beispiel der Straßenbau, gemeinsam besser zu bewältigen sind. Mit „Gemeinde“ bezeichnet man auch die Anhängerschaft einer bestimmten Glaubensrichtung, eine Kirchengemeinde.

Generationenvertrag

Die Bezeichnung „Generation“ kommt aus dem Lateinischen und meint alle innerhalb eines bestimmten Zeitabschnitts geborenen Menschen. Der Abstand zwischen den Generationen ist der durchschnittliche Abstand zwischen den Geburtsjahren von Großeltern, Eltern und Kindern. Nehmen wir an, das wären 25 Jahre. Die Großeltern sind dann die ältere Generation (50 Jahre älter als ihr), ihnen folgt die Generation eurer Eltern (25 Jahre älter als ihr). Ihr und alle mit euch Gleichaltrigen seid die nächste oder die jüngste Generation. Eure Kinder bilden dann 25 Jahre nach eurer Geburt wieder die nächste Generation und immer so weiter. Eine **Gesellschaft** setzt sich aus mehreren Generationen (Urgroßeltern, Großeltern, Eltern, Kindern) zusammen.
Der Generationenvertrag ist kein echter Vertrag, den alle Menschen unterschrieben haben. Er ist vielmehr eine Idee, ein Grundprinzip, das auf folgende Weise funktioniert: Der Teil der Bevölkerung, der arbeitet, also die jüngere Generation, kommt für die ältere Generation auf, die nicht mehr arbeitet. Die arbeitende Generation zahlt nach diesem Vertrag Beiträge in die **Rentenversicherung (→ Sozialversicherung)** ein. Diese Beiträge werden aber nicht einfach zusammengezählt und an jeden Einzahler später, wenn er selber **Rentner (→ Rente/Pension)** ist, wieder ausgezahlt. Dieses Geld dient vielmehr dazu, dass damit die Rente der älteren Generation, die früher selbst auch in die Versicherung eingezahlt hat, bezahlt wird. Und wenn die jetzt Arbeitenden im Ruhestand sind, so werden sie nach diesem Generationenvertrag aus den Beiträgen ihre Rente erhalten, die ihre Kinder, wenn sie arbeiten, in die Rentenversicherung einzahlen.

Genfer Konvention

Viele **Staaten** haben sich darauf geeinigt, dass es ein ganz wichtiges Ziel in einem **Krieg** sein sollte, Menschen so gut wie möglich zu schützen. Deshalb haben sie die Genfer Verträge unterschrieben, in denen festgelegt ist, wie man die **Zivilbevölkerung** (also die Menschen, die keine **Soldaten (→ Streitkräfte/Armee)** sind), **Flüchtlinge**, Verwundete und Kriegsgefangene behandeln muss. So dürfen zum Beispiel Kriegsgefangene nicht **gefoltert (→ Folter)** oder getötet werden. Verstoßen ein Staat oder seine **Bürger** gegen diese Vorschriften, so können diese Personen vor dem **Internationalen Gerichtshof** in Den Haag angeklagt werden.
Der erste Vertrag wurde bereits 1864 vom Internationalen Roten Kreuz ausgearbeitet und in Genf von zwölf **Regierungen** unterschrieben. Mittlerweile gibt es insgesamt vier Verträge, die fast jedes Land unserer Erde unterschrieben hat.

Gentechnologie

Lebewesen und Pflanzen besitzen ein Erbgut, das sich normalerweise, wie der Begriff schon sagt, vererbt. Mit Hilfe der Gentechnologie können Wissenschaftlerinnen und Wissenschaftler in dieses Erbgut eingreifen, um es nach eigenen Vorstellungen gezielt zu verändern.

Körpereigene Stoffe, wie zum Beispiel Insulin, kann man mit Hilfe der Gentechnologie in großen Mengen herstellen. So können Medikamente einfach und preiswert hergestellt werden. Diese Gentechnologie nennt man auch „rote Gentechnologie" (nach der Farbe des Blutes). Ein anderes Ziel der Gentechnologie ist es, Saatgut zu verbessern. Dabei spricht man von „grüner Gentechnologie" (weil die Pflanzen grün sind).
Die Gentechnologie ist sehr umstritten, weil nicht immer klar ist, wie sich Veränderungen des Erbguts in der Natur oder beim Menschen auswirken. Wenn es schädliche Folgen gibt, können diese möglicherweise nur schwer oder gar nicht rückgängig gemacht werden.

Gericht

Wenn mich jemand verletzt, betrügt, beleidigt oder mir sonst wie Schaden zugefügt hat, kann ich vor ein dafür zuständiges Gericht gehen und klagen. Ein **Richter** oder eine Richterin werden in einem Gerichtsverfahren feststellen, ob derjenige, den ich verklagt habe, gegen ein **Gesetz** verstoßen hat.
Wenn die Klage begründet ist, verkündet die Richterin in einem Urteil, wie der Beklagte den Schaden wiedergutmachen muss.
Wenn der Beschuldigte gegen ein Strafgesetz verstoßen hat, weil er mir zum Beispiel mein neues Fahrrad mit Gewalt weggenommen und mich dabei auch noch schwer verletzt hat, muss ich zunächst eine Strafanzeige bei der **Polizei** machen. Dann übernimmt eine **Staatsanwältin** oder ein Staatsanwalt die Anklage vor dem Strafgericht. Der Beschuldigte heißt dann vor Gericht Angeklagter und wird, wenn er schuldig ist, zu einer Strafe verurteilt. Zu seiner Verteidigung bekommt er eine **Rechtsanwältin** oder einen Rechtsanwalt, die darauf achten müssen, dass das Gericht ihn nicht verurteilt, wenn seine Schuld nicht eindeutig bewiesen werden kann. Dann nämlich muss der Angeklagte freigesprochen werden.
Wenn dem Angeklagten ein Verbrechen, zum Beispiel ein schwerer Raub oder sogar die Tötung eines Menschen vorgeworfen wird, für das eine hohe Strafe ausgesprochen werden kann, dann besteht das

Strafgericht aus Richtern und „Schöffen“. Die Schöffen sind keine Berufsrichter, sondern kommen aus anderen Berufen. Gemeinsam mit den Richtern fällen die Schöffen das Urteil.
Für einen Gerichtsprozess (man sagt oft auch nur „Prozess“) gelten genau festgelegte Regeln. Am Ende eines Prozesses wird das Urteil verkündet, das immer mit dem Satz beginnt: „Im Namen des **Volkes** ergeht folgendes Urteil …“. Mit diesem Satz wird ausgedrückt, dass die Richter nicht ihre eigene Meinung, sondern nur das verkünden dürfen, was die geltenden Gesetze vorgeben.
Das Wort „Gericht“ hat noch eine zweite, völlig andere Bedeutung, die ihr natürlich alle kennt. Schließlich hat jeder ein Lieblingsgericht, oder?

Gerichtsverhandlung

→ Gericht

Gesellschaft

In einem **Staat** leben viele unterschiedliche Gruppen und Gemeinschaften. Eure Klasse ist eine solche Gemeinschaft, die für eine gewisse Zeit zusammen ist. Es gibt bestimmte Dinge, die diese Gruppen und Gemeinschaften verbinden. Das können gemeinsame Ziele sein – zum Beispiel wollen alle Schülerinnen und Schüler einen Schulabschluss erreichen – oder die gleiche Herkunft, eine gemeinsame **Religion**, ein besonderes Vertrauen zueinander oder auch andere Dinge. Alle Gruppen und Gemeinschaften gehören zur Gesellschaft eines Staates. Sie leben zusammen in der gleichen staatlichen Ordnung und im gleichen Wirtschaftssystem und für alle gelten dieselben **Gesetze**.
So, wie es unterschiedliche Regierungsformen gibt, so gibt es auch unterschiedliche Gesellschaften auf dieser Welt. Um zwei Beispiele zu nennen: Es gibt Dienstleistungsgesellschaften, wie in **Deutschland (→ Bundesrepublik Deutschland)** und den meisten westlichen Staaten, und Agrargesellschaften, in denen die Menschen hauptsächlich von der Landwirtschaft leben. Heute spricht man manchmal davon, dass wir in einer Informations- und Wissensgesellschaft leben. Damit will man ausdrücken, dass für die heutige Gesellschaft die schnelle Information über Fernsehen und Internet eine besonders wichtige Rolle spielt.
Das Wort „Gesellschaft“ wird auch in anderen Bereichen benutzt. In der **Wirtschaft** gibt es zum Beispiel Aktiengesellschaften oder Gesellschaften mit beschränkter Haftung (GmbH). Es gibt Gesellschaften, die die Wissenschaft und **Kultur** fördern wollen, andere engagieren sich im Sport oder für wohltätige Zwecke, wieder andere zum Beispiel in der **Entwicklungshilfe**. Hier bedeutet „Gesellschaft“ das Gleiche wie „Organisation“.

Gesetz

Für viele Bereiche in unserem Leben gelten Gesetze. Wenn ein Stein zu Boden fällt, wirkt das Gesetz der Schwerkraft. Das ist ein unveränderliches Naturgesetz. Ein Autodieb oder ein Einbrecher verstoßen nicht gegen ein Naturgesetz, sondern gegen ein vom **Staat** erlassenes Gesetz. An diese Gesetze oder Regeln muss man sich halten. Nur dann kann das friedliche Zusammenleben vieler Menschen funktionieren. Was Gesetz ist, wird bei uns von der **Bundesregierung (→ Regierung)**, dem **Bundestag (→ Deutscher Bundestag)** und dem **Bundesrat** bestimmt. In den Gesetzesbüchern werden diese Regeln und Vorschriften (**amtlich** heißt das Erlaubnis, Verbot oder Gebot) aufgeschrieben.

Gesetzentwurf

→ Gesetzgebung

Gesetzgebung

1. Schritt: Die Gesetzesinitiative
Wie entsteht ein **Gesetz**? Kann ich einfach als normaler **Bürger** an die Regierung schreiben und zum Beispiel ein Gesetz verlangen, damit ich nicht so viele Jahre zur Schule gehen muss? Und wird dieses Gesetz dann gemacht? So einfach ist es natürlich nicht. Es gibt genaue Vorschriften, wie es zu einem Gesetz kommt. Das kann manchmal ziemlich lange dauern und auch kompliziert sein.
In **Deutschland (→ Bundesrepublik Deutschland)** können nur die **Bundesregierung (→ Regierung)**, der **Bundesrat** oder mehrere Mitglieder des **Bundestages (→ Deutscher Bundestag)** eine so genannte „Gesetzesinitiative“ starten, also den ersten Schritt tun, damit ein Gesetz entsteht.
Wünscht die Regierung beispielsweise ein neues Gesetz zur Einführung von Mautgebühren auf Autobahnen, dann macht sie dafür einen Gesetzentwurf. Diesen Entwurf gibt sie an den Bundesrat. Der Bundesrat

Der Gesetzgebungsprozess
ist ganz einfach ...

1. Gesetzesinitiative
Bundestag, Bundesrat und Bundesregierung können Gesetzesentwürfe in den Bundestag einbringen.

2. Beratung
Im Bundestag werden die Gesetzesentwürfe beraten.

3. Beschlussfassung
Zu den Gesetzesentwürfen finden im Bundestag drei Lesungen statt. Der Beschluss der dritten Lesung wird dem Bundesrat mitgeteilt.

Stimmen Bundesrat und Bundestag überein, kommt das Gesetz zustande.

Stimmen Bundesrat und Bundestag nicht überein, kann der Vermittlungsausschuss angerufen werden. Dabei gibt es zwei Möglichkeiten.

4. Unterzeichnung und Veröffentlichung
Stimmen Bundesrat und Bundestag überein, wird das Gesetz von der Bundesregierung gegengezeichnet, vom Bundespräsidenten unterschrieben und im Bundesgesetzblatt verkündet. Im Gesetz steht, ab wann es gilt.

... und kann ziemlich kompliziert sein:

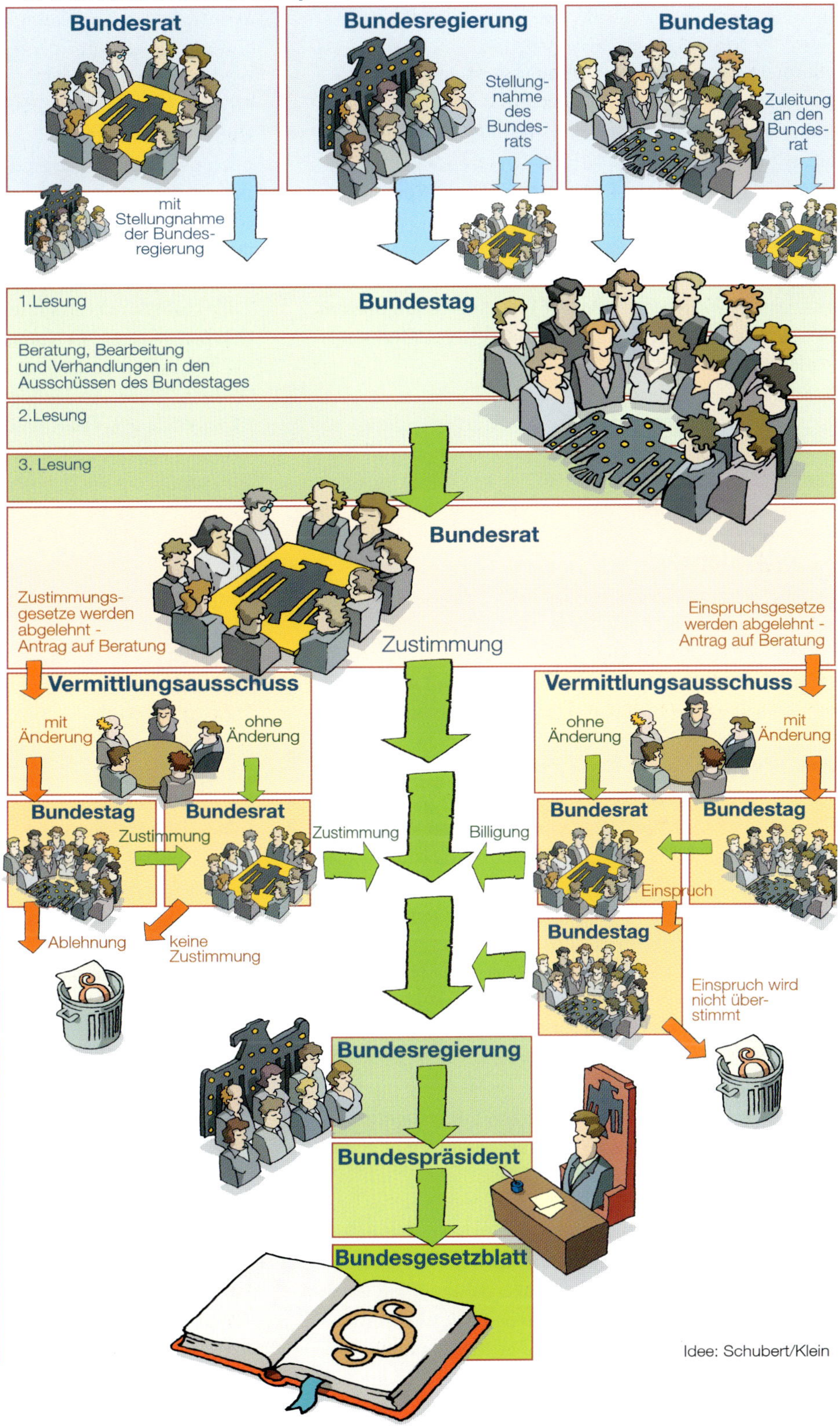

Idee: Schubert/Klein

äußert sich dazu und gibt den Gesetzentwurf zur weiteren Beratung in den Bundestag.
Möchte der Bundesrat, dass ein bestimmtes Gesetz gemacht wird, dann gibt er einen Gesetzentwurf zuerst an die Regierung. Danach kommt der Entwurf in den Bundestag.
Ein einzelner Bürger, der ein neues Gesetz für notwendig hält, kann selbst keinen Gesetzentwurf in den Bundestag einbringen. Er müsste vielmehr einen Bundestagsabgeordneten davon überzeugen, dass dieses Gesetz notwendig ist. Dieser **Abgeordnete** muss dann noch weitere Mitglieder des Bundestages (derzeit mindestens 30) suchen, die mit ihm zusammen diesen Gesetzentwurf dem Bundestag zur weiteren Beratung vorlegen.
2. Schritt: Die Beratung
Liegt dem Bundestag ein Gesetzentwurf vor, dann finden drei Beratungen darüber statt. Diese Beratungen nennt man auch „Lesungen". In der 1. Lesung, der so genannten Grundsatzdebatte, wird der Gesetzentwurf vorgestellt und die Abgeordneten sagen dazu allgemein ihre Meinung. Dann wird der Gesetzentwurf zur genaueren Überprüfung an einen speziellen Ausschuss des Bundestages geleitet. Dort werden Einzelheiten beraten und Sachverständige befragt. In der 2. Lesung im **Parlament** berichten die Mitglieder des Ausschusses über die Ergebnisse ihrer Sitzung und was die Experten zu dem neuen Gesetz gesagt haben. Meistens werden Änderungsvorschläge vorgetragen.
3. Schritt: Die Beschlussfassung
In der 3. Lesung kommt es noch einmal zur Aussprache über das Gesetz. Das Für und Wider wird erörtert, vielleicht gibt es weitere Änderungen. Dann kommt es zur Schlussabstimmung. Wenn die **Mehrheit** der anwesenden Abgeordneten dem Gesetz zugestimmt hat, ist das Gesetz „verabschiedet". In besonderen Fällen braucht ein Gesetz aber die Zustimmung von mehr Abgeordneten. So müssen z. B. zwei Drittel der Mitglieder des Bundestages für ein Gesetz sein, das die **Verfassung** ändert.
Hat der Bundestag das Gesetz verabschiedet, geht es in den Bundesrat. Die Beteiligung des Bundesrates hängt davon ab, ob ein so genanntes Zustimmungsgesetz oder ein so genanntes Einspruchgesetz vorliegt.
1. Zustimmungsgesetze werden – wie es die Bezeichnung nahelegt – erst gültig, wenn nach dem Bundestag auch der Bundesrat zustimmt. Dazu gehören alle Gesetze, die die Angelegenheiten der **Bundesländer** besonders betreffen. Aber auch Gesetze, die unser **Grundgesetz** ändern, oder Verträge mit anderen **Staaten** gehören dazu.
Was aber passiert, wenn der Bundesrat ein Gesetz ablehnt? Ist es damit endgültig gescheitert? Nein. Es beginnt dann eine erneute Beratung im so genannten **Vermittlungsausschuss**. Dort sitzen Mitglieder des Bundestages und des Bundesrates, die versuchen, doch noch eine Lösung zu finden. Dieser Ausschuss schlägt dem Bundestag wieder Änderungen vor, über die dann erneut abgestimmt werden muss. Wenn bei Zustimmungsgesetzen keine Einigung erzielt werden kann, tritt das Gesetz nicht in Kraft.
2. Bei allen anderen Gesetzen hat der Bundesrat nur ein Einspruchsrecht. Er kann gegen die Einspruchgesetze nur Bedenken vortragen, kann sagen, dass er das Gesetz ablehnt. Wenn der Bundesrat tatsächlich einen **Einspruch (→ Veto)** erhebt, wird das Gesetz aber nur aufgeschoben. In einer erneuten Abstimmung kann es der Bundestag doch noch beschließen.
4. Schritt: Unterzeichnung und Veröffentlichung
Wenn ein Gesetz so beraten und beschlossen wurde, wie es unsere Verfassung vorschreibt, wird das Gesetz von der **Bundeskanzlerin** oder vom zuständigen **Minister** unterzeichnet. Dann muss noch der **Bundespräsident** den Gesetzestext unterschreiben (in der Fachsprache spricht man von „ausfertigen"). Veröffentlicht, also verkündet, wird das Gesetz anschließend im Bundesgesetzblatt. Erst danach tritt es in Kraft und zwar an dem Tag, der im Gesetz festgeschrieben wurde.
Einige Informationen zum Gesetzgebungsverfahren findet ihr hier im Lexikon unter den Stichwörtern Bundestag, Bundesrat, **Legislative (→ Gewaltenteilung)**, Gesetz und Vermittlungsausschuss.

Gewaltenteilung

Genauer müsste es „Teilung der **Staatsgewalt**" heißen. Gewalt kennt man: Wenn jemand zum Beispiel einem anderen Schaden zufügt, tut er das oft mit Gewalt.
Mit „Staatsgewalt" bezeichnet man die Möglichkeiten, die ein **Staat** hat, um dafür zu sorgen, dass die **Gesetze** auch eingehalten werden. Wenn jemand gegen Gesetze verstößt, kann er eingesperrt werden. So will der Staat seine **Bürgerinnen und Bürger** und damit sich selbst schützen (denn er besteht ja aus den Bürgerinnen und Bürgern). Aber der Staat darf keineswegs machen, was er will. Er muss sich selbst auch an die Gesetze halten. Damit der Staat seine Macht nicht unkontrolliert einsetzen kann, gibt es die Gewaltenteilung. Diese

Teilung ist ein Grundprinzip unserer **demokratischen** Ordnung. Damit soll verhindert werden, dass diejenigen, die die **politische** Macht haben, ihre Macht missbrauchen. So sollen die Freiheiten der Bürgerinnen und Bürger gesichert werden. Die Staatsgewalt wird bei uns in drei verschiedene Bereiche aufgeteilt:
Die Legislative ist die gesetzgebende Gewalt.
Bevor ein Gesetz entsteht, müssen bestimmte Spielregeln eingehalten werden. Die **Regierung**, der **Bundesrat** oder mehrere Mitglieder des **Deutschen Bundestages** starten eine so genannte „**Gesetzesinitiative**", tun also den ersten Schritt, damit ein Gesetz entsteht. Im demokratischen Staat entscheidet dann die so genannte „gesetzgebende Versammlung", also das **Parlament** darüber, ob dieser Vorschlag angenommen und zum Gesetz werden soll. In **Deutschland (→ Bundesrepublik Deutschland)** ist es der Bundestag in Verbindung mit dem Bundesrat, der darüber entscheidet. Doch bevor das Gesetz gültig wird, muss es der **Bundespräsident** erst noch unterschreiben.
Die Exekutive ist die ausführende Gewalt. Die kennt jeder, zum Beispiel in Gestalt eines **Polizisten** oder der Stadtverwaltung. Sie kümmern sich darum, dass alles seine Ordnung hat und richtig abläuft. Auf der Ebene des **Bundes** ist das die Regierung, also der **Bundeskanzler** und die **Minister und Ministerinnen**; auf der Ebene der **Bundesländer** sind das zum Beispiel die **Ministerpräsidenten** und die Minister eines Bundeslandes. In den Städten und **Gemeinden** ist das zum Beispiel die **Bürgermeisterin**. Die Exekutive hat also dafür zu sorgen, dass die Gesetze nicht nur auf dem Papier stehen, sondern auch im täglichen Leben umgesetzt werden.
Und wenn jemand gegen die Gesetze verstoßen hat und vor dem **Gericht** erscheinen muss, dann ist er bei der **Judikative (→ Rechtsprechung)** gelandet. Das ist die rechtsprechende Gewalt. Da sorgen die **Staatsanwälte** und Staatsanwältinnen, die **Richterinnen** und Richter dafür, dass Verstöße gegen die Gesetze nach bestimmten Regeln verhandelt werden, und das heißt in den meisten Fällen: Die Täter werden bestraft. Die Richter sind unabhängig. Sie müssen aber die Gesetze beachten. Weder die Regierung noch irgendeine andere Einrichtung oder Person kann sie dazu zwingen, ein Urteil zu fällen, das sie nicht richtig finden.

Gewerbe

Jemand beschließt, seinen Posten in einem **Amt** aufzugeben und stattdessen ein Geschäft aufzumachen. Er wird selbstständig, arbeitet jetzt auf eigene Verantwortung, eigene Rechnung und damit auf eigenes Risiko. Er betreibt nun ein Gewerbe. Alle Handwerksbetriebe bezeichnete man früher als Gewerbebetriebe. Auch das so genannte Kleingewerbe (kleine Geschäfte und Handel treibende Unternehmen) zählten dazu. Heute werden mit dem Begriff Gewerbe auch industrielle Unternehmen und andere größere Betriebe bezeichnet. Man spricht auch von Gewerbegebieten, wo sich viele große und kleine Unternehmen vom Autohaus bis zu Heimwerkermärkten ansiedeln können. Nach der Gewerbeordnung in **Deutschland (→ Bundesrepublik Deutschland)** zählen landwirtschaftliche und forstwirtschaftliche Betriebe sowie alles, was mit Fischerei zu tun hat, nicht zum Gewerbe. Auch die so genannten „freien" Berufe, zum Beispiel Ärzte, **Anwälte (→ Rechtsanwalt/Rechtsanwältin)**, Architekten oder Künstler, betreiben kein Gewerbe.
In Deutschland hat übrigens jede Person das Recht, ein Gewerbe zu betreiben, sofern man dabei nicht gegen ein **Gesetz** verstößt. Dieses Recht nennt man Gewerbefreiheit.

Gewerkschaft

Vor ungefähr 150 Jahren entstanden in **Deutschland (→ Bundesrepublik Deutschland)** die ersten Fabriken. Die Arbeiterinnen und Arbeiter arbeiteten dort oft unter sehr schlechten Bedingungen. Deshalb schlossen sich viele von ihnen zu Selbsthilfe- oder Schutzvereinen zusammen, um für menschenwürdige Arbeitsbedingungen, für mehr Lohn und gegen **Kinderarbeit** zu

kämpfen. Denn sie waren davon überzeugt, dass sie gemeinsam in den Vereinen stärker waren als alleine. Aus diesen Vereinen entwickelten sich die Gewerkschaften. Diese wurden nach und nach als offizielle Vertreter der Arbeiter und Angestellten anerkannt. In Deutschland geschah dies 1918. Heute gibt es für viele verschiedene Berufe Gewerkschaften, so zum Beispiel eine für Lokführer, für Ingenieure, für Bauarbeiter, für Metallarbeiter, für Drucker, für **Journalisten**, für **Polizisten**, Briefträger, Bauern usw. Diese einzelnen Gewerkschaften haben sich im Deutschen Gewerkschaftsbund (DGB) zusammengeschlossen. Er hat etwa 7,3 Millionen Mitglieder. Der DGB wiederum ist ein Mitglied des **Europäischen** Gewerkschaftsbundes (EGB). Wenn sich auch die Situation der arbeitenden Menschen seit der Gründung der Schutzvereine und später der Gewerkschaften zum Besseren verändert hat, so sind die Hauptziele aller freien Gewerkschaften in **demokratischen** Ländern doch fast noch die gleichen wie zu Beginn ihrer Entstehung: Arbeit für alle Menschen, genügend Lohn und Gehalt, um ohne Sorgen leben zu können, kürzere Arbeitszeiten und **Mitbestimmung** in den Betrieben. Für diese Ziele verhandeln die Gewerkschaften in bestimmten Abständen mit den Unternehmern und das Ergebnis steht in einem **Tarifvertrag**. Wenn sich die Gewerkschaften nicht mit den Unternehmern einigen können, kommt es manchmal zum **Arbeitskampf**.

Gleichberechtigung

Die Menschen sind gleichberechtigt, wenn sie alle die gleichen Rechte haben. Das ist nicht selbstverständlich. In Deutschland begannen vor etwa 100 Jahren die Frauen um ihre Gleichberechtigung zu kämpfen. Sie wollten die gleichen Ausbildungschancen, sie wollten das **Wahlrecht** haben (das es in Deutschland erst seit 1918 für die Frauen gibt). Als die **Bundesrepublik Deutschland** im Jahre 1949 gegründet wurde, wurde die Gleichberechtigung von Frauen und Männern im **Grundgesetz** festgeschrieben. Tatsächlich aber gibt es immer noch viele Benachteiligungen von Frauen. Für die Durchsetzung gleicher Rechte von Frauen und Männern setzen sich bis heute vor allem viele **Frauenorganisationen** ein.
Die Bezeichnung „Gleichberechtigung" kann auch in anderen Bereichen angewendet werden, zum Beispiel im Zusammenleben von schwarzen und weißen Menschen. So haben etwa in Südafrika die schwarzen Menschen die Gleichberechtigung und damit Gleichbehandlung erst vor wenigen Jahren erkämpft.

Globalisierung

Dieser Begriff kommt von „global" und das bedeutet „weltumspannend". Wahrscheinlich habt ihr schon bei unterschiedlichen Gegenständen ein Schildchen gesehen mit der Aufschrift „Made in Taiwan" oder „Made in China". Warum kommen diese Waren aus China und aus anderen fernen Ländern in unsere Geschäfte?
Die Unternehmen, die Spielzeug oder andere Dinge verkaufen, wollen ihre Waren so preiswert wie möglich herstellen. Sie lassen deshalb die Waren dort produzieren, wo es nicht so viel kostet. In vielen ärmeren Ländern dieser Welt gibt es Fabriken, in denen die Menschen viel weniger Geld für die Arbeit bekommen als in **Deutschland (→ Bundesrepublik Deutschland)**. Und wenn zum Beispiel deutsche Unternehmen Fabriken im Ausland bauen, müssen sie dort oft auch weniger **Steuern** zahlen als hier. Dies führt dann dazu, dass die Herstellung der Waren in ärmeren Ländern billiger ist als in Deutschland. Folglich können die Waren in Deutschland dann auch billiger verkauft werden. Durch die moderne Computertechnologie und die Reisemöglichkeiten ist dies alles viel besser möglich als früher, die Welt ist „näher zusammengerückt".
Wenn wir also weniger bezahlen für die Waren, ist die Globalisierung doch nur von Vorteil, oder? Das sehen nicht alle Menschen so. Viele kritisieren, dass bei uns die Preise nur deshalb so niedrig sind, weil die Arbeiterinnen und Arbeiter in den armen Ländern oft für einen Hungerlohn arbeiten müssen. Nicht selten sind es sogar Kinder, die viele Stunden am Tag in den Fabriken schuften.
Manche Menschen fragen, wo denn die Arbeiter und Arbeiterinnen aus Deutschland in der Zukunft Arbeit finden werden, wenn die Unternehmen ihre Fabriken im Ausland aufbauen. Andere Menschen betonen, dass die Globalisierung in armen Ländern Arbeitsplätze für Menschen schafft, denen es dort sehr schlecht geht. Viele Menschen bemühen sich darum, dass der Handel zwischen den Ländern gerecht und fair zugeht. Dabei ist es besonders wichtig, dass auch in den armen Ländern die Menschen unter menschenwürdigen Lebensbedingungen arbeiten können.

Grenze

Die Grenze ist eine gedachte Linie zwischen zwei Gebieten. Solche Gebiete können Grundstücke, Städte, Dörfer und **Staaten** sein. Bei Staaten handelt es sich bei dieser Linie um eine Staatsgrenze zwischen zwei benachbarten Ländern. Manchmal verläuft die Grenze entlang natürlicher Trennlinien wie Flüssen und Gebirgen. Zwischen **Deutschland (→ Bundesrepublik Deutschland)** und Frankreich ist es zum Beispiel ein Stück des Rheines. Grenzzeichen oder bestimmte Markierungen zeigen an, wo die Grenze verläuft. Man darf sie nicht heimlich überschreiten oder unerlaubte Waren von einem Land in ein anderes transportieren. Meistens muss man an den Grenzen seinen **Pass** vorzeigen oder **Zoll** bezahlen. Zwischen den Staaten der **Europäischen Union** ist das Überschreiten der Grenzen inzwischen ziemlich einfach. Man kann leicht von einem Land in ein anderes reisen, ohne an einem Schlagbaum aufgehalten zu werden. So heißen die farbigen Schranken, die an Straßen für Reisende in ein anderes Land geöffnet oder geschlossen werden können und so den Weg freigeben oder versperren. Schlagbäume seht ihr auch bei der Ein- und Ausfahrt von Tiefgaragen. Damit ist die „Bezahlgrenze" zwischen innen und außen angezeigt.

Grundgesetz

Das Grundgesetz (es wird oft mit GG abgekürzt) ist die **Verfassung** der **Bundesrepublik Deutschland**, wie unser Land offiziell heißt. Das Grundgesetz gibt es seit der Staatsgründung der Bundesrepublik Deutschland im Jahr 1949. In ihm stehen die allerwichtigsten „Spielregeln" für das Zusammenleben der Menschen in Deutschland. Alle Behörden, **Gerichte**, alle **Bürgerinnen und Bürger** müssen sich daran halten. Kein **Gesetz**, das in unserem Land gilt, darf dem Grundgesetz widersprechen. Damit ihr eine Vorstellung bekommt, was in unserer Verfassung steht, hier ein kurzes Zitat aus dem ersten Abschnitt des Grundgesetzes:

„Alle Menschen sind vor dem Gesetz gleich. Männer und Frauen sind **gleichberechtigt** […] Niemand darf wegen seines Geschlechtes, seiner Abstammung, seiner **Rasse (→ Rassismus)**, seiner Sprache, seiner Heimat und Herkunft, seines Glaubens, seiner **religiösen** oder **politischen** Anschauungen benachteiligt oder bevorzugt werden. Niemand darf wegen seiner Behinderung benachteiligt werden."

Grundrechte/Menschenrechte

Alle Menschen sollten bestimmte Rechte haben, gleichgültig in welchem Land oder **Staat** der Erde sie leben. Dies sind die Menschenrechte. Sie wurden von den **Vereinten Nationen (→ UNO/Vereinte Nationen)** im Jahr 1948 aufgeschrieben. So sollen die Staaten dieser Welt angespornt werden, sich daran zu halten. Viele Staaten, darunter auch **Deutschland (→ Bundesrepublik Deutschland)**, haben diese Rechte in ihrer **Verfassung** als so genannte Grundrechte festgeschrieben. Dazu gehören zum Beispiel das Recht auf Leben und auf **Freiheit** und körperliche Unversehrtheit. Dies heißt zum Beispiel, dass niemand **gefoltert (→ Folter)** werden darf. Jeder hat auch das Recht, seine Meinung frei zu sagen, ohne dafür bestraft zu werden. Jeder Mensch soll außerdem sicher sein, dass er glauben kann, was er will, er darf keine Nachteile wegen seiner **Religion** erfahren. Das **Wahlrecht** bestimmt, dass die Menschen in **demokratischen Wahlen** regelmäßig wählen dürfen; das Recht auf **Bildung** besagt, dass alle Menschen etwas lernen dürfen und das Recht auf Eigentum stellt sicher, dass jeder etwas als sein Eigentum besitzen darf. Das sind nur einige der Grundrechte. In vielen Ländern der Welt werden diese Menschenrechte von der Staatsmacht missachtet. Das zeigt, dass es keineswegs selbstverständlich ist, dass die Menschenrechte anerkannt sind und dass jeder aufpassen muss, dass der Staat diese Rechte auch achtet.

Haager Abkommen

Das Haager **Abkommen (→ Konvention)** ist ein Vertrag zwischen vielen **Staaten**, in denen genau festgelegt ist, welche Regeln im Kriegsfall von den Staaten zu beachten sind. Es ist also ein Teil des **Kriegsrechts**. Das Abkommen besteht aus mehreren völkerrechtlichen Verträgen. Es ist nach der Stadt Den Haag, Niederlande, benannt, weil es dort abgeschlossen wurde. Die ersten Verträge, die „Haager Landkriegsordnung“ genannt wurden, stammen von 1899 und 1907. Später wurden sie durch weitere Vereinbarungen ergänzt. Vereinbart wurde zum Beispiel, dass Waffen, die nur den Zweck haben, so viele Menschen wie möglich zu töten (zum Beispiel mit Giftgas), im **Krieg** nicht eingesetzt werden dürfen. Weiterhin ist vorgeschrieben, dass **Kulturgüter (→ Kultur/Kulturkreis)** geschützt werden müssen. Man darf also nicht gezielt Denkmäler oder Kunstschätze zerstören. Es wird auch beschrieben, wie man Kriegsgefangene zu behandeln hat. Hierzu gibt es aber noch besondere Verträge, die in der so genannten **Genfer Konvention** zusammengefasst sind.

Haftbefehl

Das Wort „Haft“ bedeutete früher in der mittelhochdeutschen Sprache so viel wie „Fessel“, „Band“. Wenn die **Polizei** jemanden verhaftet, wird er, wenn man ihn für gefährlich hält, mit Handschellen gefesselt. Eine solche Verhaftung geht aber nicht so einfach. In den meisten Fällen braucht die Polizei einen Haftbefehl. Den beantragt der **Staatsanwalt** bei einem **Richter**. Dieser prüft, ob die Gründe, die der Staatsanwalt nennt, ausreichen, um die beschuldigte Person einzusperren, also in Untersuchungshaft zu nehmen. Dabei muss sich der Richter genau an die Vorschriften der deutschen Strafprozessordnung (STPO) halten. In den entsprechenden Paragrafen steht, was der Haftbefehl im Einzelnen enthalten muss, wie bei der Verhaftung und danach vorgegangen werden muss. Denn man kann jemanden nicht einfach festnehmen, wenn der „Tatverdacht“ nicht ausreichend ist. In jedem Fall muss der Richter bei einer Vorführung und Befragung des Verhafteten noch einmal alles genau prüfen (in der Fachsprache ist das ein „Haftprüfungstermin“). Es könnte ja sein, dass der Festgenommene inzwischen durch Zeugenaussagen entlastet worden ist. Dann muss der Richter den Haftbefehl zurücknehmen. Oder aber der Richter kann den Beschuldigten gegen die Zahlung einer bestimmten Summe („Kaution“) wieder freilassen. Das geht aber nur, wenn die Straftat kein Kapitalverbrechen wie Mord oder schwerer Raub war und das **Gericht** der Meinung ist, der Täter wird bis zu seinem Prozess nicht **flüchten**.

Handelsabkommen

Mit Handel wird üblicherweise der Kauf und Verkauf von **wirtschaftlichen** Gütern und **Dienstleistungen** bezeichnet. Wenn zwei oder mehrere **Staaten** einen Handelsvertrag oder ein Handelsabkommen schließen, dann regeln sie damit den Handel untereinander oder, wie es auch heißt, die gegenseitigen Außenhandelsbeziehungen. In einem solchen **Abkommen (→ Konvention)** kann zum Beispiel stehen, dass die Ein- und Ausfuhr von Gütern zwischen den Ländern ungehindert ablaufen soll. Oder es können Vereinbarungen getroffen werden, die den Zugang zu Häfen oder Flughäfen, die wirtschaftliche und technische Zusammenarbeit, die Lieferung von Rohstoffen oder den Schutz von **ausländischen** Unternehmen im eigenen Land regeln. Es gibt sehr viele Dinge, die man vereinbaren kann, um den Handel zu erleichtern. Im Zeitalter der **Globalisierung**, der immer stärker wachsenden internationalen Wirtschaftsbeziehungen, gewinnen die kurz- oder langfristig geschlossenen Abkommen über die Handelserleichterungen immer mehr an Bedeutung.

Handwerksordnung

Die meisten **Bürger** haben ziemlich oft mit einem Handwerker zu tun. Das kann eine Friseurin oder ein Installateur sein, eine Optikerin oder ein Automechaniker, eine Bäckerin oder ein Florist oder jemand mit einem der anderen zahlreichen Handwerksberufe, die es in **Deutschland (→ Bundesrepublik Deutschland)** gibt. Das Handwerk ist nach der Industrie der zweitgrößte Wirtschaftszweig in Deutschland. Fast alle Handwerksberufe, die es gibt, sind in der Handwerksordnung festgelegt. Darin ist genau vorgeschrieben, wer einen anerkannten Betrieb führen darf und dass nur Handwerkerinnen und Handwerker mit einer Meisterprüfung Lehrlinge ausbilden dürfen.

Die Handwerker werden von den regionalen Handwerkskammern, das sind die örtliche Interessenvertretungen der Handwerker, in so genannten Handwerksrollen geführt. Die dort aufgeführten Betriebe werden in allen Mitgliedsstaaten der **Europäischen Union** anerkannt. Das heißt, ein Handwerksmeister in Deutschland wird mit seiner Ausbildung in jedem anderen EU-Land anerkannt und kann mit seinem Betrieb auch in den anderen EU-**Staaten** Aufträge ausführen. Auch umgekehrt können Handwerker aus anderen EU-Staaten hier in Deutschland arbeiten, auch wenn sie nicht die in Deutschland übliche Ausbildung haben.

Hauptstadt

Kannst du mir die Hauptstadt von diesem oder jenem Land nennen? Das ist eine beliebte Quizfrage. Von **Deutschland (→ Bundesrepublik Deutschland)** ist es Berlin, von Frankreich Paris, von England London, das wisst ihr alle. Hauptstadt ist meistens die Stadt eines Landes, in der **Regierung** und **Parlament** ihren Sitz haben. Oft ist das die größte Stadt des Landes, das muss aber nicht immer so sein. Washington zum Beispiel ist die Hauptstadt, aber lange nicht die größte Stadt der USA.

Hinduismus

Der Hinduismus ist die wichtigste **Religion** in Indien. Er entstand etwa im 2. Jahrtausend vor Christus. Heute leben etwa 800 Millionen Hindus in Indien. Jeder Mensch (Hindu heißt übersetzt „Mensch") gehört, davon gehen die Hinduisten aus, einer bestimmten „Kaste" an. Damit ist eine Gesellschaftsschicht gemeint, die von allen anderen Schichten der **Gesellschaft** streng getrennt ist. Die oberste Kaste sind Priester (Brahmanen), dann kommen Krieger, Bauern und **Handwerker** und schließlich Knechte. Außerhalb der Kasten befinden sich die „Parias", die Rechtlosen und Geächteten. Ähnlich wie im **Buddhismus** müssen die Menschen nach der hinduistischen Lehre einen langen Kreislauf von Wiedergeburt und Tod durchlaufen, ehe sie erlöst werden. Man kann auch als Tier wiedergeboren werden, deshalb essen viele Hindus auch kein Fleisch. Die Hindus verehren zwar keinen Gott oder Gründer ihrer Religion, wie es bei den anderen Weltreligionen (**Christentum**, **Islam**, **Judentum** und Buddhismus) der Fall ist. Dennoch gibt es eine Vielzahl von hinduistischen Gottheiten, zu denen gebetet wird und denen Opfergaben dargebracht werden. Die wichtigsten Gottheiten sind der Gott Brahma, der die Welt erschaffen hat, der Gott Vishnu, der das Leben erhält, der Gott Shiva, der für Vergänglichkeit und Tod steht. Ganesha, der Gott der Weisheit, ist bei den Hindus sehr beliebt, weil er immer hilft.

Holocaust

Das Wort „Holocaust" stammt aus dem Griechischen („holókaustus") und bedeutet „völlig verbrannt". Es bezeichnet die systematische Vernichtung ganzer Bevölkerungsgruppen (**Völkermord (→ Kriegsverbrechen)**). Auf Hebräisch heißt Völkermord „Schoah" („große Katastrophe"). Damit ist die Vernichtung der **europäischen Juden** gemeint.
Als die **Nationalsozialisten** in Deutschland 1933 die Herrschaft übernahmen, begannen sie, einzelne Bevölkerungsgruppen auszugrenzen. Die Nationalsozialisten betrachteten sich als „Herrenrasse". Die Juden waren für sie eine minderwertige **Rasse (→ Rassismus)**. Sie wurden für viele Missstände im Land verantwortlich gemacht. Sie wurden angegriffen und viele durften ihre Berufe nicht mehr ausüben. Die Juden durften nichts mehr selbst entscheiden. Wehren konnten sie sich nicht, weil man ihnen auch ihre Bürgerrechte weggenommen hatte. Sie mussten ab 1941 sogar ein Kennzeichen tragen, den so genannten Judenstern. Dies war ein gelber, sechseckiger Stern in Form des Davidsterns. Man nahm den Juden ihr Eigentum, ihre Wohnungen und Häuser weg. Die Juden wurden aus Deutschland vertrieben (deportiert) und in besetzten Ländern in Osteuropa in abgesperrten Stadtteilen angesiedelt. Diese Stadtteile wurden „Ghettos" genannt. Eines der größten Ghettos entstand im eroberten Warschau, der **Hauptstadt** Polens. Als die Nationalsozialisten ihren Eroberungskrieg auf ganz Europa ausdehnten, wurden die Juden überall verfolgt. Es begann ein systematischer Völkermord. Die Nationalsozialisten schafften die Juden wie auch **Sinti und Roma (→ Nationale Minderheit)**, Obdachlose, **Behinderte**, **politisch** Verfolgte, so genannte „Asoziale" oder Kriegsgefangene in so genannte **Konzentrationslager**. Manche Lager waren vor allem dafür da, um die Juden in Gaskammern zu ermorden. Von diesen Vernichtungslagern war Auschwitz-Birkenau das größte. Über 6 Millionen jüdische Menschen sind von 1933 bis 1945 getötet worden. Nur ganz wenige verfolgte Menschen haben diesen unmenschlichen Terror überlebt.

Immunität

Das Wort kommt aus dem Lateinischen. Es bedeutet, dass **Abgeordnete** eines **Parlaments** – in **Deutschland (→ Bundesrepublik Deutschland)** also zum Beispiel des **Deutschen Bundestages** – nicht von der **Polizei** und den **Gerichten** verfolgt werden können. Warum ist das bei den Volksvertretern so, wo doch alle anderen **Bürgerinnen und Bürger** von Polizei und **Staatsanwalt** verfolgt werden, wenn sie etwas angestellt haben? Das **Grundgesetz** gibt die Begründung: Das Parlament muss immer arbeiten und funktionieren können. Wenn seine Mitglieder aber verhaftet würden, wäre es in seiner Arbeit behindert. Das heißt aber nicht, dass die Abgeordneten machen können, was sie wollen. Wenn ein Abgeordneter auf frischer Tat bei einer Straftat ertappt und festgenommen wird, dann ist der Schutz durch die Immunität aufgehoben und der Täter kann wie jeder andere Bürger seine Strafe bekommen. Aber auch das Parlament kann die Immunität eines seiner Mitglieder aufheben, wenn ein dringender Tatverdacht besteht. Im Übrigen gilt diese **Freiheit** vor Strafverfolgung nur so lange für den Abgeordneten, wie er gewählt ist.
Auch **Diplomaten** im Ausland genießen im Gastland Immunität, also Schutz vor Strafverfolgung. Sie können nicht nach den **Gesetzen** des Gastlandes verurteilt werden.
Zum Schluss sei noch erwähnt, dass es in der Medizin ebenfalls den Begriff „Immunität“ gibt. Es ist die Fähigkeit des Organismus, sich gegen schädliche Stoffe – Krankheitserreger, Gifte – zur Wehr zu setzen.

Industrialisierung

Mit dem Wort „Industrie“ meint man allgemein die Gewinnung von Rohstoffen, also zum Beispiel von Erdöl oder Eisen. Es bezeichnet damit aber auch die Verarbeitung dieser Stoffe zu Autos, Kunststoffen oder vielen anderen Dingen, die in Fabriken und Anlagen erfolgt. Wenn sich die Industrie in einem Land ausbreitet und im Verhältnis zum Handwerk und zur Landwirtschaft einen immer größeren Platz einnimmt, dann verändert sich die **Volkswirtschaft**. Das Land wird immer mehr industrialisiert. Es gibt dann auch andere Arbeitsplätze als zuvor: Wer zum Beispiel bisher in der Landwirtschaft arbeitete, findet jetzt Arbeit in der Fabrik. Auch die **Gesellschaft** verändert sich: Hatten die Menschen früher vor allem auf dem Lande gearbeitet, so ziehen sie nun in die Nähe der Fabriken, also in die Städte. Besonders stark zeigten sich diese Veränderung an der Wende vom 18. zum 19. Jahrhundert zunächst in Großbritannien und dann in **Deutschland (→ Bundesrepublik Deutschland)**. Immer mehr Maschinen wurden erfunden und Fabriken gegründet. Viele Millionen Menschen wurden zu Industriearbeitern. Diese einschneidenden Veränderungen, die in manchen Ländern zu schweren sozialen Krisen führten, bezeichnet man auch als „Industrielle **Revolution**“.

Industriestaat

Länder, in denen es viele Fabriken und Industrieanlagen gibt, nennt man Industrieländer oder Industriestaaten. Um **Rohstoffe (→ Energiepolitik)** wie Erdöl oder Eisenerz verarbeiten und daraus Waren (man nennt sie Industrieprodukte) herstellen zu können, braucht man eine hoch entwickelte Technik. Eine wichtige Voraussetzung für den Erfolg der industriellen Produktion ist, dass es immer mehr und immer bessere Produkte gibt. Dafür benötigen die Industrieländer Wachstum. Das heißt, sie müssen immer mehr produzieren und immer mehr Geld durch den Verkauf ihrer Produkte verdienen, damit das nötige Geld für die Entwicklung neuer Techniken und die Herstellung neuer Waren vorhanden ist. Viele Jahre lang hat das gut funktioniert. In den Industrieländern hat mit dem Fortschritt auch der Wohlstand zugenommen. Mit der wachsenden industriellen Produktion wurden auch viele Arbeitsplätze geschaffen. In den letzten Jahren hat sich allerdings gezeigt, dass durch den technischen Fortschritt auch Arbeitsplätze verloren gehen. In vielen Fabriken machen heute Roboter die Arbeit, die vor einigen Jahren noch von

Menschen erledigt wurde. In fast allen Industrieländern ist **Arbeitslosigkeit** heute ein großes Problem.
Zu den größten Industrieländern gehören die USA, die Länder der **Europäischen Union**, Australien und Japan.
Der Begriff „Industrie“ kommt übrigens vom lateinischen Wort „industria“, was auf Deutsch „Fleiß“ bedeutet.

Informationsfreiheit

Die **Bürgerin** einer Stadt möchte wissen, wann die neue Schule gebaut wird; ein Bürger fragt im Rathaus nach, ob er durch den Bau einer Umgehungsstraße in der Nähe seines Grundstücks gestört wird. Eine Firma wäre sehr daran interessiert zu erfahren, ob ein neues **Gewerbegebiet** erschlossen wird. In allen Fällen haben die Bewohner oder das Wirtschaftsunternehmen das Recht auf Informationen durch die Stadt in Anspruch genommen. Sie wollen wissen, wie die Verwaltung in ihrer Stadt arbeitet, welche Entscheidungen getroffen wurden und was damit beabsichtigt wird. Wenn ein Verein, ein Unternehmen oder auch eine einzelne Person einen schriftlichen oder mündlichen Antrag stellt und um Informationen bittet, so muss Behörde Auskunft erteilen und die Informationen zur Verfügung stellen. Diese Informationsfreiheit ist ein wichtiges Prinzip einer offenen **demokratischen Gesellschaft**, in der die Bürger sich informieren und mitgestalten können. Auch die Kontrollmöglichkeiten gegenüber der Verwaltung werden so gestärkt.
In vielen **Staaten** gibt es solche **Gesetze** zur Informationsfreiheit. In Schweden kennt man ein solches Recht aller Bürger seit 1766, in den USA wurde es 1966 festgeschrieben. In Deutschland gibt es bisher nur in einigen **Bundesländer** ein Informationsfreiheitsgesetz. Damit schneidet die Bundesrepublik im internationalen Vergleich schlecht ab. Allerdings hat die **Bundesregierung (→ Regierung)** geplant, ein Informationsfreiheitsgesetz zu schaffen, das für die ganze **Bundesrepublik Deutschland** gilt.

Innere Sicherheit und öffentliche Ordnung

Alle Maßnahmen und Einrichtungen des Staates, die dem Schutz von Leben und Eigentum seiner **Bürger und Bürgerinnen** dienen und zur öffentlichen Ordnung beitragen, bezeichnet man als Einrichtungen der „Inneren Sicherheit“. Für Sicherheit und Ordnung muss vor allem die **Polizei** sorgen, aber auch die Feuerwehr, die **Staatsanwaltschaft** und andere **staatliche** Einrichtungen sind hier gefordert. Gemeint ist damit, dass Polizei, Feuerwehr usw. ordnungsgemäß funktionieren und sich dabei an die **Verfassung** und die **Gesetze** halten. Auf diese Weise tragen sie dazu bei, dass es friedlich und sicher zugeht im Land. Für die innere Sicherheit und die öffentliche Ordnung ist aber auch jeder Bürger und jede Bürgerin verantwortlich. So sollte man nicht bei jedem kleinen Streit mit Nachbarn sofort die Polizei holen, sondern versuchen, miteinander zu sprechen und so eine Lösung zu finden.

Institution

Dieser Begriff, der sich vom lateinischen Begriff „instituere“ ableitet („verwalten“, „einrichten“, „anordnen“) hat mehrere Bedeutungen:
1. Damit werden öffentliche oder **staatliche** Einrichtungen oder Organisationen bezeichnet, die einen ganz bestimmten Zweck haben und auf Dauer eingerichtet wurden. Das sind zum Beispiel Schulen oder Universitäten, Forschungseinrichtungen des Staates, das öffentlich-rechtliche Fernsehen, das **Parlament** und die **Parteien**.
2. Die Ehe ist auch eine Institution, weil ihr feste Verhaltensregeln zu Grunde liegen. Schließen zwei Menschen eine Ehe, so haben sie von diesem Tag an bestimmte Rechte, aber auch Pflichten.
3. Das **Grundgesetz** bezeichnet man ebenso als Institution. Denn es regelt verbindlich unser Verhalten und ist die Grundlage unseres Rechtssystems.

Internationaler Gerichtshof

Der Internationale Gerichtshof ist ein Teil der **Vereinten Nationen (→ UNO/Vereinte Nationen)** und hat seinen Sitz in Den Haag, Niederlande. Er wurde 1946 gegründet und besteht aus 15 Richtern und **Richterinnen**, die für neun Jahre gewählt werden. Die Richter und Richterinnen stammen aus 15 unterschiedlichen Ländern, die sich in ihren **Gesetzen**, ihrer **Religion** und **Kultur** unterscheiden. Somit sind am Gerichtshof die wichtigsten Kulturkreise vertreten.
Der Internationale Gerichtshof hat verschiedene Aufgaben. Er kann zum Beispiel Streitigkeiten zwischen Staaten schlichten. Allerdings geht das nur dann, wenn die beteiligten **Staaten** den Gerichtshof dazu

auffordern. Eine andere wichtige Aufgabe besteht darin, für die Vereinten Nationen zu prüfen, ob in einem bestimmten **Krieg** ein **Kriegsverbrechen** begangen worden ist.
Im Jahre 1993 wurde in Den Haag von der UNO ein weiteres internationales Strafgericht eingerichtet, das so genannte Kriegsverbrechertribunal. Es ist für Kriegsverbrechen zuständig, die nach 1991 während des Krieges im ehemaligen Jugoslawien verübt wurden. Ein weiteres Haager Strafgericht, das so genannte Ruanda-Tribunal, untersucht die Massenmorde, die 1994 im afrikanischen Ruanda begangen wurden.

Islam

Der Islam ist eine der großen Religionen unserer Welt. „Islam" ist arabisch und heißt „Ergebung in Gottes Willen". Ungefähr 1,3 Milliarden Menschen vor allem in Asien und Afrika bekennen sich zum Islam, sie werden Moslems oder Muslime genannt. Sie verehren einen Gott. Sie nennen ihn Allah. Dieser Gott wählte, so heißt es in der Überlieferung, den Kaufmannssohn Mohammed als seinen Propheten aus. Mohammed begründete zwischen den Jahren 610 und 632 im arabischen Mekka und Medina die islamische **Religion**. Mohammed schrieb die Lehre im heiligen Buch des Islam, dem Koran, auf. Fünf Gebote sollen die Muslime befolgen: Sie sollen nur an Allah glauben und an keinen anderen Gott. Sie sollen fünfmal am Tag beten, wo immer sie sich auf der Welt befinden (freitags nach Möglichkeit in der Moschee, dem Gotteshaus der Moslems). Sie sollen Almosen an die Armen geben. Jedes Jahr sollen sie einen Monat lang tagsüber fasten; dieser Monat heißt Ramadan. Sie dürfen kein Schweinefleisch essen und keinen Alkohol trinken. Wenn es ihnen möglich ist, sollen die Muslime einmal im Leben an die heiligen Orte Mekka und Medina pilgern, um dort zu beten.

Journalist/in

In den **Zeitungen** lesen wir Artikel über viele verschiedene Themen. Im Fernsehen verfolgen wir ein Fußballspiel und hören jemanden, der das Geschehen kommentiert. Journalisten, Reporter und Auslandskorrespondenten sind diejenigen, die für Fernsehen, Radio, Zeitungen oder Nachrichtenagenturen über wichtige Ereignisse aus fremden Ländern berichten. Das Wort „Journalist" kommt vom französischen Begriff „journal", das bedeutet so viel wie Tageszeitung. Viele Journalisten haben sich auf bestimmte Bereiche spezialisiert.
Ein Spezialgebiet ist zum Beispiel die **Politik**, einige berichten über Sportereignisse, andere über **Kultur** und Themen aus der Wissenschaft. Auch die Fotografinnen und Fotografen, deren Bilder in den Zeitungen erscheinen, sind Journalisten, nämlich Bildjournalisten.

Judentum

Das Judentum ist eine der fünf großen Weltreligionen (neben **Christentum**, **Islam**, **Buddhismus** und **Hinduismus**). Es entstand etwa 2000 Jahre vor Christus. Weltweit gehören über 14 Millionen Menschen dem Judentum an. Unter den Weltreligionen, die nur einen Gott verehren (das sind die so genannten monotheistischen Religionen), ist das Judentum die älteste. Aus ihm haben sich das Christentum und der Islam entwickelt. Die wichtigsten Schriften sind der Tanach (das Alte Testament) sowie der Talmud (die Sammlung der **Gesetze** und **religiösen** Traditionen). Die Juden glauben an einen Gott, den sie Jahwe nennen. Er wird als Schöpfer der Welt verehrt. Das Gotteshaus der Juden heißt Synagoge.
Mit „Judentum" ist zunächst die *Religion* des jüdischen **Volkes** gemeint. Mit diesem Begriff bezeichnet man aber auch alle Menschen, die dem jüdischen *Volk* angehören. Nach religiöser Tradition gilt als Jude, wer eine jüdische Mutter hat. Aber es ist auch möglich, das Judentum anzunehmen. Wichtig für die gläubigen Juden ist die Einhaltung der religiösen Gesetze. Dazu gehört besonders die Achtung des Sabbath, der am Freitagabend beginnt und bis zum Samstagabend dauert. Die Juden haben auch einen eigenen Kalender und eigene Feiertage.
In ihrer langen Geschichte sind die Juden immer wieder verfolgt und vertrieben worden. Seit der Zerstörung des Tempels in Jerusalem durch die Römer im Jahr 70 nach Christus lebten sie zerstreut über die ganze Welt in der **Diaspora**. In der Zeit des **Nationalsozialismus** wurden die Juden in Deutschland und in den von den Deutschen besetzten Ländern **Europas** verfolgt, 6 Millionen Juden wurden während des **Holocaust** ermordet. Nach dem **Zweiten Weltkrieg** wurde der **Staat** Israel als jüdischer Staat gegründet. Heute lebt dort etwa die Hälfte aller Juden. In Deutschland leben heute wieder mehr als 100 000 Juden.

Jugendschutzgesetz

Das Jugendschutzgesetz ist kein einzelnes **Gesetz**, sondern es bezeichnet mehrere besondere gesetzliche Vorschriften zum Schutze von Kindern und Jugendlichen. So gibt es, um ein Beispiel zu nennen, das „Jugendarbeitsschutzgesetz". Es verbietet, dass Jugendliche unter 15 Jahren arbeiten. (Hier gibt es einige genau geregelte Ausnahmen, wenn Kinder zum Beispiel in Filmen oder auf dem Theater mitspielen dürfen.) Ein weiteres Jugendschutzgesetz, genauer das „Gesetz zum Schutz der Jugend in der Öffentlichkeit", befasst sich mit den Gefahren, denen Kinder und Jugendliche ausgesetzt sind, wenn sie zum Beispiel Spielhallen besuchen. Der Zutritt für sie ist verboten. Auch darf an Kinder und Jugendliche kein Alkohol verkauft werden. Wenn diese Gesetze nicht eingehalten werden, kann der Besitzer des Geschäftes oder Lokales bestraft werden. Wer Bücher, **Zeitungen** oder Videos, die Gewalttaten beschönigen, an Kinder und Jugendliche verleiht oder verkauft, muss auch mit einer Strafe rechnen.

Justizminister

→ Minister/in

Justizskandal

→ Rechtsprechung

Kabinett

Das Wort kommt aus dem Französischen und heißt eigentlich „kleines intimes Zimmer". In **Deutschland (→ Bundesrepublik Deutschland)** meint die Bezeichnung „Bundeskabinett" den Kreis von Personen, die die **Bundesregierung (→ Regierung)** bilden. Dazu gehören die **Bundeskanzlerin** oder der Bundeskanzler sowie die Bundesminister und **Bundesministerinnen (→ Minister/in)**. Früher war das Kabinett ein kleiner Kreis von Beratern, die der **König (→ Monarchie)** um sich versammelte. Dieser Kreis kam wahrscheinlich in einem kleinen Zimmer zusammen. Daher der Name, der sich bis heute erhalten hat.

Kalter Krieg

„Kalter **Krieg**" ist die Bezeichnung für eine Konfrontation zwischen verschiedenen **Staaten** oder: Einzelne oder mehrere Staaten stehen sich feindlich gegenüber, doch sie kämpfen nicht mit kriegerischen Mitteln gegeneinander. (Die Waffen sind kalt, es wird also nicht geschossen.) Der **Konflikt** wird mit **Propaganda** und Drohungen, mit gegenseitiger Aufrüstung ausgetragen. Beide Seiten häufen immer mehr Waffen an, um den Gegner zu bedrohen. So besteht immer die Gefahr, dass aus dem kalten Krieg ein „heißer", ein echter Krieg wird. Wenn man vom Kalten Krieg spricht, so meint man in der Regel den so genannten Ost-West-Konflikt ab 1947. Nach dem **Zweiten Weltkrieg** war ein westliches Lager unter der Führung der USA und ein östliches unter Führung der Sowjetunion entstanden. Starke Gegensätze zwischen diesen beiden Siegermächten führten zu schweren Spannungen. Krisen, die zu einem dritten **Weltkrieg** zwischen den Supermächten hätten führen können, waren zum Beispiel die Blockade Berlins (1948/49), der Koreakrieg (1950–53), der Vietnamkrieg (1946–75), die Kubakrise (1963) oder der Einmarsch sowjetischer Truppen im Afghanistan (1979). Erst durch die Umbrüche in Osteuropa und die Auflösung der Sowjetunion (1991) wurde der Kalte Krieg endgültig beendet.

Kandidat/in

Bei den Römern trug jemand, der sich um ein öffentliches **Amt** bewarb und auch schon erste Prüfungen bestanden hatte, eine Art Umhang, Toga genannt. Die war glänzend-weiß. Diese Farbe hieß im Lateinischen „candidus", und wer sie trug, war der „candidatus". Diese Bezeichnung hat sich bis heute erhalten: Wer sich zum Beispiel als **Abgeordneter** um einen Platz im **Deutschen Bundestag** bewirbt, wer **Bürgermeisterin** werden will oder Klassensprecher, muss zwar kein weißes Gewand mehr tragen, aber er oder sie ist bis zur

Wahl der Kandidat oder die Kandidatin. In der Alltagssprache ist dieser Begriff im Laufe der letzten Jahrzehnte ausgedehnt worden. So kennt man etwa die Bezeichnung „Quizkandidat“ für jemanden, der vielleicht 1 Million Euro gewinnen will, aber sich nicht um ein öffentliches Amt bewirbt.

Kanzleramt

→ Amt

Kanzlerin

→ Bundeskanzler/in

Kapitalismus

Kapitalismus ist eine **Wirtschafts**- und **Gesellschaftsordnung**. Das Kapital sind Maschinen, Anlagen, Fabrikhallen, Geld, Fahrzeuge etc. Das Kapital ist in diesem System im Besitz von Unternehmern. Der Staat schützt das Privateigentum, die Unternehmer können ohne **staatliche** Eingriffe weitgehend frei arbeiten und arbeiten lassen. In der Vergangenheit, als es noch keine **Gesetze** zum Schutz der Arbeiter gab, führte dies oft dazu, dass die Arbeiter ausgebeutet wurden und für wenig Lohn arbeiten mussten. Die Unternehmer häuften immer mehr Kapital an, die Arbeiter verarmten. Dies führte besonders in der Zeit der so genannten Industriellen **Revolution** im 19. Jahrhundert, als das Leben der Menschen immer mehr durch die Arbeit in den Fabriken bestimmt wurde, zu Auseinandersetzungen und **politischen** Gegenbewegungen. **Karl Marx (→ Kommunismus)** (1818–1883) war der schärfste Gegner des kapitalistischen Systems. Er kritisierte, dass die Arbeiter ohne Besitz und wirtschaftlich abhängig von den Kapitalbesitzern waren, die sich um die Situation der Arbeiter nicht scherten.

Mit Beginn des 20. Jahrhunderts sind die kapitalistischen **Wirtschaftsordnungen** der westlichen **Industriestaaten** reformiert worden. Der Staat beeinflusste durch Gesetze und politische Maßnahmen das Wirtschaftsgeschehen und die stärker gewordenen **Gewerkschaften** vertraten die Interessen der Arbeiter. Auch heute arbeiten die Wirtschaftssysteme in vielen Industrieländern nach den kapitalistischen Prinzipien. **Angebot und Nachfrage (→ Freie Marktwirtschaft)** bestimmen Markt und Produktion, viele Fabriken sind in privater Hand oder gehören Aktiengesellschaften und großen Konzernen. Der Staat schützt das Privateigentum. Er versucht aber, durch Gesetze dafür zu sorgen, dass die Menschen nicht mehr ausgebeutet werden können. Es wird statt Kapitalismus heute meist von Marktwirtschaft gesprochen. In **Deutschland (→ Bundesrepublik Deutschland)** gibt es die **soziale Marktwirtschaft**.

Kinderarbeit

In **Deutschland (→ Bundesrepublik Deutschland)** ist es verboten, dass Kinder im Alter unter 15 Jahren arbeiten. Es gibt einige Ausnahmen, die im **Jugendschutzgesetz** festgelegt sind. Auch in allen anderen **EU-Staaten (→ Europäische Union (EU))** ist die Erwerbstätigkeit von Kindern und Jugendlichen grundsätzlich verboten. Schaut man in der Geschichte einige Jahrhunderte zurück, stellt man fest, dass das nicht immer so war. Im Mittelalter mussten Kinder zusammen mit ihren Eltern im Dienste der **Feudalherren (→ Feudalismus)** oft schwere Arbeit auf den Feldern leisten. Im 19. Jahrhundert, als immer mehr Industriebetriebe entstanden, nahm auch die Kinderarbeit stark zu. Kinder wurden als billige **Arbeitskräfte (→ Arbeitsmarkt/Arbeitsmarktpolitik)** vor allem in England und Deutschland im Bergbau und in Textilfabriken ausgenutzt. Teilweise mussten sie jeden Tag bis zu 16 Stunden arbeiten.

Kinderarbeit ist heute noch ein sehr ernstes Problem. Nach Schätzungen der UNO verrichten über 250 Millionen Kinder in vielen armen Ländern in Asien, Südamerika, Afrika, aber auch in Ländern Osteuropas täglich schwere Arbeit. Sie werden in Plantagen, im Bergbau und in Textilfabriken oft wie Sklaven ausgebeutet. Aus vielen Großstädten Südostasiens weiß man, dass dort Tausende von Kindern in Bordellen an Kunden verkauft werden. Oft werden die Kinder und Jugendlichen von Unternehmern und verbrecherischen Banden gezwungen, ohne Lohn zu arbeiten, um so die Schulden ihrer Eltern abzuarbeiten. Die Internationale Arbeitsorganisation (ILO), eine Organisation der **Vereinten Nationen (→ UNO/Vereinte Nationen)**, hat die Bekämpfung der Kinderarbeit in der Welt zu einem ihrer wichtigsten Ziele gemacht.

Kindergeld

Kindergeld zahlt in **Deutschland (→ Bundesrepublik Deutschland)** der Staat an Eltern sowie allein erziehende Elternteile bis zum 18. Lebensjahr ihrer Kinder. Diese Unterstützung erhalten die Eltern unabhängig davon, ob die Kinder noch zur Schule gehen, eine Lehre machen oder selbst Geld verdienen. Wenn die Kinder nach dem 18. Lebensjahr noch in der Ausbildung sind, wird das Kindergeld derzeit höchstens bis zum 27. Lebensjahr, ab 2008 höchstens bis zum 25. Lebensjahr weitergezahlt. Es wird nicht mehr gezahlt, wenn Kinder mehr als eine bestimmte Summe im Jahr verdienen. Wenn Kinder wegen einer Behinderung nicht in der Lage sind, je ihren Lebensunterhalt selber zu verdienen, wird das Kindergeld ohne zeitliche Begrenzung gezahlt.

Kinderrechte/ Kinderrechtskonvention

Am 20. November 1989 haben die **Staaten** der **UNO** eine wichtige **Konvention** (Übereinkommen) unterschrieben. Hierin sind die Rechte der Kinder zusammengefasst. Denn die Achtung der Kinderrechte ist eine wichtige Voraussetzung für ein friedliches Zusammenleben der Menschen. Da Kinder nicht so stark sind wie Erwachsene und sich oft nicht wehren können, wenn ihnen Unrecht geschieht, brauchen sie besonderen Schutz. Schon vor etwa 100 Jahren haben das viele Staaten erkannt und die so genannte „Genfer Erklärung über die Rechte der Kinder" niedergeschrieben. Jetzt hat die UNO diese „Genfer Erklärung" von 1924 erweitert und verbessert. Die Kinderrechtskonvention hat über 50 Artikel. Darin heißt es unter anderem, dass die Kinder vor Ausbeutung und Gewalt geschützt werden müssen und dass sich die Staaten darum kümmern sollen. Sie sollen dafür sorgen, dass Kinder nicht mehr verhungern, dass sie keine **Kinderarbeit** leisten müssen, dass sie nicht misshandelt werden. Dass es trotz der Konvention immer noch viel Gewalt gegen Kinder, Ungerechtigkeit und Ausbeutung gibt, ist leider eine traurige Tatsache.

Kindersoldaten

Mit dieser Bezeichnung sind Kinder und Jugendliche unter 18 Jahren gemeint, die in **Kriegen** und Aufständen kämpfen. Nach Schätzungen der **UNO** gibt es weltweit über 300 000 Kindersoldaten, darunter alleine in Afrika 200 000. Es ist zwar seit 2002 international verboten, dass Kinder und Jugendliche in Kriegen kämpfen, doch nicht alle Länder halten sich an das Verbot. Wie kommt es aber, dass Kinder als Kämpfer, als Kuriere, als **Spione** oder sogar zur Minenräumung eingesetzt werden? Oft werden sie gar nicht gefragt, sondern brutal aus ihren Dörfern entführt und unter Gewaltandrohung zum Kampf gezwungen. Oft werden die Kinder auch unter **Drogen** gesetzt und auf diese Weise willenlos gemacht. Viele Kindersoldaten werden mit falschen Versprechungen angeworben. Ihnen wird gesagt, sie könnten viel Geld verdienen und so ihre armen Familien unterstützen. Die erwachsenen **Soldaten (→ Streitkräfte/Armee)** zeigen ihnen, wie sie mit Waffen umgehen und andere Menschen töten. Was die Kindersoldaten im Krieg erleben, ist oft so grausam, dass sie ihr ganzes späteres Leben unter den Erinnerungen leiden.

Internationale Organisationen wie zum Beispiel das UNO-Kinderhilfswerk **UNICEF** versuchen, diesen Kindern zu helfen. Wenn sie aus den Armeen oder Truppen, für die sie gekämpft haben, befreit sind, werden die ehemaligen Kindersoldaten in besondere Kinderheime gebracht. Dort hilft man ihnen dabei, die schrecklichen Erlebnisse zu verarbeiten. Man versucht, ihnen eine Ausbildung zu ermöglichen, damit sie ein neues Leben beginnen können.

Koalition

Das Wort kommt von dem lateinischen Begriff „coalescare", auf Deutsch „zusammenwachsen". Der Begriff bezeichnet ein Bündnis unabhängiger Partner oder **Parteien**, das sich für einen bestimmten Zweck zusammengefunden hat. Meist wird ein solches Koalitionsbündnis nur für eine bestimmte Zeit vereinbart, wenn zum Beispiel Parteien alleine nicht genügend Stimmen haben, um **regieren** zu können. Ein solches Regierungsbündnis, das eine breite **Mehrheit** im **Parlament** hat, schafft es leichter, **Gesetze** durchzusetzen. Es kommen auch Koalitionen zwischen ganz unterschiedlichen **Staaten** vor, die aber einen gemeinsamen Zweck verfolgen. Und jeder von euch kennt natürlich auch Koalitionen. Eigentlich ist jede Fußballmannschaft eine Koalition, denn unterschiedliche Leute haben sich verbündet, um das Spiel zu gewinnen.

Kolonialismus/Kolonien

Im Laufe der letzten 200 Jahre haben viele **europäische Staaten** Länder in anderen Erdteilen unterworfen. Diese Länder konnten sich gegen die Übermacht der Europäer nicht wehren und wurden zu so genannten Kolonien (aus dem Lateinischen „colonia", was „Ansiedlung außerhalb des römischen Bürgergebietes" bedeutet). Diese Eroberungspolitik bezeichnet man als Kolonialismus. Die fremden Länder wurden oft nur deshalb unterworfen, weil die Eroberer die Schätze der fremden Länder für sich haben wollten. Das konnten Goldschätze sein oder Diamanten. Auch kaufte man für wenig Geld in den fremden Ländern Gewürze, Tee, Kaffee, Tabak oder Südfrüchte und verkaufte diese dann für viel Geld in den Heimatländern. Die ersten Kolonien wurden von den großen Seefahrernationen Großbritannien, Spanien, Portugal, Frankreich und den Niederlanden erobert. **Deutschland (→ Bundesrepublik Deutschland)**, das kein klassisches Seefahrerland war, hatte nur für kurze Zeit (bis zum Ende des **Ersten Weltkrieges (→ Erster Weltkrieg)**) wenige Kolonien in Afrika. Spanien hatte Kolonien in Mittel- und Südamerika und England in Asien und im Nahen Osten. Diese Kolonien wurden von deutschen, französischen, englischen und spanischen **Beamten** verwaltet. Die Menschen, die in den Kolonien lebten, waren den fremden Herrschern untertan und hatten oft keine eigenen Rechte. Bis zum Ausbruch des Ersten Weltkrieges im Jahre 1914 lebte mehr als die Hälfte aller Menschen dieser Welt in Kolonien. Erst nach dem Ende des **Zweiten Weltkrieges (→ Zweiter Weltkrieg)** im Jahre 1945 gaben die europäischen Staaten ihre Kolonien allmählich wieder auf, so dass diese Länder unabhängig wurden. Etliche von ihnen leiden bis heute darunter, dass sie so lange von fremden Staaten beherrscht wurden.

Kommission

Dieser lateinische Ausdruck hat zwei Bedeutungen. Einmal heißt er „Ausschuss". In einen Ausschuss werden Frauen und Männer zum Beispiel vom **Bundestag (→ Deutscher Bundestag)** oder einer Regierungsstelle berufen, um eine bestimmte Sache zu untersuchen. Am Ende legt diese Untersuchungskommission einen Bericht vor. Oder ein **Minister/in** oder eine Ministerin stellt eine Experten-Kommission zusammen, die helfen soll, Entscheidungen in schwierigen Fragen zu treffen. Jede **Regierung** beschäftigt solche Kommissionen, weil Fachleute sich in bestimmten Gebieten besonders gut auskennen und deshalb die Regierung beraten können. In einem Abschlussbericht geben die Kommissionen der Regierung bestimmte Empfehlungen. Es gibt Kommissionen, die aufgelöst werden, nachdem ihre Arbeit erledigt ist. Andere Kommissionen, wie zum Beispiel die **Kommission der EU**, bestehen dauernd.
Eine zweite Bedeutung des Wortes „Kommission" ist „Auftrag". Ich kann mein Auto einem Händler in Kommission geben. Das bedeutet, dass er das Auto in meinem Auftrag verkauft. Aus Krimis kennt ihr den „Kommissar" oder die „Kommissarin". Sie haben vom **Staat** den Auftrag Verbrechen aufzuklären.

Kommission der EU

Diese **Kommission** soll darauf aufpassen, dass in den Ländern der **Europäischen Union** alle Beschlüsse auch wirklich durchgeführt werden. Die Kommission besteht aus den EU-Kommissaren und EU-Kommissarinnen, die von den **Regierungen** der EU-**Staaten** vorgeschlagen und für fünf Jahre ernannt werden. Jeder EU-Staat stellt einen EU-Kommissar oder eine EU-Kommissarin, der oder die ein bestimmtes Aufgabengebiet hat.
Nehmen wir an, ein Staat macht mehr Schulden, als es nach den EU-Verträgen erlaubt ist. Dann wird der Kommissar für Währungsfragen diesen Staat ermahnen. Der Staat muss dann gegenüber der Kommission erklären, wie er seine Schulden wieder abtragen will. Schafft der Staat das nicht, wird der EU-Kommissar ein Bußgeld verhängen. Die EU-Kommission ist also eine Art **europäische Exekutive (→ Gewaltenteilung)**.

Kommunismus

Dieser Begriff geht auf das lateinische Wort „communis" zurück, was „gemeinsam" bedeutet. Der Kommunismus hat eine bestimmte Vorstellung von einer idealen menschlichen **Gesellschaft**: Allen Menschen sollen gemeinsam die Produktionsmittel gehören, die für den Lebensunterhalt notwendig sind. Das sind zum Beispiel Geräte und Maschinen, das Land, auf dem angepflanzt wird, die Tiere, von denen die Menschen leben, die Häuser, in denen sie wohnen. Nach dieser Vorstellung, die es schon im Altertum gab, sollen alle Dinge, die gemeinsam hergestellt werden, auch gerecht verteilt werden.

Als **politische** Lehrmeinung entstand der Kommunismus im 19. Jahrhundert, als die **Industrialisierung** begann. Immer mehr Menschen mussten damals in den Fabriken für wenig Lohn arbeiten. Diejenigen, denen die Maschinen und Fabriken gehörten (die so genannten „**Kapitalisten**"), wurden immer reicher, ohne aber die Arbeiter an diesem Wohlstand teilhaben zu lassen. Karl Marx (1818–1883) machte sich Gedanken darüber, wie man die **Wirtschaft** und den technischen Fortschritt gerecht gestalten könnte. In seinem Buch „Das kommunistische **Manifest**", das Karl Marx gemeinsam mit Friedrich Engels geschrieben hat, forderte er das Ende der „Ausbeutung des Menschen durch den Menschen". Das Privateigentum sollte abgeschafft werden. Der technische Fortschritt sollte allen und nicht nur einigen wenigen zugutekommen. Auf diese Weise würde über kurz oder lang eine klassenlose Gesellschaft entstehen, in der alle Menschen **gleichberechtigt** wären. Keine bestimmte Gruppe in der Gesellschaft würde bevorzugt. Die Lehre von Marx wurde „Marxismus" genannt. Dieser Grundgedanke wurde von anderen Denkern (zum Beispiel Wladimir Iljitsch Lenin) weiterentwickelt und im 20. Jahrhundert Grundlage verschiedener politischer Herrschaftsformen. Nach der so genannten russischen Oktoberrevolution im Jahr 1917, in der Lenin eine führende Rolle spielte, entstand in der Sowjetunion eine Staats- und Gesellschaftsordnung, die als Endziel eine kommunistische Gesellschaft anstrebte. Auf dem Weg zu einer solchen Gesellschaft sollte als Vorstufe der **Sozialismus** verwirklicht werden. Neben der Sowjetunion gab es noch viele andere Länder, die auf unterschiedliche Weise versucht haben, den Kommunismus zu verwirklichen.
Mit dem Ende der Sowjetunion (1991) als der größten Macht des Kommunismus ist diese Bewegung weitgehend zum Stillstand gekommen oder ganz verschwunden. Als Lehre wird der Kommunismus heute kaum noch verbreitet.

Kompromiss

Das Wort kommt aus dem Lateinischen. Es bedeutet so viel wie „Übereinkunft". Es gibt einen Kompromiss, wenn sich Menschen gegenseitig Zugeständnisse machen. Das wäre zum Beispiel der Fall, wenn zwei Freunde sich nicht über ein Reiseziel einigen können. Der eine will ans Meer, der andere in die Berge. Sie fahren dann vielleicht nach einigem Suchen und weiteren Gesprächen an eine Küste oder einen See, wo auch Berge in der Nähe sind. In der **politischen** Arbeit müssen ständig Kompromisse eingegangen werden, wenn Ziele erreicht werden sollen. Das ist vor allen Dingen dann der Fall, wenn zwei oder mehrere **Parteien** ein Bündnis, eine **Koalition** bilden wollen, um zu **regieren**. Jede Partei muss ein Stück ihrer eigenen Interessen und Vorstellungen aufgeben, damit eine Einigung mit den anderen zustande kommt. Nicht umsonst gebraucht man für ein solches Bündnis auch das Wort „Koalitionskompromiss".

Konflikt

Jeder von uns hat schon einmal mit Freunden oder in der **Familie** Streit gehabt. Meistens beginnt es so, dass man unterschiedliche Meinungen hat und sich nicht einigen kann. Der Begriff „Konflikt" kommt vom lateinischen Wort „confligere", das „zusammenschlagen" oder „zusammenprallen" bedeutet. Bei einem Konflikt gibt es zwischen Menschen, einzelnen Gruppen oder **Staaten** ein Problem, das für alle Beteiligten wichtig ist und geklärt werden muss. Aber auch ein einzelner Mensch kann mit sich selber im Konflikt liegen. Wenn ein guter Freund beispielsweise von mehreren Personen angegriffen wird, haben wir sicher den Wunsch, ihm zu helfen. Gleichzeitig haben wir aber auch Angst, selbst angegriffen zu werden. Diesen Konflikt müssen wir mit uns selber lösen, indem wir uns entscheiden, was wir tun.
Es gibt Konflikte, die sich über Jahre immer mehr verstärken und ganze Regionen oder Staaten in einen Dauerstreit (Dauerkonflikt) bis hin zum **Krieg** bringen. Die bisher nicht zu lösenden Probleme zwischen den Nahost-Staaten Israel, den Palästinensischen **Autonomen** Gebieten und den arabischen Nachbarstaaten zum Beispiel nennt man „**Nahostkonflikt**". Da diese Auseinandersetzungen aber meist mit **militärischen** **(→ Streitkräfte/Armee)** und **terroristischen** Taten ausgetragen werden, ist das Wort „Konflikt" in diesem Falle eigentlich zu schwach.

König
→ Monarchie

Konstitutionell
→ Monarchie

Konsum
Mit diesem aus dem Lateinischen kommenden Wort ist allgemein der private Verbrauch von alltäglichen Gütern gemeint wie zum Beispiel Lebensmittel, Kleidung oder eine CD. Auch ein Kino- oder ein Restaurantbesuch gehören zu diesen Konsumgütern. Wenn Menschen konsumieren, geben sie Geld aus. Daher hört man von Politikern manchmal den Satz: „Die Steigerung des privaten Konsums kurbelt die **Wirtschaft** an." Denn wenn viel konsumiert wird, muss von der Wirtschaft auch mehr produziert werden.
Da das Einkaufen und Verbrauchen heute eine große Rolle spielen, spricht man auch von einer „Konsumgesellschaft", in der wir leben. Manche Menschen kritisieren, dass in der Konsumgesellschaft auch viel Unnötiges produziert und verbraucht wird.

Konvention
Eine Konvention ist eine „Übereinkunft" (so die Übersetzung aus dem Lateinischen), einfacher gesagt, ein Abkommen oder ein Vertrag zwischen mehreren **Staaten**. In den internationalen Beziehungen gibt es viele Konventionen. Zum Beispiel die Konvention über das Verbot zur Entwicklung, Herstellung und Lagerung **biologischer Waffen (→ Massenvernichtungswaffen)**, die im März 1975 geschlossen wurde und die inzwischen 140 Staaten unterschrieben haben. Oder die Konvention über das Verbot zur Herstellung und zum Einsatz chemischer Waffen, die 1997 in Kraft trat. 130 Staaten haben sich dazu verpflichtet, sich an diese Übereinkunft zu halten.
Mit dem Begriff „Konvention" bezeichnet man auch Umgangs- oder Verhaltensregeln, die von den meisten Menschen erwartet und eingehalten werden. So grüßt man freundlich, wenn man einen Nachbarn trifft, jüngere Leute überlassen älteren Menschen in der U-Bahn oder im Bus ihren Sitzplatz oder lassen ihnen den Vortritt am Fahrstuhl. Man zieht zu bestimmten Gelegenheiten einen Schlips an, im Restaurant verhält man sich leise. Wenn man gegen diese Regeln verstößt, ist das natürlich nicht strafbar. Es wird höchstens geschimpft, wenn sich ein anderer in der Schlange vordrängelt und damit eine Konvention nicht beachtet.

Konzentrationslager (KZ)
Konzentrationslager gab es in **Deutschland (→ Bundesrepublik Deutschland)** in der Zeit des **Nationalsozialismus**. Das waren Lager, in denen Menschen eingesperrt wurden, weil die Nationalsozialisten sie aus dem Weg räumen wollten. Wer in einem KZ war, hatte keine Möglichkeit, sich dagegen zu wehren, er war den Aufsehern hilflos ausgeliefert.
In die Konzentrationslager der Nationalsozialisten wurden **Juden**, **Sinti** und **Roma (→ Nationale Minderheit)** und andere Menschen verschleppt. Sie haben dort unter schlimmsten Bedingungen versucht zu überleben. Sie litten unter Hunger und **Folter** und mussten zudem schwerste Zwangsarbeit leisten. Viele Menschen, auch viele Kinder, wurden in den Lagern getötet. Ab 1941 gab es in Deutschland KZs, in denen Menschen systematisch ermordet wurden. Mehr als 6 Millionen Juden sind Opfer des **Holocaust** geworden. Das größte Vernichtungslager war in Auschwitz, dem heutigen Oswiecim (Polen). Man kann es heute noch besuchen. Der unvorstellbare Menschenhass der Nazis wurde bereits am Eingangstor des Lagers sichtbar. Die Aufschrift „Arbeit macht frei" war menschenverachtend, denn die Arbeit, die die **Häftlinge (→ Gefängnis)** in den Lagern leisten mussten, machte nicht frei, sondern bedeutete für viele Millionen den Tod. Es hat sowohl vor dem Nationalsozialismus als auch danach in vielen Ländern der Welt immer wieder Konzentrationslager gegeben, in denen **diktatorische Regierungen** ihre Gegner gefangen hielten, quälten und töteten. Aber Vernichtungslager, in denen viele Millionen Menschen systematisch ausgerottet wurden, gab es nur unter den Nationalsozialisten.

Korruption
Aus dem Lateinischen übersetzt heißt das Wort „Bestechlichkeit", „Verderbtheit", „Verfall". Spricht man von Korruption, bedeutet es, dass jemand seine berufliche Stellung oder sein öffentliches **Amt** dazu missbraucht, um sich einen Vorteil zu verschaffen und dabei andere zu schädigen. Das ist verboten. Ein ein-

faches Beispiel: Nehmen wir einen **Beamten** in einer Stadtverwaltung, der darüber zu entscheiden hat, welche Firma eine von der Stadt geplante Straße bauen darf. Die Firma kann mit einem solchen Auftrag viel Geld verdienen und versucht deshalb, den Beamten heimlich mit Geld zu bestechen. Wenn dieser das Geld nimmt und den Straßenbau-Auftrag an die Firma vergibt, ist er korrupt. Jeder, dem man Korruption nachweisen kann, wird bestraft.

Kredit

Unter „Kredit" versteht man das Geld, das sich jemand für eine bestimmte Zeit bei einem anderen Menschen oder bei einer Bank ausleiht. Derjenige, der das Geld gibt (der Kreditgeber oder auch Gläubiger), vertraut darauf, dass der Kreditnehmer (Schuldner) das Geld irgendwann zurückzahlt. Normalerweise kostet ein Kredit Geld. Diesen Preis, den man für einen Kredit bezahlen muss, nennt man „**Zinsen**".
Alle, die ein Sparbuch haben, sind Gläubiger. Wer Geld auf ein Sparbuch einzahlt, gibt der Bank einen Kredit. Die Bank bezahlt dafür Zinsen, die sie im Sparbuch einträgt.

Krieg

Krieg entsteht, wenn **Regierungen** und **Politiker** verschiedener Länder nicht mehr miteinander reden, um ihre **Konflikte** auf friedliche Weise zu lösen. Dann versuchen diese **Staaten**, den Streit gewaltsam mit Waffen und **Militär (→ Streitkräfte/Armee)** zu lösen. Kommt es zum Krieg, gibt es immer viele Verletzte und Tote. Die Menschen leiden unter den Folgen eines Krieges oft auch dann noch, wenn der Krieg schon lange vorbei ist. Weil Kriege so grausam sind, sollten die Staaten immer versuchen, Konflikte auf friedlichem Wege zu lösen. Dass das möglich sein kann, zeigt das Beispiel von **Deutschland (→ Bundesrepublik Deutschland)** und Frankreich. Sie waren sehr lange verfeindet und haben viele Kriege gegeneinander geführt. Inzwischen sind aus den früheren Feinden befreundete Staaten geworden.
Trotz vieler solcher Beispiele gibt es auf der Welt immer wieder Kriege. Es gibt Angriffs- oder Verteidigungskriege, Eroberungs-, Befreiungs- und Glaubenskriege oder Kriege, mit denen man einem anderen Krieg zuvorkommen will. Kriege werden zu Land, zur See oder in der Luft ausgetragen oder überall zugleich. Wenn es sich um einen Krieg zwischen Volksgruppen innerhalb eines Staates handelt, nennt man das „**Bürgerkrieg**".
In früheren Jahrhunderten wurde der Krieg mit Feuerwaffen, Gewehren und Kanonen geführt. Mit den **Massenvernichtungswaffen**, die heute viele Staaten besitzen – Atomwaffen, biologische und chemische Waffen – kann man nicht nur Menschen töten, sondern die Welt lange unbewohnbar machen. Zwar hoffen alle Politikerinnen und Politiker, dass diese Waffen in den Kriegen nicht eingesetzt werden, aber niemand kann das sicher sagen. Aufgrund dieser Gefahren schließen sich auf der ganzen Welt immer wieder Millionen von Menschen zu Protestaktionen gegen den Krieg zusammen.

Kriegsrecht

Das Kriegsrecht ist ein Teil des **Völkerrechts**. Es sind Verträge, in denen genau steht, wie sich alle Beteiligten im Krieg zu verhalten haben. Früher hat zum Beispiel der **König (→ Monarchie)** eines Landes selbst bestimmt, ob er gegen ein anderes Land Krieg führt, um seine Ziele durchzusetzen. Das nannte man Kriegsfreiheit. Doch 1928 haben mehrere **Staaten** in Paris einen Vertrag geschlossen (den Kriegsächtungspakt)

und festgelegt, dass ab diesem Zeitpunkt nicht mehr Kriegsfreiheit, sondern Kriegsverbot gelten solle. Im Laufe der Zeit haben immer mehr Staaten diesen Vertrag unterschrieben. Ein Angriffskrieg ist also nach dem Kriegsrecht verboten.
Trotzdem entwickeln sich aus Streitigkeiten zwischen Staaten immer wieder Kriege. Damit der angegriffene Staat sich wehren kann, hat er das Recht, sich selbst zu verteidigen. Wenn ihm ein anderer Staat mit Krieg droht, darf der bedrohte Staat selbst einen Krieg beginnen (das nennt man dann „Präventivkrieg").
Die Regeln und Grundsätze, die während eines **Krieges** gelten sollen, sind unter anderem im **Haager Abkommen** und in der **Genfer Konvention** aufgeschrieben. Diese Regeln bestimmen zum Beispiel, dass Kriegsgefangene menschenwürdig behandelt werden müssen oder dass **Zivilisten**, also Menschen, die keine **Soldaten (→ Streitkräfte/Armee)** sind, nicht gefangen genommen werden dürfen.
Auch wenn viele Staaten diese Regeln offiziell anerkennen, heißt das leider nicht, dass sie sich im Kriegsfall auch immer daran halten.

Kriegsverbrechen

Im **Kriegsrecht** ist vorgeschrieben, wie sich die **Krieg** führenden **Staaten** zu verhalten haben. Es ist zum Beispiel verboten, die **Zivilbevölkerung** grausam zu behandeln und **Soldaten (→ Streitkräfte/Armee)** oder Truppen, die sich ergeben, zu töten. Wer das tut, begeht ein Kriegsverbrechen. Auch Plünderungen sind nicht erlaubt. Plündern bedeutet, dass fremde Geschäfte und Wohnungen einfach leer geräumt werden oder Kunstschätze, die dem besetzten Staat gehören, gestohlen werden. Weiterhin ist es auch verboten, besetzte Gebiete wirtschaftlich auszubeuten. Wenn man Fabriken, in denen keine Waffen, sondern Lebensmittel hergestellt werden, zerstört oder abbaut, wäre das eine wirtschaftliche Ausbeutung. Es dürfen auch keine Menschen, die nicht dem eigenen Staat angehören, gezwungen werden, für die Besetzer zu arbeiten (als Zwangsarbeiter). Eines der schlimmsten Verbrechen, die in einem Krieg geschehen können, ist der Völkermord. Das ist die Vernichtung eines ganzen **Volkes** oder einer Volksgruppe durch die Sieger.
Wer im Krieg gegen diese Vorschriften verstößt, also ein Kriegsverbrechen begeht, kann vor dem **Internationalen Gerichtshof** angeklagt werden.

Kultur/Kulturkreis

Kultur umfasst alles, was der Mensch geschaffen hat. Unter „Kultur" verstehen wir auch die Art und Weise, wie das Zusammenleben der Menschen gestaltet ist. Stellt euch vor, ihr landet zusammen mit einigen Leuten auf einer einsamen Insel, die noch kein Mensch zuvor betreten hat. Als Erstes werdet ihr sicher die Insel erkunden und dann besprechen, was ihr tun müsst, um zu überleben – zum Beispiel Früchte sammeln, Fische fangen, Trinkwasserquellen suchen, Werkzeuge und Hütten bauen. Aber wie fängt man Fische? Wer holt das Wasser? Wie verbringt ihr eure Freizeit? Was tut ihr, wenn es Streit gibt? Mit der Zeit werdet ihr gemeinsam Regeln aufstellen, um euer Zusammenleben auf eine friedliche Weise zu ordnen. Zur Kultur gehört also auch eine **Gesellschaftsordnung**. Doch auch Sprache, **Religion**, **Wirtschaft**, der Umgang mit der Natur, Kunstgegenstände, Musik, Literatur, Traditionen und Bräuche sind Bestandteile der menschlichen Kultur – also alles, was die Menschen mit ihren Händen, mit ihrer Intelligenz und ihrer Phantasie selber gemacht haben.
Da die Lebensweise der Menschen nicht überall auf der Welt gleich ist, spricht man von „Kulturkreisen", denen die einzelnen Volksgruppen wie Araber, Inuit (Eskimos) oder **Europäer** angehören.
Von „Kultur" wird auch in der Biologie gesprochen, wenn etwa auf bestimmten Böden Pflanzen gezüchtet oder mit geeigneten Methoden Bakterien oder andere Zellenarten herangezogen werden, um sie – als Beispiel – zur Schädlingsbekämpfung oder in der Arzneimittelforschung einzusetzen.

Landtag

„Landtag" nennt man die Volksvertretung, also das **Parlament** in einem **Bundesland**. Seine Aufgaben ähneln denen des **Deutschen Bundestages**. Sie beschränken sich aber auf das jeweilige Bundesland, also zum Beispiel auf Nordrhein-Westfalen oder Bayern. Landtage kontrollieren die Arbeit der **Landesregierung (→ Regierung)** und beschließen **Gesetze**. In Bremen und Hamburg heißen die Landesparlamente „Bürgerschaft", in Berlin nennt sich das Landesparlament „Abgeordnetenhaus".

Landtagspräsident

→ Landtag

Landtagswahl

→ Landtag

Legislaturperiode

In **demokratischen Staaten** wird ein **Parlament** nur für einen bestimmten Zeitraum gewählt, der **Deutsche Bundestag** zum Beispiel nur für vier Jahre. Danach wird wieder neu gewählt. Diesen Zeitraum nennt man eine Legislaturperiode. In dem Wort steckt der Begriff „Legislative" (auf Deutsch: „gesetzgebende Gewalt"), den ihr schon unter dem Stichwort „**Gewaltenteilung**" kennen gelernt habt. Eine Legislaturperiode ist also die Zeitspanne, in der ein gewähltes Parlament **Gesetze** macht (und auch seine sonstige Arbeit erledigt). Wenn das Parlament nach Ende der vom Gesetz festgelegten Zeit wieder aufgelöst wird, ist das Ende der Legislaturperiode erreicht. Damit endet dann auch die Amtszeit der jeweiligen **Regierung**.

Liberalismus

Liberalismus (vom lateinischen „liber", das heißt „frei") ist eine Weltanschauung, die die **Freiheit** und damit die freie Entfaltung des einzelnen Menschen in den Mittelpunkt rückt.
Über viele Jahrhunderte wurden die Menschen geistig, **wirtschaftlich** und **politisch** durch den Staat, in dem sie lebten, bevormundet. Das änderte sich nur sehr langsam. Zu Beginn des 19. Jahrhunderts entstand eine politische Bewegung, welche die Beschränkung der **staatlichen** Macht gegenüber den **Bürgern** forderte. Dies war der Liberalismus. Er forderte zudem die Durchsetzung der **Menschenrechte (→ Grundrechte/ Menschenrechte)**, die Meinungs- und Gewissensfreiheit, die **Pressefreiheit** und betonte die Gleichheit aller Menschen vor dem **Gesetz**.
Man unterschied von Anfang an zwischen politischem und wirtschaftlichem Liberalismus. In der Politik ging es darum, die Macht des Staates zu beschränken. Den Menschen sollte nicht vorgeschrieben werden, was sie zu denken und zu glauben hatten. Tun können, was man will, so lange dadurch nicht die Rechte eines anderen Menschen verletzt werden, dies sollte als Grundsatz gelten. Auch das Prinzip der **Gewaltenteilung** in den Staatsverfassungen hat im Liberalismus seinen Ursprung.
Im Hinblick auf das wirtschaftliche Handeln bedeutete Liberalismus, dass der Markt sich selber regulieren sollte, ohne Bevormundung durch den Staat. Jeder Mensch sollte, so hieß es, die Möglichkeit haben, Privateigentum zu erwerben und damit zu wirtschaften. Dass aber in einem solchen Wirtschaftssystem, in dem allein der Markt entscheidet, die Armen zumeist immer ärmer und die Reichen immer reicher wurden, war unverkennbar. Nach dem **Zweiten Weltkrieg** hat man sich in **Deutschland (→ Bundesrepublik Deutschland)** für eine **soziale Marktwirtschaft** entschieden und dabei bewusst Grenzen für die **freie Marktwirtschaft** gesetzt.
Heutzutage sind Überlegungen des Liberalismus in viele politische, wirtschaftliche und soziale Denkweisen eingeflossen.

Lobby/Lobbyismus

Das englische Wort „Lobby" bezeichnete ursprünglich den Vorraum oder die Eingangshalle des englischen Parlamentsgebäudes. Dort unterhielten sich die **Abgeordneten** mit Personen, die keine gewählten Abgeordneten waren und daher nicht in den Sitzungssaal durften. Heute bezeichnet der Begriff „Lobby" eine Interessenvertretung in der Politik. Die Lobby kann zum Beispiel einen Wirtschaftszweig vertreten, einen Sportverband oder eine Umweltschutzorganisation. Es können zum Beispiel auch Mitglieder von Schülervertretungen oder Lehrerverbänden sein, die wollen, dass mehr Lehrer eingestellt und die Klassen kleiner werden. Die Personen, die für die Lobby arbeiten, nennt man „Lobbyisten". Sie versuchen, zum Beispiel durch Gespräche Einfluss auf Entscheidungen von Politikern zu nehmen. Für die Politiker ist es wichtig, mit den Lobbyisten zu sprechen, weil sie von ihnen viele Informationen bekommen, die ihnen helfen, die richtigen Entscheidungen zu treffen. Der Lobbyismus spielt deshalb in **Deutschland (→ Bundesrepublik Deutschland)** eine große Rolle bei **politischen** Entscheidungen.

Majestät

Schon im alten Rom gab es diesen Titel für Kaiser und Kaiserinnen. „Majestät" kommt aus dem Lateinischen und bedeutet so viel wie „Größe", „Würde", „Erhabenheit". Im alten Rom galt dieses als göttliche Eigenschaft. Deshalb wurden manche römischen Kaiser auch wie Götter verehrt. Im Mittelalter wurde der Titel „Majestät" für die deutschen Kaiser gebraucht und ab Mitte des 16. Jahrhunderts auch für mächtige Könige und Königinnen. Aber damit wurden diesen Herrschern keine göttlichen Eigenschaften mehr zugeschrieben. Bis heute hat sich der Titel „Majestät“ in **Monarchien** erhalten. Übrigens wurde zu allen Zeiten Majestätsbeleidigung schwer bestraft.

Mandat

Wie so viele fachliche Bezeichnungen stammt auch dieses Wort aus dem Lateinischen und bedeutet „Auftrag“, „Weisung“. Ein gewählter **Abgeordneter** im **Deutschen Bundestag**, in einem Stadt- oder **Landesparlament (→ Landtag)** oder zum Beispiel auch eine Schulsprecherin hat einen bestimmten Auftrag ihrer **Wählerinnen (→ Wahlen)** und Wähler erhalten. Sie hat das Mandat, sie zu vertreten. Auch eine **Rechtsanwältin** kann das Mandat (den Auftrag) erhalten, jemanden rechtlich zu beraten, dessen Interessen zu vertreten und einen Angeklagten beispielsweise vor **Gericht** zu verteidigen. Dieser ist dann ihr Mandant.

Manifest

Das Wort kommt aus dem Lateinischen und bedeutet „Grundsatzerklärung“. Vor wichtigen **Wahlen** verfasst eine **Partei** manchmal ein Wahlmanifest. Darin schreibt sie ihr Programm auf. Die **Bürger** sollen schließlich genau wissen, was sie erwartet, wenn diese Partei an die **Regierung** kommt.

Im Jahre 1848 wurde in London ein später sehr berühmt gewordenes Manifest veröffentlicht: das „**Kommunistische** Manifest“. Es war das **politische** Programm des kurz zuvor gegründeten „Bundes der Kommunisten“. Geschrieben haben es die Deutschen Karl Marx und Friedrich Engels.

Massenvernichtungswaffen

Als „Massenvernichtungswaffen“ bezeichnet man bestimmte **militärische (→ Streitkräfte/Armee)** Waffen oder Kampfstoffe. Wenn diese Waffen eingesetzt werden, können Hunderte, Tausende oder sogar Hunderttausende von Menschen sterben. Als die USA 1945 im **Krieg** gegen Japan über Hiroshima zum ersten Mal in der Geschichte der Menschheit eine Atombombe abwarfen, starben innerhalb von wenigen Stunden fast 200 000 Menschen. Massenvernichtungswaffen werden auch ABC-Waffen genannt. Das „A“ steht für Atomwaffen. Das „B“ steht für bakteriologische Waffen. Schlimme Krankheitserreger (Bakterien) können von Flugzeugen oder Raketen aus versprüht werden. Die Menschen, die damit in Berührung kommen, erkranken an Pest, Cholera, Typhus, Milzbrand und anderen schrecklichen Seuchen. Das „C“ steht für chemische Waffen. Granaten, Raketen oder Flugzeuge werden mit chemischen Mitteln, zum Beispiel mit Nervengasen, ausgerüstet, die dann versprüht werden. Viele Menschen werden dadurch getötet oder lebensgefährlich verletzt. Die **UNO** ist seit Jahren bemüht, die Länder, die im Besitz dieser Massenvernichtungswaffen sind, durch Verhandlungen, Verträge und **Konventionen** dazu zu bringen, diese nicht einzusetzen oder sie wieder zu vernichten.

Maut

Habt ihr schon einmal in den Ferien erlebt, dass eure Eltern zum Beispiel in Italien, Spanien oder Frankreich Gebühren für die Benutzung von Schnellstraßen und Autobahnen bezahlt haben? In Österreich kauft man ein kleines Schildchen (eine „Vignette“), das auf die Windschutzscheibe des Autos geklebt wird. Damit darf man dann die Autobahnen für die Zeit benutzen, für die man die Gebühr entrichtet hat. In **Deutschland (→ Bundesrepublik Deutschland)** müssen LKW eine Mautgebühr zahlen, wenn sie Autobahnen benutzen. Viele Länder lassen sich die Benutzung bestimmter Straßen, manchmal auch Brücken und Tunnel bezahlen. Das Wort „Maut“ stammt aus dem Gotischen („mota“) und bedeutet „**Zoll**“, „Abgabe“ oder „Wegegeld“.

Medien

Wenn wir fernsehen, Radio hören, uns in der Bibliothek ein Buch ausleihen oder **Zeitung** lesen, nutzen wir Medien. Wenn wir durchs Internet surfen, sind wir mit anderen Computern in der Welt verbunden und nutzen die elektronischen Medien. Medien (das Wort kommt vom lateinischen „medium“ und bedeutet so viel wie „Vermittler“) sind also Mittel oder bestimmte Verfahren, mit denen **Nachrichten** und Informationen verbreitet werden, auch Bilder und Filme. Man kann sich durch Medien weiterbilden, sich informieren, Ideen austauschen oder sich einfach unterhalten. Und weil sehr viele Menschen das beim Fernsehen oder Zeitungslesen tun, nennt man solche Medien auch „Massenmedien“. Diejenigen, denen solche Medien gehören, etwa eine Fernsehstation oder ein Verlagshaus,

erreichen sehr viele Menschen und haben also viele Möglichkeiten, die Meinung dieser Menschen zu beeinflussen. Deshalb ist es sinnvoll, sich in möglichst verschiedenen Medien zu informieren.

Mehrheitsprinzip

Bei einer Abstimmung – ob in der Schule bei der **Wahl** der Klassensprecherin oder bei der Wahl für ein **Bürgermeisteramt** – wird nach dem **Mehrheitswahlrecht** entschieden. Es gibt unterschiedliche Mehrheiten. Man unterscheidet zwischen absoluter und relativer (auch einfacher) Mehrheit. Außerdem gibt es den Begriff der „qualifizierten Mehrheit“.
Die absolute Mehrheit ist dann erreicht, wenn eine Person oder eine **Partei** mehr als die Hälfte aller Stimmen bekommt.
Beispiel: Es gibt 100 abgegebene Stimmen. Auf Hannah entfallen 60, auf Udo 25, auf Max 15 Stimmen. Hannah hat die absolute Mehrheit.
Die relative Mehrheit ist dann erreicht, wenn eine Person oder Partei die meisten Stimmen bei einer Wahl erreicht, aber nicht mehr als die Hälfte aller Stimmen.
Beispiel: Es gibt 100 abgegebene Stimmen. Auf Udo fallen 45, auf Hannah 35, auf Max 20 Stimmen. Udo hat die relative Mehrheit.
Bei manchen Abstimmungen im **Parlament** muss eine so genannte qualifizierte Mehrheit erreicht werden. Das heißt, es muss entweder mehr als die Hälfte der Stimmen erreicht werden, manchmal auch eine Zweidrittel-Mehrheit oder eine Drei-Viertel-Mehrheit aller Stimmen.
Diese unterschiedlichen Mehrheiten sind in einer **Demokratie** sehr wichtig. Es ist das Mehrheitsprinzip, nach dem oftmals Entscheidungen getroffen werden: Bei Abstimmungen und Wahlen setzt sich der Wille der Mehrheit gegenüber der **Minderheit** durch. Und die Entscheidung ist dann für alle gültig. Der Klassensprecher spricht eben auch für diejenigen, die ihn nicht gewählt haben. Und ein **Gesetz** hält man ein, auch wenn man nicht unbedingt dafür war.

Mehrheitswahlrecht

Beim Mehrheitswahlrecht wird derjenige gewählt, der die erforderliche **Mehrheit** der Stimmen erhalten hat. Beim Mehrheitswahlrecht kann immer nur einer gewinnen. Alle Stimmen, die nicht für den Sieger abgegeben wurden, werden nicht gezählt, fallen sozusagen unter den Tisch.
Dieses Mehrheitswahlrecht wird in manchen Ländern auch bei **Wahlen** zum **Parlament** angewandt. Dann gilt, wie im Klassensprecher-Beispiel: Derjenige Kandidat oder diejenige **Kandidatin**, welche die meisten Stimmen in ihrem Wahlkreis bekommen hat, ist gewählt. Sie erhält auf diese Weise ein so genanntes Direktmandat. Sie ist dann für eine gewisse Zeit Vertreterin ihres Wahlkreises im Parlament. Das **relative Mehrheitswahlrecht (→ Mehrheitsprinzip)** wird zum Beispiel bei den Parlamentswahlen in den USA und in Großbritannien, das absolute Mehrheitswahlrecht in Frankreich und in Australien angewandt. In Deutschland gibt es bei den Wahlen zum Deutschen Bundestag eine Mischung aus Mehrheitswahlrecht und **Landesliste/Reserveliste**.

Mehrwertsteuer/Umsatzsteuer

Die Mehrwertsteuer, sie wird auch als „Umsatzsteuer“ bezeichnet, ist eine so genannte Verbrauchssteuer. Die Regelungen zur Mehrwertsteuer sind ziemlich kompliziert. Daher erklären wir das Prinzip mit Hilfe eines einfachen Beispiels: Der Unternehmer Schulze stellt in seiner Firma Hemden her. Für die Stoffe, die er dafür einkauft, muss er dem **Staat** **Steuern** zahlen. Dies ist die so genannte Umsatzsteuer. Der Großhändler, der die Hemden an die einzelnen Geschäfte liefert, zahlt

auch die Umsatzsteuer. Das tut auch der kleine Laden oder das Kaufhaus, in dem wir die Schulze-Hemden kaufen. Auch wir, die Käufer, müssen diese Steuern zahlen, dadurch wird das Schulze-Hemd teurer. Anders als der Unternehmer, der Großhändler oder der Ladenbesitzer, die die Umsatzsteuer vom Finanzamt zurückerhalten (dies hat steuerrechtliche Gründe), müssen die Käufer und Käuferinnen die Mehrwertsteuer zusätzlich zum eigentlichen Preis zahlen. Sie erhalten sie nicht vom Finanzamt zurück. Nicht nur dieses Hemd, sondern alle Güter, die wir täglich kaufen und verbrauchen, werden um den Prozentsatz der Mehrwertsteuer teurer. Wir sehen es übrigens auf den Quittungen an der Kasse, wie hoch die Steuer ist. Da sieht man die Abkürzung „Mwst". In **Deutschland (→ Bundesrepublik Deutschland)** beträgt sie auf die meisten Güter 19 Prozent vom Nettopreis. Bei bestimmten Produkten, zum Beispiel bei Büchern oder Lebensmitteln, beträgt die Mehrwertsteuer 7 Prozent.
Die Einnahmen aus der Umsatzsteuer/Mehrwertsteuer stehen nach einem bestimmten Verteilerschlüssel dem **Bund**, den **Bundesländern** oder den **Gemeinden** zu. Nach der Lohn- und Einkommenssteuer, die jeder arbeitende Bürger bezahlen muss, ist die Mehrwertsteuer eine der wichtigsten Einkommensquellen des Staates. In den Ländern der **Europäischen Union** ist die Mehrwertsteuer unterschiedlich hoch. Sie reicht von 15 bis 25 Prozent.

Meinungsforschung/ Marktforschung (Demoskopie)

In diesem Namen steckt schon die Bedeutung: Es wird Meinung erforscht. Für Meinungsforschung wird auch das griechische Wort „Demoskopie" gebraucht. Diejenigen, die das machen, sind Meinungsforschungsinstitute oder Institute für Demoskopie. Sie bekommen zum Beispiel von einer Waschmittelfirma den Auftrag zu testen, ob die Kunden ein neues Produkt gut finden. Das Institut stellt dann einen Katalog von Fragen zusammen und legt ihn bestimmten Personen vor. In diesem Falle vielleicht Hausfrauen, weil man annimmt, dass es die Hausfrauen sind, die die Waschmittel einkaufen. So will ein Meinungsforscher herausbekommen, ob es sich lohnt, eine neues Waschmittel auf den Markt zu bringen. In einem solchen Falle wird die Meinungsforschung „Marktforschung" genannt.
Vor **Wahlen** werden Menschen besonders häufig nach ihrer Meinung befragt. Im Auftrag von **Zeitungen**, Fernsehstationen oder **Parteien** werden Personen entweder nach dem Zufallsprinzip ausgesucht oder nach Alter, Beruf, Geschlecht, Wohnort usw. Sie werden gefragt, welche Partei sie wählen wollen oder was ihnen an der Politik nicht gefällt. Eine beliebte Frage ist auch, welcher **Politiker** nach ihrer Einschätzung seine Sache am besten und welcher sie am schlechtesten macht. Nach Auswertung der Antworten ergibt sich ein Bild, wie die Wahl insgesamt ausgehen könnte. Für die Parteien und Politiker sind die Ergebnisse wichtig, denn sie können ihren **Wahlkampf** vielleicht noch entsprechend ändern, um die Wahl zu gewinnen.

Minderheit

Wenn ihr euch in eurer Klasse oder in eurer Straße umseht, werdet ihr vermutlich auf jemanden treffen, der einer Minderheit angehört. Das kann ein Mitschüler mit dunkler Hautfarbe sein oder eine **Familie** im Nachbarhaus, die aus einem fremden Land stammt und einer anderen **Religion** angehört. In **Deutschland (→ Bundesrepublik Deutschland)** wie auch in vielen anderen **Staaten** der Welt leben zahlreiche Menschen anderer Herkunft, Hautfarbe, **Kultur** und Religion. Sie alle bilden eine Minderheit im Vergleich zur **Mehrheit** der Bevölkerung ihrer Gastländer. Als Minderheiten können aber auch deutsche Mitbürger und Mitbürgerinnen gelten, die sich zum Beispiel durch ihr Verhalten von der Mehrzahl der Menschen unterscheiden.
Im **nationalsozialistischen** Deutschland wurden **Juden**, **Sinti** und **Roma (→ Nationale Minderheit)** und andere Minderheiten systematisch verfolgt und im **Holocaust** vernichtet. Im Laufe der Geschichte wurden oftmals auch die ursprünglichen Bewohner eines Landes als Minderheiten verfolgt. So haben beispielsweise die weißen Einwanderer die so genannten Indianer Nordamerikas oder die australischen Aborigines unterdrückt. In Südafrika wurde jahrzehntelang die farbige Bevölkerung von der Minderheit der Weißen unterdrückt und ihrer Rechte beraubt. (Dieses Unterdrückungssystem nannte man Apartheid).
Die Unterdrückung einer Minderheit durch die Mehrheit widerspricht den Grundsätzen der Demokratie. In modernen **demokratischen** Staaten haben alle Menschen die gleichen Rechte. Alle Menschen sollen die Möglichkeit haben so zu leben, wie sie es gerne möchten, unabhängig davon, ob sie die Mehrheit in einem Land bilden oder nicht. Dabei gilt für die Mehr-

heit wie für die Minderheit, dass sie sich an die **Gesetze** des Landes halten müssen.
Auch in der **Politik** gibt es den Begriff „Minderheit", den haben wir beim Stichwort „**Minderheitsregierung**" erklärt.

Minderheitsregierung

Normalerweise wird eine **Regierung** aus den Mitgliedern einer oder mehrerer **Parteien** gebildet. Diese Regierung wird von der **Mehrheit** der **Abgeordneten** im **Parlament** unterstützt. Diese Mehrheit ist wichtig, damit die Regierung ohne größere Probleme **Gesetze** beschließen und auch andere Vorhaben durchsetzen kann.
Es kann aber auch sein, dass die Partei oder die Parteien, welche die Regierung bilden, keine Mehrheit im Parlament haben. Dies kommt beispielsweise in skandinavischen Ländern öfters vor. Dann gibt es eine so genannte Minderheitsregierung. Eine solche Regierung braucht bei Abstimmungen die Unterstützung von anderen Parteien im Parlament. Denn Gesetze können nur beschlossen werden, wenn es dafür eine Mehrheit gibt. Eine Minderheitsregierung muss also von anderen Parteien im Parlament geduldet werden, sonst würde sie rasch scheitern. Daher hat eine Minderheitsregierung meist nur wenig Spielraum, wenn sie ihre Vorhaben im Parlament durchbringen will. Sie ist immer auf **Kompromisse** mit den anderen Parteien angewiesen. Eine Minderheitsregierung kann sehr schnell durch ein **Misstrauensvotum** gestürzt werden.

Minister/in

Diese Männer und Frauen gehören zu einer **Regierung**. Sie werden vom Bundeskanzler oder der **Bundeskanzlerin** vorgeschlagen und vom **Bundespräsidenten** zu Ministern oder Ministerinnen ernannt. Danach leiten sie ein **Ressort**, ein Ministerium, das für bestimmte Aufgaben zuständig ist. So kümmert sich zum Beispiel das Familienministerium um vieles, was mit den **Familien** zu tun hat, und das Außenministerium kümmert sich um die Beziehungen zu anderen **Staaten**. Manchmal tritt ein Minister oder eine Ministerin zurück, weil er oder sie etwas falsch gemacht hat oder mit der **Politik** des Bundeskanzlers oder der Bundeskanzlerin nicht einverstanden ist.

Ministerpräsident/in

Das ist in **Deutschland (→ Bundesrepublik Deutschland)** die Bezeichnung für die Regierungschefs der **Bundesländer**. Ausnahmen sind Hamburg und Bremen. Dort heißen die Chefs der Regierung „Erster **Bürgermeister**". In Berlin heißt der Regierungschef „Regierender Bürgermeister". In einigen **Staaten** ist „Ministerpräsident" die Bezeichnung für den Regierungschef, so zum Beispiel in Italien, Irland oder Polen. Bei uns, wie übrigens auch in unserem Nachbarland Österreich, heißt der Chef der **Bundesregierung (→ Regierung)** „Bundeskanzler" oder „**Bundeskanzlerin**".

Mission

Eine Person oder eine Personengruppe, die mit einer Sendung, einem Auftrag oder einer besondern Vollmacht ausgestattet ist, hat eine Mission (der Begriff kommt vom lateinischen Wort „missio") zu erledigen. Das kann die Arbeit der **Botschaft** eines Landes im Ausland sein. Man spricht auch von „Missionen", die zur Erledigung besonderer Aufgaben in ein anderes Land geschickt werden. So gibt es zum Beispiel Handels- oder Militärmissionen, die im Ausland tätig sind. Manchmal sind Menschen auch in „geheimer Mission" unterwegs, zum Beispiel wenn es um **Spionage** und Agententätigkeit geht.
Im Christentum bedeutet „Mission" die Verkündung der **christlichen** Botschaft unter Nichtchristen, um die **Religion** zu verkünden und neue Anhänger zu gewinnen. Die Verbreiter der christlichen Lehre sind Missionare. Der Apostel Paulus, so heißt es, war in der Geschichte der christlichen Religion der erste Missionar, als er den neuen Glauben vor etwa 2000 Jahren im Römischen Reich verbreitete.
Neben dem Christentum sind der **Islam** und der **Buddhismus** die wichtigsten missionarischen Weltreligionen.

Misstrauensvotum

Wenn das **Parlament** der Meinung ist, dass die **Regierung**, ihr Chef oder einzelne **Ministerinnen** oder Minister ihre Arbeit nicht mehr gut oder nicht richtig machen, kann die Volksvertretung dem Regierungschef oder einem Regierungsmitglied das Vertrauen entziehen. Dies kann die **Mehrheit** der **Abgeordneten** durch eine Abstimmung entscheiden. Das Parlament spricht

dann in einem Votum (das Wort kommt aus dem Lateinischen und bedeutet „**Urteil (→ Gericht)**“, „Gutachten“, „Stimme“) das Misstrauen aus. Die ganze Regierung oder einzelne Mitglieder müssen in einem solchen Fall zurücktreten. Ein solches Misstrauensvotum gibt es nicht in allen **Staaten**, sondern nur in solchen mit einem parlamentarischen Regierungssystem.
In **Deutschland (→ Bundesrepublik Deutschland)** ist im **Grundgesetz** in Artikel 67 nur das so genannte konstruktive Misstrauensvotum vorgesehen. Das Misstrauen kann in Deutschland auch nur dem **Bundeskanzler**, nicht einzelnen Ministern ausgesprochen werden. Wenn das Misstrauensvotum im **Bundestag (→ Deutscher Bundestag)** eine Mehrheit erhält, muss der **Bundespräsident** den Bundeskanzler entlassen und damit auch die gesamte Regierung.
Warum aber heißt das Misstrauensvotum „konstruktiv“, also „aufbauend“? In Deutschland ist es nicht möglich, den Regierungschef einfach abzuwählen. Es muss gleichzeitig auch ein neuer Bundeskanzler gewählt werden, der dann eine neue Regierung bildet. Die Abwahl und die Neuwahl erfolgen übrigens in ein- und derselben Abstimmung. Damit soll verhindert werden, dass zwischen zwei Abstimmungen eine Zeit liegt, in der es keine Regierung gibt.

Mitbestimmung

Ihr wählt einen Klassensprecher, der in der Schülermitverwaltung eurer Schule eure Interessen vertritt. Eure Eltern wählen ebenfalls Vertreter, die in der Elternversammlung und Schulkonferenz dabei sind. So kann man dann bei bestimmten Entscheidungen der Schulleitung mitreden und mitbestimmen: Ob es zum Beispiel in einigen Fächern häufiger Projektarbeit geben wird oder die Sporthalle nachmittags geöffnet bleibt. Auch Arbeiter und Angestellte wählen ihre Vertreter und Vertreterinnen in so genannte Betriebs- oder Personalräte. Diese vertreten die Interessen der Arbeitnehmer und Arbeitnehmerinnen gegenüber der Leitung einer Firma oder einer Behörde. Da geht es dann um Entlassung oder Einstellung von Mitarbeitern, um Arbeitsbedingungen, Urlaubspläne und vieles mehr. Die Leitung hat die Pflicht, die Vertreter der Arbeiter und Angestellten anzuhören und ihnen bei wichtigen Entscheidungen ein Mitspracherecht zu geben. Schon vor über 150 Jahren, als die ersten Industriebetriebe eingerichtet wurden, tauchte der Begriff „Mitbestimmung“ der Arbeiter zum ersten Mal auf. Inzwischen gibt es ein so genanntes **Betriebsverfassungsgesetz**. Dieses regelt genau, wie viele Vertreter der Arbeiter und Angestellten in die Betriebs- und Personalräte gewählt werden dürfen (dies hängt von der Größe der Firma ab) und bei welchen Entscheidungen diese Vertreter gefragt werden müssen.

Monarchie

„Monarchie“ bezeichnet eine bestimmte Staatsform. Das Wort kommt aus dem Griechischen und bedeutet „Alleinherrschaft“. Im Gegensatz zur **Republik** übt in einer Monarchie eine einzelne Person, der Monarch oder die Monarchin, die Herrschaft aus. Das Recht zu **regieren** wird oft innerhalb der **Familie** weitervererbt (dies heißt dann „Erbmonarchie“). Zum Beispiel ist Queen Elizabeth von England eine Monarchin oder König Juan Carlos von Spanien ein Monarch. In diesen beiden Ländern (wie auch in vielen anderen, in denen es heute noch Königinnen, Könige oder Fürsten gibt) kann die Königin oder der König aber keineswegs alles alleine entscheiden. Vom **Volk** gewählte **Parlamente** und **demokratische** Regierungen machen in der heutigen Zeit die **Gesetze** und bestimmen die Richtung der **Politik**. Die Monarchen, also zum Beispiel die Queen, stimmen sich zwar mit ihnen ab, haben aber vorwiegend nur noch die Aufgabe, Gesetze zu unterzeichnen, **Minister und Ministerinnen** zu ernennen und den **Staat** bei offiziellen Anlässen zu repräsentieren. Dies nennt man „parlamentarische Monarchie“ oder auch „konstitutionelle Monarchie“. Das besagt, dass die Stellung und die Aufgaben des Königs in einer **Verfassung** festgelegt werden (der lateinische Begriff „constitutio“ heißt „Verfassung“). In früheren Jahrhunderten waren Pharaonen, Kaiser, Könige und Fürsten oder auch Priester wirklich die Alleinherrschenden über ihr Volk, ohne dass ihnen jemand reinreden durfte. Ihre Machtbefugnis war total, man nannte das eine „absolute Monarchie“.

Nachhaltigkeit

Der Begriff „Nachhaltigkeit" stammt ursprünglich aus der Forstwirtschaft des 17. Jahrhunderts. Er bedeutet, dass man nicht mehr ernten soll, als in der Natur nachwachsen kann. Am Mittelmeer zum Beispiel sind ganze Regionen ohne Wald, weil man in den letzten 2000 Jahren das Holz zum Schiffsbau und zum Heizen völlig verbraucht hat. Der Regen hat dann den ungeschützten Waldboden weggeschwemmt und nur noch Felsen hinterlassen, auf denen man nichts mehr anpflanzen kann.
Heutzutage versteht man unter Nachhaltigkeit, dass auf die nachfolgenden Generationen, also auf unsere Nachkommen, mehr Rücksicht genommen wird. Auch sie brauchen **Rohstoffe (→ Energiepolitik)** und Bodenschätze wie zum Beispiel Holz, Wasser, Erdöl, Kohle. Es gilt also immer noch der Leitsatz, dass wir nicht mehr ernten dürfen, als nachwachsen kann. Aber wir müssen auch dafür sorgen, dass unsere **Umwelt** nicht durch Fabrikabgase, Schmutzwasser oder Gifte geschädigt wird. Denn kranke Bäume zum Beispiel wachsen nicht so gut wie gesunde oder sterben ganz ab. Mittlerweile treffen sich **Politiker** aus der ganzen Welt, um zu beraten, wie man die Natur am besten schützen kann, damit die Lebensgrundlage für uns und unsere Nachkommen erhalten bleibt. Auch jeder von uns ist zum Mittun aufgerufen. Die **UNO** hat die Jahre 2005–2014 deshalb zum Jahrzehnt der „**Bildung** für nachhaltige Entwicklung" ausgerufen.

Nachrichten

Fast alle Sender im Hörfunk und Fernsehen bieten eine regelmäßige Sendung an: Zu bestimmten **Zeitungen**, im Hörfunk meist zur vollen Stunde, werden Informationen aus **Politik**, **Wirtschaft**, **Kultur**, Sport, Forschung und aus dem **gesellschaftlichen** Leben ausgestrahlt. Am Ende jeder Nachrichtensendung steht meist ein Wetterbericht und in den Hörfunknachrichten kommt für die Autofahrer der Verkehrshinweis. Auch in allen Zeitungen gibt es Nachrichten-Spalten. Im Gegensatz zu Berichten, Analysen oder Kommentaren sollten die Nachrichten nach Möglichkeit neutral, objektiv und kurz sein und sich dabei auf die wesentliche Information beschränken. Der Leser, Zuhörer oder Zuschauer soll bereits im ersten Satz wissen, worum es bei dieser Nachricht geht und wie sie einzuordnen ist. Die Redaktionen der Zeitungen und Medienanstalten suchen aus den vielen Nachrichten, die es in der Welt gibt, diejenigen aus, die sie für besonders wichtig halten.

Nahostkonflikt

Den **politischen** und teilweise **militärischen (→ Streitkräfte/Armee) Konflikt** im Nahen Osten zwischen Israel und den arabischen **Staaten**, besonders zwischen Israel und den Palästinensern bezeichnet man als „Nahostkonflikt". Um die Ursachen dieses Konfliktes verstehen zu können, ist es notwendig, die geschichtlichen Hintergründe zu kennen:
Im Jahre 70 unserer Zeitrechnung, also vor bald 2000 Jahren, wurde der Staat der Juden in Palästina von den Römern zerstört. Seine Bewohner wurden in viele Teile der Welt zerstreut (**Diaspora**). Jahrhunderte lang wurden die Juden in sehr vielen Ländern, in denen sie lebten, als Außenseiter angesehen und häufig auch verfolgt. Daher wuchs in ihnen der Wunsch, wieder einen eigenen Staat in ihrem ursprünglichen Heimatland zu errichten. Die Bewohner Palästinas waren inzwischen jedoch nur noch wenige Juden, sondern in der Mehrzahl **Moslems (→ Islam)**, ein Teil von ihnen auch **Christen**. Sie sprachen arabisch, fühlten sich zur arabischen Welt gehörig. Als zu Beginn des 20. Jahrhunderts immer mehr **jüdische (→ Judentum)** Einwanderer nach Palästina kamen, wurde der Keim für den heutigen Nahostkonflikt gelegt. Großbritannien hatte nach dem **Ersten Weltkrieg** vom damaligen Völkerbund das **Mandat**, also den Auftrag erhalten, Palästina zu verwalten. Es genehmigte die Einwanderungen. Vor allem während des **Holocaust flohen (→ Flüchtling)** viele Juden vor dem **nationalsozialistischen Terror** nach Palästina. Als 1948 die britische Mandatszeit endete, wurde gegen den Willen der Palästinenser und der anderen arabischen Staaten der Staat Israel ausgerufen.
Es kam zu fünf israelisch-arabischen **Kriegen**. Der Nahe Osten wurde zu einem internationalen Krisenherd. Viele Araber flohen aus Palästina, viele leben bis heute in Flüchtlingslagern. 1964 wurde die Palästinensische Befreiungsorganisation (PLO) gegründet. Sie fordert seitdem die Errichtung eines eigenen Staates für die Palästinenser, den es aber bis heute nicht gibt. Mit einer Vielzahl von Verhandlungen und Verträgen zwischen Israel und den angrenzenden arabischen Staaten wurde versucht, die Spannungen im Nahen Osten zu mindern. 1994 und 1995 schlossen Israel und die **PLO Abkommen (→ Konvention)** über eine Teilselbstständigkeit der Palästinenser im Westjordanland und im Gaza-

streifen. Diese Abkommen stießen allerdings sowohl in Israel als auch in der palästinensischen Bevölkerung auf großen **Widerstand**. Er äußert sich nicht selten in gewaltsamen Anschlägen (Terror) auf Seiten der Palästinenser und militärischen Reaktionen der israelischen Streitkräfte. Immer wieder ist davon auch die **Zivilbevölkerung** betroffen. Bis heute wird – auch mit internationaler Beteiligung – um eine Lösung des Nahostkonflikts gerungen. Im Kern geht es um folgendes Problem: die Palästinenser fordern einen eigenen Staat, die Israelis fordern die Anerkennung des Staates Israel. Gibt es eine Lösung, so dass alle Menschen in dieser Region in **Frieden** leben können? Und wie könnte diese Lösung aussehen?

Nationale Minderheit

In **Deutschland (→ Bundesrepublik Deutschland)** gibt es vier Volksgruppen, die als nationale **Minderheiten** anerkannt sind. Das sind die Sorben in Brandenburg und Sachsen, die Friesen in Schleswig-Holstein, die Dänen in Schleswig-Holstein und die Sinti und Roma. Dabei spielt es keine Rolle, ob eine Gruppe zum **Volk** eines Nachbarlandes gehört (wie die Dänen), in mehreren **Staaten** lebt (wie die Friesen in Deutschland und Holland oder die Sinti in Roma in verschiedenen Ländern) oder eine geschlossene Gruppe wie die Sorben in Deutschland bildet. Insgesamt gehören ungefähr 190 000 Menschen diesen nationalen Minderheiten an. Sie besitzen die deutsche **Staatsangehörigkeit**, sprechen eine eigene Sprache und leben seit vielen Generationen in bestimmten Gebieten Deutschlands. Für die nationalen Minderheiten gilt – wie für alle deutschen **Staatsbürger (→ Bürger/in/Bürgertum)** – das **Grundgesetz**. Zusätzlich haben sie aber auch noch besondere eigene Rechte. So ist zum Beispiel die Förderung der eigenen traditionellen Sprache zugesichert. Das Übereinkommen des Europarates über den Schutz und die Rechte der Nationalen Minderheiten hat Deutschland im Jahre 1997 unterzeichnet. Die **Bundesregierung (→ Regierung)** hat einen Beauftragten für die nationalen Minderheiten ernannt, der Ansprechpartner für diese Gruppen ist.

Nationalsozialismus

So bezeichnete sich eine **politische** Bewegung, die in Deutschland nach dem **Ersten Weltkrieg**, der 1918 zu Ende war, entstand. Die Nationalsozialisten machten sich die Not der Menschen zunutze und verfolgten ihre undemokratischen Ziele mit großem **Fanatismus**. Die Bewegung errichtete 1933 eine **Diktatur** in Deutschland, das so genannte Dritte Reich. Es gab nur noch eine einzige **Partei**, die Nationalsozialistische Deutsche Arbeiterpartei (NSDAP) mit ihrem „Führer" Adolf Hitler. Der Nationalsozialismus verfolgte noch stärker als der **Faschismus** in Italien extreme nationalistische, **antisemitische** (anti-**jüdische (→ Judentum)**), fremdenfeindliche Ziele. Fremde Länder sollten durch einen **Krieg** erobert werden, damit die Deutschen mehr „Lebensraum" bekommen würden. So wurde der **Zweite Weltkrieg** geführt. Er dauerte von 1939 bis 1945.
Der Nationalsozialismus bezeichnete viele andere **Völker** gegenüber der „deutschen **Rasse (→ Rassismus)**" als minderwertig. Ihre Menschenverachtung zeigte die Diktatur vor allem in der fabrikmäßigen Tötung von Millionen wehrloser Opfer. Verfolgt und ermordet wurden politisch Andersdenkende, Homosexuelle, **Sinti und Roma (→ Nationale Minderheit)** und vor allem Juden, die Hitler und den Nationalsozialisten als Hauptfeind galten. Die Ausrottung der Juden wird als „**Holocaust**" bezeichnet; in Israel spricht man von der „Schoah". In so genannten **Konzentrationslagern**, riesigen **Gefängnissen**, wurden viele Menschen, die eine andere politische Meinung hatten oder einem anderen Volk angehörten, wie zum Beispiel die Sinti und Roma, eingesperrt. Oft hat man sie dort auch ermordet. Die Schreckensherrschaft der Nationalsozialisten war 1945 zu Ende. Nie zuvor hatte es in der Geschichte der Menschen Verbrechen von einem solchen Ausmaß gegeben.

NATO

NATO ist die Abkürzung für den englischen Begriff „North Atlantic Treaty Organization" und heißt auf Deutsch „Nordatlantikpakt". Es ist der Name eines **politisch-militärischen (→ Streitkräfte/Armee)** Bündnisses, das wenige Jahre nach dem **Zweiten Weltkrieg** im April 1949 von den USA, Kanada und zehn **europäischen Staaten** gegründet wurde. Bei der Gründung des Paktes gab es ein wichtiges Ziel: Die **kommunistischen** Staaten sollten davon abgehalten werden, gegen die westlichen Staaten **Krieg** zu führen Sie hatten sich 1955 unter der Führung der damaligen Sowjetunion im so genannten „Warschauer Pakt" zusammengeschlossen. Nach dem Ende des Warschauer Paktes 1991 änderten sich die Ziele der NATO. Der Einsatz für **Frieden** und **Freiheit** ist nun das wichtigste Ziel. Außerdem haben sich die NATO-Mitglieder verpflichtet, sich im Falle einer militärischen Bedrohung gegenseitig zu helfen. Mit den ehemaligen Mitgliedern des Warschauer Paktes wurde 1994 ein Vertrag „Partnerschaft für den Frieden" geschlossen. Immer mehr europäische Staaten, die früher dem Warschauer Pakt angehörten, sind inzwischen Mitglied der NATO geworden. Seit 1999 gehören auch Polen, Ungarn und die Tschechische Republik, seit März 2004 Estland, Lettland, Litauen, die Slowakei, Slowenien, Rumänien und Bulgarien zur NATO.

Naturkatastrophe

Naturkatastrophen sind sehr heftige und ungewöhnliche Naturereignisse, die zu vielen Todesopfern, Verletzten und Obdachlosen führen. Auch werden häufig große Schäden in der Natur und an Gebäuden, Straßen, Schienen und anderen Bauwerken angerichtet. Oft können sich die Menschen nach einer solchen Katastrophe in den betroffenen Gebieten nicht mehr selbst helfen. Sie sind dann auf internationale Hilfe angewiesen.
Es gibt sehr unterschiedliche Arten von Naturkatastrophen: Überschwemmungen, Hochwasser, Erdbeben oder Vulkanausbrüche. Aber auch schwere Stürme, starker Regen, Schnee, Hagel und Lawinen sowie Dürre, Busch- und Steppenbrände können katastrophale Folgen haben.
Sehr gefährlich sind zumeist Erdbeben und Vulkanausbrüche. Sie können zu riesigen Wellen führen, den so genannten Tsunamis (das Wort kommt aus dem Japanischen und bedeutet „große Welle"). Der Tsunami am 26. Dezember 2004 in Südasien und Afrika hat über 300 000 Menschen das Leben gekostet und in den Ländern furchtbare Schäden angerichtet. Die Riesenwelle wurde durch ein Seebeben, also ein Erdbeben unterhalb des Meeres, hervorgerufen.
Wie kommt es zu einer Naturkatastrophe? Wissenschaftler nennen dafür unterschiedliche Gründe: Es gibt Ursachen, die in der Natur selbst liegen und die man nicht beeinflussen kann. So ist das Seebeben in Südostasien dadurch ausgelöst worden, dass zwei riesige Platten im Erdinneren aneinander gestoßen sind und dabei unvorstellbare Energien freigesetzt haben. Aber auch das Verhalten der Menschen trägt dazu bei, dass Naturkatastrophen in den letzten Jahrzehnten häufiger auftreten – mit schlimmen Folgen für Mensch und Natur. Treibhausgase wie Kohlendioxid, die ein Nebenprodukt der industriellen Entwicklung sind, erwärmen das Erdklima, was vermutlich auch ein Grund für die Zunahme von Naturkatastrophen ist. Um die schlimmsten Auswirkungen für die Menschen zu mindern, ist es wichtig, Frühwarnsysteme einzurichten. Denn auch wenn wir Naturkatastrophen selbst nicht verhindern können, so kann doch vieles getan werden, damit die Folgen nicht zu schlimm sind.

Neuwahlen/vorzeitige Neuwahlen

Von „Neuwahlen" spricht man, wenn ein **Parlament**, also zum Beispiel der **Deutsche Bundestag**, neu gewählt wird. Normalerweise finden **Wahlen** zum Bundestag nach dem Ende der **Legislaturperiode** alle vier Jahre statt. Nur in Ausnahmefällen, wenn nämlich der Bundestag vorzeitig durch den **Bundespräsidenten** aufgelöst wird, können Neuwahlen auch zu einem früheren Zeitpunkt stattfinden. Man spricht dann oft von „vorgezogenen Neuwahlen".
Nach dem deutschen **Grundgesetz** kann der Bundestag selbst keine Neuwahlen beschließen. Auch der deutsche Regierungschef kann – im Gegensatz etwa zum englischen Premierminister – nicht einfach Neuwahlen ansetzen. Dieses Recht steht nur dem Bundespräsidenten zu. Es muss allerdings besondere Gründe dafür geben. So könnte der Bundespräsident bei einem Rücktritt des Bundeskanzlers oder der **Bundeskanzlerin** vorzeitige Neuwahlen anordnen. Ein anderer Grund wäre gegeben, wenn der Bundeskanzler nicht mehr das Vertrauen des Bundestages hat. Dies kann der Kanzler feststellen, indem er die **Vertrauensfrage** stellt. Falls die **Mehrheit** der **Abgeordneten** dem Kanzler das Vertrauen nicht ausspricht und auch niemand anderes zum Bundeskanzler gewählt wird, kann der Kanzler oder die Kanzlerin den Bundespräsidenten darum bitten, den Bundestag innerhalb von 21 Tagen aufzulösen. Wenn der Bundespräsident den Bundestag aufgelöst hat, muss die Neuwahl innerhalb von 60 Tagen stattfinden.
Seit der Gründung der **Bundesrepublik Deutschland** im Jahre 1949 ist es dreimal zu Neuwahlen nach einer gescheiterten Vertrauensfrage gekommen. 1972 hatte der damalige Bundeskanzler Willy Brandt, 1982 der damalige Bundeskanzler Helmut Kohl und 2005 der damalige Bundeskanzler Gerhard Schröder die Vertrauensfrage gestellt. Alle drei wollten, dass es Neuwahlen gibt. Deshalb haben sie dafür gesorgt, dass sie

mit ihrer Vertrauensfrage im Bundestag scheiterten. Der Bundespräsident hat dann den Bundestag aufgelöst und Neuwahlen fanden statt.

Öffentliche Ordnung

→ Innere Sicherheit und öffentliche Ordnung

Opposition

Wenn es euch nicht passt, was Eltern, Lehrerinnen und Lehrer oder die meisten eurer Mitschülerinnen und Mitschüler sagen und wollen, dann seid ihr in der Opposition. Das Wort kommt aus dem Lateinischen und bedeutet, „im Widerspruch zur **Mehrheit** zu stehen“. In der **Politik** heißt das, dass **Parteien** im **Deutschen Bundestag**, die nicht zu den Regierungsparteien gehören, sich in der so genannten **parlamentarischen** Opposition befinden. Sie sind ein wichtiger Teil in der **Demokratie**, weil sie als Opposition mit aufpassen, dass **Gesetze** eingehalten werden. Das ist also eine Art Kontrolle. Es gibt natürlich auch viele Gruppen und Parteien außerhalb des Bundestages, die gegen die herrschende Regierungspolitik sind. Diese nennt man dann die „**außerparlamentarische Opposition (→ Studentenbewegung/Außerparlamentarische Opposition)**“.

Orthodoxie

Das griechische Wort „orthodox“ heißt übersetzt „rechtgläubig“, „strenggläubig“. Im Christentum, im **Judentum** sowie im **Islam** bedeutet Orthodoxie eine strenge, wortwörtliche Auslegung der heiligen Schriften. Der persönliche Glaube richtet sich vollständig nach der Lehre der Kirche oder der **religiösen** Führer. Besonders in den **christlichen** Ostkirchen, die sich im Jahr 1054 von der römisch-katholischen Kirche getrennt haben, spielt der Begriff „Orthodoxie“ eine große Rolle. Es gibt unter anderem die griechische, die russische, die serbische, die rumänische und die bulgarische orthodoxe Kirche mit insgesamt weltweit ungefähr 150 Millionen Mitgliedern.

Parlament

Das Wort „Parlament“ kommt von dem französischen Wort „parler“ (auf Deutsch: „sprechen“) und bedeutet „Volksvertretung“. Im Parlament sitzen die Abgeordneten (**Volksvertreter (→ Abgeordnete)**). Im Parlament werden neue **Gesetze** diskutiert und beschlossen. Deshalb wird das Parlament auch **Legislative (→ Gewaltenteilung)**, gesetzgebende Versammlung genannt. Das kommt vom lateinischen „legislatio“, das bedeutet „**Gesetzgebung**“. Die Volksvertretung kontrolliert die **Regierung**. Wenn zum Beispiel die Regierung vorschlägt, **Soldaten (→ Streitkräfte/ Armee)** in ein Kriegsgebiet zu schicken oder die **Steuern** zu erhöhen, aber die Volksvertreterinnen und -vertreter dagegen stimmen, kann der Vorschlag nicht durchgeführt werden. In **Deutschland (→ Bundesrepublik Deutschland)** gibt es Parlamente in den **Gemeinden**, in den Städten, in den **Bundesländern** und eines für das ganze Land, das ist der **Deutsche Bundestag**. Es gibt auch Studenten- und Schülerparlamente. In allen diesen Vertretungen sitzen die Gewählten und beraten, was das Beste für ihre **Wählerinnen (→ Wahlen)** und Wähler ist. Auch die **Europäische Union** hat ein Parlament. Die Abgeordneten werden in den verschiedenen Mitgliedsländern der EU gewählt. Das Parlament arbeitet in Straßburg, Brüssel und Luxemburg.

Parteien

Menschen schließen sich zu einer Partei zusammen oder treten einer Partei bei, weil sie ähnliche **politische** Meinungen oder Ziele vertreten. Diese Vorstellungen werden in Parteiprogrammen festgeschrieben. Die

Mitglieder einer Partei sind überzeugt, dass sie zusammen mehr erreichen, als wenn jeder für sich alleine arbeitet. Deswegen versucht jede Partei, auch andere Menschen, die in keiner oder einer anderen Partei sind, von ihrem Programm zu überzeugen. Zum Beispiel bei **Wahlveranstaltungen (→ Wahlkampf)**, wo Reden gehalten werden, Flugblätter, Luftballons und Kugelschreiber mit dem Schriftzug der Partei verteilt werden. Alle Parteien wollen gewählt werden, denn die Partei, die die meisten Stimmen bekommt, kann **regieren**.

Man liest oder hört es so oder ähnlich öfter in Zeiten vor einer **Wahl**: „Dieser gehört einer linken Partei an, jene ist in einer rechten oder gehört der Mitte an." Wie sind diese Bezeichnungen für eine bestimmte Partei entstanden? Sie beziehen sich ursprünglich auf eine Sitzordnung im **Parlament**. Schon in der ersten deutschen Nationalversammlung 1849 in der Frankfurter Paulskirche (die sich bei ihrer Sitzordnung an der französischen Nationalversammlung von 1789 anlehnte) wurde zwischen linken und rechten Gruppierungen unterschieden. Aus der Sicht des Parlamentspräsidenten saßen links die Fortschrittlichen, die die **Gesellschaft** damals zum Teil **radikal** verändern wollten. In der Mitte saßen die **freiheitlich**-liberalen und auf der rechten Seite im Parlament die konservativen Gruppierungen. Der **Deutsche Bundestag**, den es seit 1949 gibt, hat diese Tradition der Sitzordnung fortgesetzt, zuerst im alten Bonner Bundestagsgebäude und seit einigen Jahren, nach der Wiedervereinigung, im umgebauten Berliner Reichstagsgebäude.

Aus der Sicht des heutigen **Bundestagspräsidenten** sitzen links bis zur Mitte hin die so genannten linken Parteien, nämlich die Linkspartei, SPD, Bündnis 90/Die Grünen, und ungefähr ab der Mitte nach rechts die bürgerlich-konservativen Parteien CDU/CSU und die liberale Partei FDP.

Pass

In einem Pass sind genaue Angaben zur Person eingetragen wie Geburtsdatum, Geburts- und Wohnort, Größe oder Augenfarbe. Im Personalausweis ist das alles auf einer Karte, die ein bestimmtes Format hat, vermerkt. In einem Pass, man nennt ihn auch Reisepass, gibt es einige Seiten mehr. Diese zusätzlichen Seiten sind für Stempel, Einreisegenehmigungen (das nennt man auch „**Visum**" oder in der Mehrzahl „Visa"), so genannte Sichtvermerke vorgesehen, die man für Reisen in einige Länder außerhalb von **Europa** braucht. Der neue Reisepass enthält einen Chip. Darauf sind persönliche Daten und das Passbild zusätzlich elektronisch gespeichert. Die elektronische Vermessung von persönlichen Daten (zum Beispiel der Gesichtskonturen) nennt man auch Biometrie. Damit soll ein Missbrauch von Pässen verhindert werden. Ob und wieviele Daten so gespeichert werden sollen, ist bei Bürgern und auch **Parteien** umstritten.

Um durch europäische Länder zu reisen, genügt meist der Personalausweis. Wenn ihr unter 16 Jahre alt seid, sind eure Daten in den Pässen eurer Eltern vermerkt. Oder ihr habt einen eigenen Kinderausweis. Wer 16 Jahre wird, muss einen Pass oder Personalausweis beantragen. In **Deutschland (→ Bundesrepublik Deutschland)** ist es für deutsche **Staatsbürger (→ Bürger/in/Bürgertum)** Pflicht, sich ab 16 Jahre mit dieser **amtlichen** Urkunde, denn das ist ein Pass, auszuweisen. Der Pass ist zehn Jahre gültig.

Das Wort „Pass" hat übrigens noch andere Bedeutungen. Zum Beispiel kann es ein Übergang über einen Gebirgszug (Passstraße) sein. Bei Kamelen, Giraffen oder auch Pferden nennt man einen bestimmten Gang „Passgang". Der Begriff „Pass" kommt vom lateinischen „passus", das heißt „Schritt".

Pensionskasse

→ Rente/Pension

Pflegeversicherung

Die Menschen leben heutzutage im Vergleich zu früher immer länger. Deshalb gibt es auch immer mehr alte Menschen, die zu gebrechlich sind, um ohne fremde Hilfe zurecht zu kommen. Um die Pflege, die alte Menschen oft brauchen, besser finanzieren zu können, hat der **Staat** die Pflegeversicherung eingeführt. Danach sind die meisten Menschen verpflichtet, regelmäßig einen Beitrag zur Pflegeversicherung zu bezahlen.

Bevor jemand Geld aus der Pflegeversicherung erhält, stellt die Krankenkasse fest, wie pflegebedürftig der Versicherte ist. Dabei wird geprüft, wieviel fremde Pflege jemand braucht. Wichtig ist zudem, ob jemand zu Hause von Verwandten oder Bekannten gepflegt wird oder durch einen professionellen Pflegedienst oder in einem Alters- und Pflegeheim. Die Pflegeversicherung wird neben der Kranken-, **Renten**-, **Arbeitslosen**-

und **Unfallversicherung (→ Sozialversicherung)** als „fünfte Säule“ des Sozialversicherungssystems bezeichnet.

Politik

Im alten Griechenland hießen die Stadtstaaten „polis“. Das waren Städte, die sich selber verwalteten. Daher leitet sich das Wort „Politik“ ab. Es ist die Staatskunst, also alles, was das geordnete Zusammenleben der **Bürgerinnen und Bürger** regelt. Politik umfasst alle Dinge, die von **Regierungen**, **Ministerinnen** und Ministern, aber auch zum Beispiel von Verwaltungen (**Ämtern (→ Amt)**) und **Bürgermeistern** in den **Gemeinden** bestimmt und **gesetzlich** festgelegt werden. Wenn in deiner Stadt ein neues Schwimmbad gebaut oder ein neue Straße geplant wird, dann ist das eine kommunalpolitische Entscheidung. („Kommune“ ist ein anderer Begriff für „Gemeinde“.) Oder wenn auf der höchsten Staatsebene der Bundeskanzler oder die **Bundeskanzlerin** und das **Kabinett** Beschlüsse fassen über die Beziehungen zu anderen **Staaten**, dann ist das Außenpolitik. Es gibt fast keinen Bereich im Zusammenleben der Menschen, der nicht mit Politik zu tun hat. Das zeigt sich schon in den Bezeichnungen: Kinder- und Jugendpolitik, Schulpolitik, **Arbeitsmarktpolitik**, Gesundheitspolitik, Rentenpolitik.
Aber Politik hat nicht nur etwas mit Regierung und Ministern zu tun. „Politik“ hat oft eine viel weitere Bedeutung. Darunter versteht man alles, was mit der Durchsetzung von Forderungen und Zielen zu tun hat, mit Einflussnahme und Gestaltung, sowohl im persönlichen als auch im öffentlichen Bereich.

Politikverdrossenheit

Was bedeutet es, wenn man sagt, jemand ist verdrossen? Er (oder sie) mag dann eine bestimmte Sache nicht, zum Beispiel die Schule. Er ist missmutig, wenn er hingehen muss und hat keine Lust dazu. Zu diesem Gefühl könnte man auch „Schulverdrossenheit“ sagen. Immer wieder hört und liest man, dass es in **Deutschland (→ Bundesrepublik Deutschland)** eine große „Politikverdrossenheit“ gebe. Die Menschen, so wird gesagt, verspürten ein allgemeines Unbehagen an der Politik und den Politikern. Die Politik sei viel zu kompliziert und oft auch unverständlich. Viele Menschen beklagen, dass die Politik sich nicht wirklich um sie kümmern würde, dass ihre Sorgen von den Politikern und **Politikerinnen** nicht ernst genug genommen würden.
Tatsächlich haben viele Menschen schlechte Gefühle, wenn sie über Politik sprechen. Allerdings darf man daraus nicht den Schluss ziehen, dass sie sich nicht für Politik interessieren. Im Gegenteil. Viele Millionen Menschen engagieren sich in ihren Städten und **Gemeinden**, viele übernehmen **ehrenamtliche** Aufgaben und zeigen so, dass sie bereit sind, in der **Gesellschaft** Verantwortung zu tragen. Allerdings fordern die Menschen, dass sich in der Politik wichtige Dinge ändern: Die oft schwierige Sprache soll verständlicher werden. Außerdem sollen die Politiker nicht mehr so viel streiten, sondern gemeinsam die Probleme, die es gibt, lösen.

Politisieren

→ Politik

Polizei

Den Spruch „Die Polizei, dein Freund und Helfer“ kennt ihr sicher. Manchmal schimpfen die Leute auch über die Polizeibeamten, zum Beispiel wenn sie Falschparker aufschreiben oder einem Mofafahrer wegen abgefahrener Reifen einen Strafzettel verpassen. Aber viel öfter noch ist man froh, dass es die Polizei gibt. Spätestens wenn man einen Unfall hat oder Opfer eines Einbruchs oder Überfalls wurde, braucht man die Polizei. Der Ursprung des Wortes „Polizei“ kommt vom griechischen Wort „politeia“, das heißt „**Staatsgewalt**“. Das zeigt schon, wofür die Polizei zuständig ist: für die öffentliche Sicherheit und Ordnung. Ihre Aufgabe ist es, Gefahren für den Einzelnen und die Allgemeinheit abzuwehren, die **Bürger** zu schützen und strafbare Handlungen zu verfolgen. In unserem Alltag haben wir es am häufigsten mit der Schutz- und Verkehrspolizei zu tun. Aber die Polizei kümmert sich um noch viel mehr. Die Kriminalpolizei zum Beispiel ist zuständig, wenn schwere Verbrechen wie Raub oder Mord aufgeklärt werden müssen. Für die Sicherheit auf dem Wasser sorgt die Schifffahrts- und Wasserpolizei. Wenn die Polizei aktiv wird und zum Beispiel Verbrecherinnen oder Verbrecher festnimmt, muss sie dabei bestimmte Regeln beachten. Es gibt nämlich **Gesetze**, die festlegen, was die Polizei tun darf und was nicht. Sie ist, wie man sagt, an Recht und Gesetz gebunden.

Präsident/in

Das Wort kommt aus dem Lateinischen und bedeutet so viel wie „Vorsitzender“. Wir kennen es als Bezeichnung für unser Staatsoberhaupt, den **Bundespräsidenten**. Den Titel gibt es auch in vielen anderen Bereichen, zum Beispiel gibt es den **Bundestagspräsidenten**, die Gerichtspräsidentin oder den Polizeipräsidenten. Auch vielen Verbänden und Vereinen sitzt ein Präsident oder eine Präsidentin vor (als Beispiel: der Präsident des Deutschen Sportbundes). Es gibt den Titel manchmal nur für eine kurze Zeit: So kann ein Mann oder eine Frau etwa zum Tagungs- oder Kongresspräsidenten ernannt werden.

Presse

Alle Erzeugnisse, die in Druckerpressen hergestellt werden, wurden bis zur Mitte des 19. Jahrhunderts als „Presse“ bezeichnet. Das waren alle Druckschriften wie **Zeitungen**, Flugblätter, Plakate und Bücher. Später wurde der Ausdruck „Presse“ nur noch für die regelmäßig erscheinenden gedruckten **Medien** (so genannte Printmedien) wie Zeitungen und Zeitschriften gebraucht. Je besser die Drucktechnik wurde, desto mehr Zeitungen konnten jeden Tag gedruckt und verkauft werden.
Unternehmen, die Zeitungen herstellen und vertreiben, nennt man „Zeitungs-“ oder „Zeitschriftenverlage“. Wenn sie mehrere verschiedene Zeitungen und Zeitschriften herstellen und verbreiten, bezeichnet man sie als „Pressekonzerne“.

In **Deutschland (→ Bundesrepublik Deutschland)** kann man heute viele hundert Zeitungen und Zeitschriften kaufen oder auch im Internet lesen. Darin werden ganz unterschiedliche Informationen gegeben und vielfältige Meinungen und Argumente geäußert. Das Recht auf freie Meinungsäußerung wird durch die **Pressefreiheit** garantiert, die im **Grundgesetz** festgeschrieben ist.

Pressefreiheit

Das Recht der freien Meinungsäußerung, und dazu gehört die Pressefreiheit, gehört in unserer **Demokratie** zu den **Grundrechten**. Es soll damit sichergestellt werden, dass alle **Bürgerinnen und Bürger** frei ihre Meinung sagen und schreiben können und sich ihre Informationen beschaffen können, wo sie wollen. Niemand darf den Journalisten und **Journalistinnen** im Prinzip vorschreiben, was sie zu schreiben oder zu berichten haben. Durch bestimmte Vorschriften und **Gesetze** wird die Pressefreiheit allerdings eingeschränkt. Es darf niemand beschädigt oder beleidigt werden, die persönliche Ehre der Menschen muss geachtet werden. Es darf auch nichts in **Zeitungen** geschrieben oder im Fernsehen gezeigt werden, was dem **Jugendschutz** widerspricht. Manche warnen davor, dass die Pressefreiheit in Gefahr sei, wenn einzelne Unternehmen zu viele Zeitungen oder Fernsehstationen kaufen. Damit könnte die Meinung im Lande zu sehr beeinflusst werden und vielleicht auch Druck auf die Journalisten ausgeübt werden. Solche „Pressekonzentration“, wie das heißt, kann man in manchen Ländern, auch in **Deutschland (→ Bundesrepublik Deutschland)** beobachten. Hier gibt es das **Bundeskartellamt**, das solche Vorgänge kontrolliert.

Propaganda

Das ist die schriftliche oder mündliche Verbreitung („propagare“ heißt im Lateinischen „ausbreiten“) von Ideen und Informationen mit dem Ziel, andere Menschen von diesen Ideen zu überzeugen. Eigentlich ist es also eine spezielle Art von **Werbung**. Durch den Einsatz der **Massenmedien (→ Medien)** kann Propaganda besonders wirksam werden. Dadurch, dass Propaganda von **politischen** Machthabern in autoritären **diktatorischen Staaten** oft eingesetzt wurde, um das **Volk** in ihrem Sinne zu beeinflussen, hat das Wort einen negativen Beigeschmack bekommen. So gab es zum Beispiel im **nationalsozialistischen Deutschland (→ Bundesrepublik Deutschland)** den „Reichsminister für Volksaufklärung und Propaganda“ Joseph Goebbels.

Prozess

→ Gericht

Putschistenpack

→ Staatsstreich/Putsch

Radikalismus

Dieses Wort kann man auf das lateinische „radix“, das bedeutet „Wurzel“, zurückführen. Mit „Radikalismus“ bezeichnet man eine **politische** Einstellung, die von Grund auf, von der Wurzel her die Dinge ändern und nicht nur an der Oberfläche kratzen will. Rechtsradikale und Linksradikale wollen die bestehende **gesellschaftliche** Ordnung total verändern und die **demokratischen** Regeln abschaffen. Dabei sind die Zielsetzungen der Rechtsradikalen und Linksradikalen zwar unterschiedlich, aber beide Gruppen sind bereit, gewalttätige Mittel einzusetzen, um ihre Ziele zu erreichen. Menschen mit radikalen Einstellungen sind oft **fanatisch**, lassen die Vorstellungen anderer nicht gelten. Sie sind **intolerant (→ Toleranz)** und beharren kompromisslos auf ihren eigenen Vorstellungen.

Rassismus

Sicher kennt ihr das Wort „Rasse“ zum Beispiel aus der Tierwelt. Die Tierarten sind in sich noch einmal in Tierrassen unterteilt. Wenn Hunde eine Art sind, dann sind die Bernhardiner eine Rasse der Hunde. Die Bernhardiner haben ganz bestimmte äußere Merkmale, die sich vererben und die sie von anderen Hunden unterscheiden.
Der Begriff „Rassismus“ ist von „Rasse“ abgeleitet. Der Rassismus behauptet, dass eine bestimmte Art von Menschen, zum Beispiel die Menschen mit weißer Hautfarbe, besser und zu größeren Leistungen fähig seien als andere Menschen. Meist versuchen Menschen mit solchen unsinnigen Aussagen, den eigenen Stellenwert zu erhöhen und andere, ihnen fremde Menschen und **Völker** abzuwerten, auf eine niedrigere Stufe zu stellen. Im Laufe der Geschichte sind solche dummen Behauptungen sogar als angebliche wissenschaftliche Lehre verkündet worden. Während der Zeit des **Nationalsozialismus** dienten solche Behauptungen dazu, die Ausrottung ganzer Bevölkerungsgruppen zu rechtfertigen. Rassismus ist eine schlimme Form der **Diskriminierung**.

Rebell/Rebellion

Das Wort „Rebell“ kommt aus dem Lateinischen und bedeutet so viel wie „Aufrührer“, „Aufständischer“. In Filmen, Romanen und Theaterstücken sieht und liest man von Rebellen wie Robin Hood, Wilhelm Tell oder den Räubern. Diese Figuren, die von Schriftstellern nach wirklichen Vorbildern in der Geschichte erdacht wurden, haben eine Rebellion ausgelöst. Sie haben, wie es allgemein gesprochen heißt, einen bewaffneten Aufstand gegen einen Herrscher, gegen eine **Regierung** oder eine **staatliche** Gewalt angeführt. Sie hatten gute Gründe für ihren **Widerstand**, denn es herrschte große Ungerechtigkeit in ihren Ländern und das **Volk** wurde unterdrückt. Wenn eine Rebellion erfolgreich war und die bestehende Ordnung durch den Aufstand gestürzt wurde, spricht man von einer „**Revolution**“.
In der Vergangenheit gab es viele Aufstände, die meistens von **politischen Minderheiten** ausgingen. Beispiele dafür sind die zahlreichen Sklavenaufstände im 18. und 19. Jahrhundert in Nordamerika, der Aufstand im Warschauer Ghetto von 1943 oder der Volksaufstand 1953 in der ehemaligen **DDR**.

Recht auf umfassende Information

→ Informationsfreiheit

Rechtsanwalt/Rechtsanwältin

Wenn jemand eine Straftat begangen hat, angeklagt wird und sich vor **Gericht** verantworten muss, hat er nach deutschem **Gesetz** das Recht, sich zu verteidigen oder verteidigen zu lassen. Dazu braucht er in den meisten Fällen jemanden, der sich gut mit den Gesetzen auskennt. Das ist eine Rechtsanwältin oder ein Rechtsanwalt. Diese Rechtsgelehrten, wie sie in früheren Zeiten hießen, haben Rechtswissenschaft (Jura) studiert und dürfen Angeklagte vor Gerichten vertreten. Der Anwalt studiert sehr gründlich den Fall seines **Mandanten (→ Mandat)**, also desjenigen, den er vertritt. Wenn der Anwalt davon überzeugt ist, dass

sein Mandant unschuldig ist, versucht er, dies vor Gericht zu beweisen und einen Freispruch zu erwirken. Oder der Anwalt versucht – oft mit Hilfe von Sachverständigen – die Handlungsweise des Angeklagten zu erklären. Vielleicht ist der Angeklagte schwer beleidigt worden oder er war krank und kann deswegen für seine Tat nicht voll verantwortlich gemacht werden. Auf jeden Fall tun Anwälte alles, damit die Angeklagten möglichst keine oder eine geringe Strafe bekommen. Natürlich kostet die Arbeit eines Rechtsanwaltes Geld. Aber wenn ein Angeklagter seinen Rechtsanwalt nicht bezahlen kann, hat er trotzdem Anspruch darauf, vor Gericht verteidigt zu werden. Dann sorgt der **Staat** dafür, dass der Angeklagte einen Anwalt bekommt, das ist ein so genannter Pflichtverteidiger.
Anwälte arbeiten aber nicht nur vor Gericht. Sie sind auch auf vielen anderen Gebieten tätig, in denen es um Rechtsfragen geht. So gibt es zum Beispiel Fachanwältinnen und -anwälte für Familienrecht, Steuerrecht, für Verkehrs- oder Mietrecht.

Rechtsextremismus

In dem Begriff steckt das lateinische Wort „extrem“. Menschen, die Extremisten sind, lehnen die Regeln ab, nach denen unser **demokratischer Staat** funktioniert. Sie wollen sie sogar abschaffen. Wer extremistisch ist, will keine **Toleranz** und Offenheit gegenüber Menschen, die anderer Meinung sind. Rechtsextremisten wollen den Staat mit Gewalt verändern. Sie treten meistens in kleinen Gruppen auf, sind sehr oft gewalttätig, tragen Kleidung und Frisuren, die nach Stärke und Macht aussehen sollen (Glatzen, Springerstiefel) und schreien ausländerfeindliche Parolen. Manchmal verstellen sich diese Menschen auch. Sie sprechen zwar davon, dass sie Recht und Ordnung achten, aber in Wirklichkeit unterdrücken sie andere Menschen, die nicht ihrer Meinung sind. Vorbilder für diese menschenverachtende Einstellung sind häufig der **Nationalsozialismus** und der **Faschismus**. Daher spricht man bei rechtsextremistischen Gruppen heute oft von Neonazis (neuen Nationalsozialisten).

Rechtsprechung

In einem **demokratischen Rechtsstaat** müssen sich die Menschen darauf verlassen können, dass die **Gesetze** für alle gelten und dass der Staat dafür sorgt, dass die Gesetze auch eingehalten werden. Darum kümmern sich unabhängige **Richterinnen** und Richter, die in Streitfällen entscheiden. So wird sichergestellt, dass die Menschen nicht nach eigenem Gefühl und ohne Rücksicht auf die geltenden Gesetze ihre Streitfälle entscheiden. Dies wäre Selbstjustiz. Und weil Selbstjustiz zu einem großen Chaos führen würde, in dem jeder gegen jeden vorgeht, ist sie in modernen Staaten wie unserem strikt verboten. Die Rechtsprechung (man nennt sie auch „Justiz“ oder „rechtsprechende Gewalt“ oder „Judikative“) bezeichnet man in einem demokratischen Staat, in dem die **Gewaltenteilung** herrscht, auch als „Dritte Gewalt“ neben der „Legislative“ und der „Exekutive“.

Rechtsstaat

Das ist die Bezeichnung für einen **Staat**, in dem alles, was der Staat tut, nach den Regeln der **Verfassung** und den geltenden **Gesetzen** erfolgen muss. In **Deutschland (→ Bundesrepublik Deutschland)** gibt das **Grundgesetz** diese Regeln vor. Der Gegensatz zum Rechtsstaat ist zum Beispiel ein Polizeistaat oder eine **Diktatur**. Dort hält sich der Staat an keinerlei Verfassung oder Grundgesetz. In einem Rechtsstaat sollen sich die **Bürgerinnen und Bürger** darauf verlassen können, dass ihre Rechte vom Staat geschützt werden. In Deutschland überprüfen die unabhängigen **Gerichte**, ob der Staat die Gesetze einhält und die Rechte seiner Bürgerinnen und Bürger schützt.

Reform

In **Zeitungen** und im Fernsehen schreiben und reden **Journalisten** und **Politikerinnen** oft von Reformpolitik. Damit ist gemeint, dass man Dinge neu ordnen oder verbessern will. Sollen zum Beispiel die Regeln, nach denen die **Steuern** gezahlt werden, geändert werden, so spricht man von einer Steuerreform. Oder wenn das Gesundheitswesen geändert werden soll, handelt es sich um eine „Gesundheitsreform“. Bei diesen Reformen sollen Steuersystem und Gesundheitswesen einfacher und überschaubarer werden und bei der Gesundheitsreform sollen vor allem die Kosten gesenkt werden.
Das Wort Reform leitet sich übrigens vom lateinischen „reformare“ ab, was „umgestalten“ bedeutet.

Regierung

Die Regierung leitet den **Staat**. Sie besteht aus einer Gruppe von Personen, die man auch Regierungsmannschaft oder **Kabinett** nennt. Chef der Regierung ist in **Deutschland (→ Bundesrepublik Deutschland)** der Bundeskanzler oder die **Bundeskanzlerin**. Die Regierung trifft sich regelmäßig in Sitzungen. Dort werden die nötigen Entscheidungen über die Innen- und Außenpolitik eines Staates getroffen. Das können zum Beispiel neue Regelungen zu **Kindergeld** und **Steuern** oder Maßnahmen im Straßenverkehr sein. Die **Gesetze**, die diese Dinge dann später regeln, werden vom **Parlament** beschlossen. Oder es wird beraten und festgelegt, wie die Beziehungen Deutschlands zu anderen Ländern am besten geregelt werden können. In Deutschland gehört der Regierungschef oder die Regierungschefin normalerweise der stärksten **Partei** im **Deutschen Bundestag** an.

Religion

Das Wort stammt vom lateinischen „religio“ ab, das unter anderem auch mit „Gottesfurcht“, „Gottesverehrung“ oder „Heiligkeit“ übersetzt werden kann. „Religion“ bedeutet demnach, dass religiöse Menschen an eine über ihnen stehende Macht glauben und sich daran ausrichten. Diese Macht stellen sich die Menschen entweder als Person (als Gott) oder als etwas Abstraktes (als das Göttliche) vor. Gott oder das Göttliche unterscheiden sich ganz wesentlich von der menschlichen Welt. Für religiöse Menschen bietet die Religion eine Möglichkeit, die Welt zu verstehen und sich im Leben zu orientieren. Dies trifft auf alle Religionen zu – auf die **christliche** und auch die anderen Weltreligionen sowie die vielen sonstigen, die im Laufe der Zeit entstanden sind. Im Gottesdienst und Gebet, durch Meditation, Gesang, Tanz und durch viele andere Zeremonien drücken die Menschen ihr religiöses Erleben aus. In vielen Religionen gibt es festgelegte Regeln, **Gebote (→ Gesetz)** und religiöse Verhaltensweisen, nach denen sich die Menschen richten sollen.

Rente/Pension

Wenn ihr die Schule beendet habt, werdet ihr nach einer Lehre oder nach einem Studium ins Arbeitsleben eintreten. Ihr bekommt einen Lohn oder ein Gehalt, von dem monatlich ein bestimmter Anteil in die **Rentenversicherung (→ Sozialversicherung)** unseres Landes eingezahlt wird. Wenn ihr das Rentenalter erreicht habt (das liegt heute in der Regel bei 65 Jahren), könnt ihr euer Arbeitsleben beenden und in den Ruhestand gehen. Um euren Lebensunterhalt zu sichern, beantragt ihr dann eure Rente. Dies ist ein Betrag, der euch monatlich ausgezahlt wird. Die Höhe ist davon abhängig, wie viel ihr eingezahlt habt. Sie hängt aber auch davon ab, wie viele Leute zu diesem Zeitpunkt arbeiten und in die Rentenversicherung einbezahlen. Denn mit dem Geld, das die Menschen, die im Moment arbeiten, in die Rentenversicherung einzahlen, wird die Rente derjenigen finanziert, die bereits im Ruhestand sind. (Das ist übrigens ein so genannter **Generationenvertrag**, weil nämlich die jüngere, arbeitende Generation für die ältere Generation einzahlt. Wenn dann die Jüngeren alt sind, zahlen für sie wiederum diejenigen, die dann arbeiten.) Man kann während des Arbeitslebens zusätzlich auch in eine private Versicherung einbezahlen, um sicherzugehen, dass die Rente später auch ausreicht.

„Pension“ heißt das Ruhegehalt, also die Rente einer Beamtin oder eines **Beamten**. (Eine Pension ist ja auch, wir ihr wisst, ein Haus, das Unterkunft und Verpflegung bietet, und in dem ihr vielleicht schon mal Ferien gemacht habt.)

Und für die, die es genau wissen wollen: Das Wort „Rente“ kommt aus dem Altfranzösischen „rente“ und stammt vom lateinischen „reddere“ ab, das heißt „zurückgeben“.

Republik

Bei den alten Römern stand der lateinische Begriff „res publica“ für „Gemeinwesen“, und das ist das **Volk** eines **Staates**. Wenn nur vom Staatsvolk alle Entscheidungsgewalt ausgeht, wenn seine gewählten Vertreterinnen und Vertreter die **Regierung** bilden und die **Gesetze** machen, dann nennt man das eine „Republik“ (der Gegensatz wäre eine **absolute Monarchie (→ Monarchie)** oder eine **Diktatur**). Deutschland ist eine **parlamentarisch-demokratische** Republik. Dies kommt auch im Namen unseres Staates zum Ausdruck: **Bundesrepublik Deutschland**. Manchmal bezeichnen sich allerdings auch Diktaturen als „Republik“, zum Beispiel die **Deutsche Demokratische Republik (→ DDR)** (DDR), die von 1949 bis 1990 existierte.

Resolution

Das Wort kommt aus dem Lateinischen und bedeutet „Beschluss“ oder „Entschließung“. Zum Beispiel werden von der **UNO** Resolutionen verabschiedet. So kann es sein, dass die **Mehrheit** im Sicherheitsrat der UNO feststellt, dass von einem bestimmten Land eine große Gefahr ausgeht, weil es zu viele gefährliche Waffen besitzt. Das Land wird dann mit einer Resolution aufgefordert, diese Waffen zu vernichten. Oder es gibt eine andere Resolution, in der zwei Länder aufgefordert werden, schleunigst ihren Streit friedlich beizulegen. Auf jeden Fall soll mit einer Resolution Druck ausgeübt und die Öffentlichkeit auf ein Problem aufmerksam gemacht werden.

Ressort

„Ressort“ ist ein französisches, ins Deutsche übernommene Wort, das „Arbeits-“, „Geschäfts-“ oder „Amtsbereich“ bedeutet. In der **Politik** spricht man dann von Ressorts, wenn es um die Arbeit von Ministern oder **Ministerinnen** geht. Der Minister des Inneren zum Beispiel ist dafür zuständig, dass es im Inneren des **Staates** nach Recht und **Gesetz** zugeht, dass die **innere Sicherheit** und Ordnung gewährleistet wird. In allen diesen Fragen muss er den Kollegen und Kolleginnen im **Kabinett** Auskunft geben und den Volksvertretern im **Deutschen Bundestag** Rede und Antwort stehen. So ist zum Beispiel das Ressort des Ministers des Auswärtigen für alle Fragen der Außenpolitik zuständig, für die Beziehungen zu den anderen Staaten. Manchmal gibt es in einer **Regierung** auch Minister oder Ministerinnen ohne ein Ressort. Dann sind sie für Sonderaufgaben zuständig.

Revolution

Wenn Menschen sich durch eine bestehende Ordnung, durch ihre **Regierung** oder ihre Herrscher unterdrückt oder ungerecht behandelt fühlen, sehen sie manchmal keine Möglichkeit mehr auf ein besseres Leben. Sie schließen sich zusammen, werden gemeinsam stark und verändern schnell (und oft mit Gewalt) die bestehende Ordnung. Ein solches Handeln nennt man Revolution. Dieses französische Wort bedeutet auch „Umwälzung“ (ursprünglich kommt es vom lateinischen Begriff „revolvere“, das heißt „zurückdrehen“, „zurückrollen“). Die bekannteste Umwälzung in der Geschichte ist die Französische Revolution von 1789. Damals wurde durch einen großen Volksaufstand der **König (→ Monarchie)** gestürzt. Unter schweren Opfern entstand eine neue **politische** Ordnung, in der nicht mehr der König, sondern das **Volk** die Macht hatte. Eine weitere Revolution mit großen und lang anhaltenden Auswirkungen war die russische **Oktoberrevolution (→ Kommunismus)** von 1917. Die Aufständischen töteten den damaligen Herrscher von Russland (man nannte ihn „Zar“) und seine **Familie** und begründeten für lange Zeit die Herrschaft des Kommunismus in Russland und anderen Ländern. Manchmal werden Regierungen, Könige oder andere Herrscher nicht vom Volk, sondern vom Militär gestürzt. Dann nennt man das eine Revolte des **Militärs (→ Streitkräfte/Armee)**. Im Gegensatz zu den oben beschriebenen, meist gewaltsamen Umstürzen, gibt es auch den Begriff „friedliche Revolution“. Als Beispiel dafür gilt das Ende der **DDR** und die deutsche Wiedervereinigung im Jahre 1990. Dies geschah, ohne dass ein einziger Schuss fiel – alleine durch den friedlichen Protest der Bevölkerung der damaligen DDR, die in großen Massen auf die Straße gegangen war.

Auch eine schnelle Entwicklung in Wissenschaft und Technik nennt man Revolution. So war zum Beispiel die Erfindung der Dampfmaschine durch James Watt im 18. Jahrhundert der Auslöser der Industriellen Revolution. Die Erfindung der Eisenbahn läutete eine Verkehrsrevolution ein. Als „revolutionär“ bezeichnet man auch die Veränderungen in der **Wirtschaft** und der **Gesellschaft**, die durch die Erfindung der Computersysteme und Informationsmedien eingetreten sind.

Richter/in

Richter und Richterinnen sind unabhängige unparteiische Männer und Frauen, die, wenn es zu einem Streit kommt, bei **Gericht** Entscheidungen treffen. Es kann dabei zum Beispiel um Streitereien zwischen Nachbarn gehen, um Verkehrsunfälle oder Ehescheidungen. Aber auch schwere Straftaten wie Einbrüche und Mord werden vor Gericht verhandelt. Am Ende einer Gerichtsverhandlung spricht die Richterin oder der Richter das Urteil (so nennt man die Entscheidung). Die Urteile können sehr verschieden sein – manchmal müssen Übeltäter Geld bezahlen, manchmal müssen sie ins **Gefängnis**. Oder aber der Richter spricht den **Angeklagten (→ Rechtsanwalt/Rechtsanwältin)** frei, wenn dieser unschuldig ist oder seine Schuld nicht bewiesen werden kann.

Auf jeden Fall sind Richter nur dem **Gesetz** verpflichtet. Das heißt, sie müssen sich an die Gesetze halten, aber niemand sonst darf ihnen sagen, wie sie urteilen müssen. Dies ist deshalb so wichtig, weil die Gerichte unabhängig sein sollen. Es soll nicht möglich sein, dass jemand einen Richter dazu zwingt, eine bestimmte Entscheidung zu treffen.
Es gibt Berufsrichter, die auf Lebenszeit ernannt sind. Sie haben Rechtswissenschaft (Jura) studiert und eine lange Ausbildung hinter sich, bis sie Richter oder Richterin werden. Dann gibt es die Schöffen (in Amerika heißen sie „Geschworene"). Das sind **ehrenamtliche** Richter und Richterinnen, die aus der Bevölkerung für eine bestimmte Zeit ausgewählt werden. Sie sind bei Verhandlungen genauso unabhängig und haben das gleiche Stimmrecht wie die Berufsrichter.

Schulpflicht

Jedes Kind im Alter von sechs Jahren hat die Pflicht (und das Recht), in die Schule zu gehen. Genauer gesagt, die Eltern müssen dafür sorgen, dass ihr Kind in die Schule geht. Das war nicht immer so, denn diese allgemeine Schulpflicht, wie sie genannt wird, gibt es in **Deutschland (→ Bundesrepublik Deutschland)** erst seit ungefähr 200 Jahren. Vorher hatten meist nur die Kinder reicher Eltern die Möglichkeit, entweder von Privatlehrern oder in Kloster- oder Fürstenschulen das Rechnen und Schreiben zu lernen. Heute gehen die Kinder zuerst in die Grundschule, danach in die Hauptschule oder wahlweise, je nach Interesse und Begabung, in die Realschule, die Gesamtschule oder auf das Gymnasium. Es gibt auch Sonderschulen (zum Beispiel für lernbehinderte Kinder). In Berufsschulen wird man ganz speziell auf einen bestimmten Beruf vorbereitet.
Kinder sind verpflichtet, eine Schule zu besuchen. Die **gesetzliche** Schulpflicht besteht in Deutschland vom 6. bis zum 18. Lebensjahr. Die Pflicht, Vollzeit die Schule zu besuchen, dauert bis zur 9. oder 10. Klasse. Danach besteht eine Pflicht zur Berufsausbildung, falls nicht eine allgemeine Schule (zum Beispiel das Gymnasium) besucht wird.
Schulen gibt es übrigens schon seit über 5000 Jahren. Im alten Griechenland oder in Ägypten wurden dort Schreiber für die Handelsleute und für die Verwaltung ausgebildet.

Soldat

→ Streitkräfte/Armee

Solidarität

Du empfindest, dass dein Freund zum Beispiel von einem Lehrer ungerecht behandelt wird. Du stehst auf und sagst es laut. Du stellst dich also auf seine Seite, zeigst so dein Zusammengehörigkeitsgefühl. „Solidarität" kommt aus dem Lateinisch-Französischen und heißt genau das: „Zusammengehörigkeit". Es können auch mehrere Personen oder auch Gruppen sein, die sich gegenseitig helfen und unterstützen, zum Beispiel Nachbarschaftshilfe leisten und so zeigen, dass sie „solidarisch" sind. In der **christlichen Religion** heißt die Solidarität mit den Armen „Nächstenliebe". **Politisch** hat sich dieses solidarische Handeln im 19. Jahrhundert entwickelt, als sich die Menschen in der so genannten Arbeiterbewegung für bessere Lebens- und Arbeitsbedingungen einsetzten. Solidarität kann also auch ausgeübt werden, wenn man sich persönlich gar nicht kennt. Man fühlt sich dann solidarisch, weil jemand anderes die gleiche politische Überzeugung wie man selbst hat oder weil es ihm schlecht geht und er Not leidet. Heute, da viele Menschen **arbeitslos** sind, ist es zum Beispiel wichtig, dass die Menschen, die einen Arbeitsplatz haben, solidarisch sind. Solidarität in einer **Gesellschaft** brauchen auch **Minderheiten** und Randgruppen, die benachteiligt werden, oder Menschen, die hungern, was in vielen **Staaten** dieser Welt noch immer der Fall ist.

Sonnenenergie

Viele **Politiker**, Wissenschaftlerinnen und Wissenschaftler zerbrechen sich seit Jahren die Köpfe darüber, wie man die **Energie** der Sonne in Zukunft besser nutzen könnte.
Die Sonne ist ein Gasball, der auf seiner Oberfläche ungefähr 5700 Grad heiß ist. Ohne die Sonne gäbe es kein Leben auf der Erde, es wäre bei uns kalt und leer. In jeder Sekunde strahlt dieser Stern – denn die Sonne ist ein Stern – eine unvorstellbar große Menge an Licht und Wärme in den Weltraum. Dies ist möglich, weil im Inneren der Sonne bei einer Temperatur von 15 Millionen Grad dauernd Wasserstoff zu Helium verbrannt wird. Allein die Erde bekommt jedes Jahr von der Sonne so viel Energie, dass damit jeder Mensch auf dieser Erde ununterbrochen über 2000 Glühbirnen mit

60 Watt brennen lassen könnte. (Und es leben derzeit etwa 7 Milliarden Menschen auf der Erde!)
Das Erdöl, aus dem Benzin gemacht wird, die Kohle, die Stromkraftwerke antreibt, und auch das Erdgas, das die Häuser heizt – alle diese Stoffe, die in absehbarer Zeit verbraucht sein werden, sind vor vielen Millionen Jahren aus Pflanzen und Tieren entstanden. Sie konnten nur im Sonnenlicht und in der Sonnenwärme wachsen. Ohne Sonnenenergie gäbe es auch keine Wasserkraftwerke. Die Sonne lässt Wasser verdunsten, das sich in Wolken sammelt. Die regnen sich in Bergen und Flüssen ab. Das talwärts fließende Wasser treibt dann Turbinen in den Kraftwerken an und erzeugt Strom. Ohne Sonne gäbe es auch keinen Wind. Der entsteht, wenn durch Sonnenenergie erwärmte Luftschichten aufsteigen und kalte Luft nachströmt. Damit können dann die großen Windräder angetrieben werden, die ebenfalls Strom erzeugen.
Bisher wird die Sonnenenergie also hauptsächlich über Umwege, Wasser und Wind, genutzt. Nur in geringem Maße wird sie ganz direkt genutzt, so zum Beispiel über die so genannten Sonnenkollektoren (Sonnensammler) auf Hausdächern. Darin wird mit einem bestimmten Verfahren die Sonnenwärme aufgefangen und gespeichert. Bei Bedarf wird dann das Haus damit geheizt. Ebenso gibt es die Möglichkeit, mit einer anderen Technik Sonnenenergie direkt in Strom umzuwandeln (Photovoltaik). Auch gibt es große Spiegel, mit denen man das Sonnenlicht in einem Punkt bündelt. In diesen Solaröfen können hohe Temperaturen erzielt werden. Das Problem ist nur: In vielen Teilen der Welt scheint nicht ständig die Sonne, und man kann die Sonnenkollektoren oder Sonnenöfen nicht immer dahin tragen, wo die Sonne gerade scheint. Vielleicht gelingt es eines Tages – und daran arbeiten Forscherinnen und Forscher auf der ganzen Welt –, dass die Vorgänge im Inneren der Sonne („Kernfusion") auf der Erde nachgebildet werden können. Dann könnte man sich ein kleines Sonnenkraftwerk vielleicht einmal vor der Haustüre bauen.

Souveränität

Das Wort kommt aus dem Französischen und bedeutet so viel wie „Unabhängigkeit", „Überlegenheit". Die Souveränität eines **Staates** besteht darin, dass er selbst entscheiden kann, was im Staat nach innen sowie in den Beziehungen zu anderen Staaten geschehen soll. Der souveräne Staat hat die Macht, seine **Gesetze** und seine Regierungsform selbst zu bestimmen und fremde Staaten dürfen sich nicht einmischen. Diese Unabhängigkeit kann allerdings eingeschränkt werden. Dies ist zum Beispiel der Fall, wenn ein Staat der **EU (→ Europäische Union (EU))** beitritt. Dann werden freiwillig bestimmte Rechte etwa im Bereich der Wirtschafts-, Währungs- oder Landwirtschaftspolitik an die Gemeinschaft abgetreten.
Mit „Souverän" bezeichnet man den unumschränkten Herrscher eines Landes. Früher waren das Kaiser und **Könige (→ Monarchie)**. In den modernen Demokratien ist es das **Volk**, von dem alle Macht im Staat ausgeht. Deshalb heißt es bei uns nach **Wahlen**, wenn eine neue **Regierung** gewählt wurde: Der Souverän hat entschieden.

Soziale Marktwirtschaft

Deutschlands **Wirtschaftsordnung** ist die Soziale Marktwirtschaft. Sie wurde aus der **Freien Marktwirtschaft (→ Freie Marktwirtschaft)** entwickelt. Damit keine zu großen sozialen Ungerechtigkeiten entstehen, greift der **Staat** durch bestimmte Regeln in die Freie Marktwirtschaft ein. Zum Beispiel gibt es **Gesetze** zum Kündigungsschutz, die verbieten, dass ein Arbeitnehmer von einem Tag auf den anderen entlassen wird. Dies ist wichtig, denn eine solche sofortige Kündigung würde dem Arbeitnehmer in der Regel sehr große Probleme bereiten. Andere Gesetze sollen verhindern, dass sich große Firmen zu so genannten Kartellen zusammenschließen, denn dann könnten diese **Kartelle (→ Bundeskartellamt)** die Preise ihrer Produkte so absprechen, dass kleinere Betriebe nicht mehr mithalten können und pleitegehen. Auch sorgt der Staat dafür, dass bei gefährlichen Arbeiten die Arbeitnehmer vor zu großen Gesundheits- oder Sicherheitsrisiken geschützt werden. Kurz, die **Freiheit** der Marktwirtschaft wird da eingeschränkt, wo sie unsozial ist, wo sie nur den Starken dient und den weniger Starken schadet. Das Privateigentum wird geschützt, aber wer Eigentum hat, hat auch Verantwortung dafür, wie er damit umgeht.
Die Soziale Marktwirtschaft wurde nach dem **Zweiten Weltkrieg** von dem Wirtschaftsprofessor Alfred Müller-Armack und von Ludwig Erhard, dem ersten deutschen Bundeswirtschaftsminister, entwickelt. Ihre Ideen gelten im Wesentlichen bis heute.

Einige Unterschiede zwischen freier und sozialer Marktwirtschaft

Freie Marktwirtschaft	Soziale Marktwirtschaft
Der Staat sorgt für die innere und äußere Sicherheit, greift aber nicht in das **wirtschaftliche** Geschehen ein.	Der Staat greift in das wirtschaftliche Geschehen ein, um auch soziale Ziele zu erreichen (zum Beispiel Kündigungsschutz, Mutterschutz)
Privateigentum ist nicht eingeschränkt.	Privateigentum ist grundsätzlich geschützt. Aber es gilt der Grundsatz: „Eigentum verpflichtet“. Es besteht also die Möglichkeit, dass – gegen Entschädigung – jemand enteignet werden kann, zum Beispiel wenn die Sicherheit des Staates betroffen ist.
Die Unternehmen können produzieren, was sie wollen, es herrscht so genannte **Gewerbefreiheit**.	Der Staat greift in die Gewerbefreiheit ein, zum Beispiel wenn die Gefahr besteht, dass von bestimmten Produkten besondere Gefahren ausgehen.
Jeder kann Verträge schließen, so wie er es möchte. Es herrscht also völlige Vertragsfreiheit.	Die Vertragsfreiheit ist eingeschränkt: die Rechte von Menschen, die wirtschaftlich schwächer sind, müssen besonders geschützt werden (so gibt es zum Beispiel Gesetze gegen Wucher oder zum Kündigungsschutz).

Sozialismus

Der Sozialismus ist eine **politische** Lehre mit zwei Hauptströmungen. Es gibt einen **revolutionären** Sozialismus und einen **demokratischen** Sozialismus. Einige Grundideen des Sozialismus sind schon im 18. Jahrhundert, in der Zeit der **Aufklärung**, beschrieben worden. In der Französischen Revolution von 1789 wurde dann der Ruf laut: **Freiheit**, Gleichheit, Brüderlichkeit (heute würden wir statt Brüderlichkeit **Solidarität** sagen). Der Sozialismus betont die Gleichheit und Brüderlichkeit, während der **Liberalismus** die Freiheit in den Vordergrund stellt. Aber erst als es im 19. Jahrhundert mit der **Industrialisierung** immer mehr **Armut** und Elend unter den Arbeitern gab, entwickelte sich der Sozialismus zu einer Massenbewegung. Seine verschiedenen Ideen wurden nun zu einer politischen Lehre zusammengefasst. Am Ende des 19. Jahrhunderts vertraten die Arbeiterschaft und die **Gewerkschaften** den demokratischen Sozialismus, der „gemäßigter **Reform**-Sozialismus“ genannt wurde. Durch eine schrittweise Veränderung sollten die **wirtschaftlichen** und sozialen Verhältnisse und damit die Lebensbedingungen der Menschen verbessert werden. Keiner darf mehr über andere Menschen Macht ausüben, wenn er dafür nicht von allen demokratisch gewählt wird. Aus dieser Bewegung ist die Sozialdemokratische Partei Deutschlands, die SPD, hervorgegangen.

Der revolutionäre Sozialismus, der sich als zweite Hauptströmung entwickelte, strebte dagegen einen gewaltsamen Umsturz und einen **radikalen** Neuanfang in Wirtschaft und **Gesellschaft** an. Er verstand sich als Übergangsstadium zum Kommunismus. Nach der russischen **Oktoberrevolution (→ Kommunismus)** im Jahre 1917 entstand so in der Sowjetunion der „real existierende Sozialismus“. Und auch in anderen **Staaten** wurde das sozialistische System eingeführt. Um 1990 kam es zum Zusammenbruch der meisten sozialistischen Staaten.

In den demokratischen Staaten Westeuropas gibt es nach wie vor sozialistische und sozialdemokratische **Parteien**. Sie wollen Vorstellungen des Sozialismus auf der Grundlage der Demokratie verwirklichen.

Sozialversicherung

Sozialversicherungen sind **Versicherungen**, die vom Gesetz vorgeschrieben sind. Die Sozialversicherung soll die Arbeitnehmer vor den Folgen von Krankheit, Alter, aber auch vor Einkommensverlusten bei **Arbeitslosigkeit** schützen. Die Sozialversicherung umfasst in **Deutschland (→ Bundesrepublik Deutschland)** verschiedene Versicherungen, die man auch „Pflichtversicherungen" nennt. Dies sind die gesetzliche Krankenversicherung, **Pflegeversicherung**, Unfallversicherung, **Renten**- sowie **Arbeitslosenversicherung (→ Arbeitslosengeld)**. Jeder, der arbeitet, muss monatlich einen bestimmten Betrag, der von seinem Einkommen abhängig ist, in diese Versicherungen einzahlen. Einen weiteren Anteil zahlen die Arbeitgeber. Deren Beitrag ist in den meisten Fällen genauso hoch wie der der Arbeitnehmer. Ein Sonderfall ist die Unfallversicherung. Die muss der Arbeitgeber für seine Beschäftigten alleine zahlen.
Hinter der Sozialversicherung steht der Gedanke, dass die Gemeinschaft der versicherten Arbeitnehmer dem Einzelnen hilft, wenn er in Not gerät, krank oder arbeitslos wird, einen Unfall erleidet oder im Alter pflegebedürftig ist.
Beamte und Beamtinnen sind nicht in der **gesetzlichen** Sozialversicherung. Sie sind nach einem besonderen Versorgungsrecht abgesichert.
In Deutschland gab es übrigens früher als in anderen Ländern die ersten Sozialversicherungen: 1883 die Krankenversicherung, 1884 die Unfallversicherung und 1889 die Invaliden- und Altersversicherung.

Spionage/Landesverrat

Stellt euch vor, ihr macht im Team mit einigen Klassenkameraden eine tolle Erfindung für einen Schülerwettbewerb. Ihr habt hart dafür gearbeitet und habt große Chancen auf den ersten Preis. Dann erfahrt ihr, dass ein anderes Team euer streng gehütetes Geheimnis ausgekundschaftet und eure Erfindung einfach übernommen hat, ohne dafür gearbeitet zu haben. Das nennt man „Spionage", die Täter sind Spione. Dieses Beispiel kann man auf andere und größere Bereiche übertragen, denn das Stehlen von Geheimnissen und fremdem Wissen gibt es auch in der Industrie und **Wirtschaft** und in den Beziehungen von **Staaten** untereinander. Firmen und wichtige Personen werden von Agenten und Agentinnen ausgekundschaftet. So will man an geheime Informationen gelangen und sich dadurch Vorteile verschaffen. Wenn jemand **militärische (→ Streitkräfte/Armee)** oder andere wichtige Geheimnisse von **Deutschland (→ Bundesrepublik Deutschland)** an ein fremdes Land weitergibt, kann er wegen Landesverrats bestraft werden. Es kann nämlich sein, dass durch diesen Verrat die Sicherheit und der **Frieden** unseres Landes bedroht werden.

Staat

Im **Pass** wird in einer Zeile nach der „**Staatsangehörigkeit**" gefragt. Bei den meisten von uns steht da: Deutsch. Bei unseren Nachbarn würde da vermerkt sein, dass sie zum Beispiel die polnische oder die niederländische Staatsangehörigkeit haben. Kinder haben meist automatisch die gleiche Staatsangehörigkeit wie ihre Eltern.
Was bedeutet Staat? Das Wort kommt vom lateinischen „status" und vom italienischen „stato" und heißt so viel wie „Zustand" oder „**Verfassung**". Der Begriff wurde übrigens zum ersten Mal im 15. Jahrhundert von dem italienischen Schriftsteller Niccolo Machiavelli gebraucht und hat sich Ende des 18. Jahrhunderts auch im deutschen Sprachraum durchgesetzt.
Staat meint eine Vereinigung vieler Menschen, die (freiwillig) in einem bestimmten, abgegrenzten Gebiet leben. Meistens ist ein Staat über einen längeren Zeitraum gewachsen, seine **Bürger** sind durch die

gleiche Staatsangehörigkeit verbunden. Man nennt diese Gemeinschaft das Staatsvolk; das Gebiet, auf dem das Staatsvolk lebt, ist das Staatsgebiet. Dazu gehört auch der Luftraum darüber und ein bestimmter Streifen am Küstenmeer, meistens drei Seemeilen. Ein Staat ist normalerweise von keiner anderen Macht abhängig, er gibt sich seine eigenen **Gesetze**. Die **Polizei**, das **Militär (→ Streitkräfte/Armee)** und andere Staatsorgane üben die Staatsgewalt aus. Sie sorgen dafür, dass die Gesetze eingehalten werden und dass die Unabhängigkeit des Staates von keiner anderen Macht bedroht wird.
Ein Staat hat eine bestimmte Herrschafts- und Regierungsform. Bei uns und in vielen anderen Ländern ist das die **Demokratie**, in der das **Volk** seine Vertreterinnen und Vertreter in das **Parlament** wählt. Andere Staaten haben als Herrschaftsform zum Beispiel eine **Monarchie** oder eine **Diktatur**.

Staatenbund

So wird der Zusammenschluss mehrerer selbstständiger **Staaten** genannt. In einem solchen Bund behält jeder Staat seine eigene **Souveränität**. Jeder Staat hat also sein eigenes Staatsoberhaupt, seine eigene **Regierung**, seine eigene Verwaltung und **Polizei**. Er kann seine eigenen **Gesetze** machen und andere Staaten dürfen sich nicht einmischen. Weshalb aber schließen sich Staaten zu einem solchen losen Bund zusammen? Der Grund ist, dass mehrere Staaten gemeinsam ihre Ziele besser erreichen können als ein einzelner Staat. Zusammen können sie besser für **Frieden** und Sicherheit ihrer **Bürger** sorgen und auch andere Ziele wie **wirtschaftlichen** Wohlstand verfolgen. In der deutschen Geschichte gab es von 1815 bis 1866 den Deutschen Bund, in dem es keine übergeordnete Regierung wie bei einem **Bundesstaat** gab, sondern jedes Land dieses Bundes eigenständig war.

Staatsangehörigkeit

Wenn jemand einem **Staat** angehört, hat er dort bestimmte Rechte und Pflichten. So darf er zum Beispiel wählen, muss sich aber auch an die **Gesetze** halten, **Steuern** zahlen und möglicherweise **Wehrdienst** leisten. Er ist ein **Staatsbürger (→ Bürger/in/Bürgertum)** von **Deutschland (→ Bundesrepublik Deutschland)**, England, Frankreich oder einem anderen Land. Er hat auch den **Pass** des Landes, dem er angehört.
Wie bekommt man die Staatsangehörigkeit eines Landes? In Deutschland steht das im Staatsangehörigkeitsgesetz: Die deutsche Staatsangehörigkeit wird durch Geburt erworben. Wenn also ein Elternteil deutsch ist, wird das Kind auch deutsch. Das kann auch durch Adoption geschehen. Der Geburtsort eines Kindes spielt dabei in Deutschland, im Gegensatz zu manchen anderen Ländern, keine Rolle. **Ausländerinnen** und Ausländer können, wenn bestimmte Voraussetzungen erfüllt sind, die so genannte **Einbürgerung** beantragen und dann die deutsche Staatsbürgerschaft erhalten.
Nach Artikel 16 des deutschen **Grundgesetzes** kann die deutsche Staatsangehörigkeit gegen den Willen des Betroffenen nicht aberkannt werden.
Es gibt Menschen, die mehr als eine Staatsanghörigkeit besitzen. Das kann zum Beispiel der Fall sein, wenn Vater und Mutter aus unterschiedlichen Ländern stammen. Es gibt aber auch Personen, die als „staatenlos“ gelten, weil sie die Voraussetzungen für eine Staatsangehörigkeit in keinem Staat erfüllen.

Staatsanwaltschaft/ Staatsanwalt/Staatsanwältin

Bei jedem **Gericht** in **Deutschland (→ Bundesrepublik Deutschland)** gibt es eine Staatsanwaltschaft. Das sind die Anwälte oder Anwältinnen des **Staates**. Sie führen bei Verbrechen oder beispielsweise auch bei schweren Verkehrsunfällen mit Fahrerflucht Ermittlungen durch, um die Tat aufzuklären. Die **Polizei** und die Kriminalpolizei („Kripo“) unterstützen die Staatsanwaltschaft dabei. Wenn die Untersuchung abgeschlossen ist und die Staatsanwaltschaft meint, den Täter gefunden zu haben und ihm die Tat nachweisen zu können, erhebt der Staatsanwalt oder die Staatsanwältin im Namen des Staates die Anklage. Der Angeklagte wird von seinem **Rechtsanwalt** verteidigt. Bei der Gerichtsverhandlung vertritt der Staatsanwalt die Interessen des Staates. Der Staatsanwalt muss alles, was für und was gegen einen Angeklagten spricht, berücksichtigen, damit es eine faire Gerichtsverhandlung gibt. Er muss immer nach Recht und **Gesetz** handeln.

Staatsgewalt

Dass der Staat, in dem ich lebe, eine bestimmte Macht (Gewalt) über mich hat, versteht sich von selbst. Schließlich muss ich, wenn ich nicht vor Gericht oder gar im **Gefängnis** landen will, die **Gesetze** einhalten.

Das ist Pflicht für alle Menschen, die im Staat leben, gleichgültig welche **Staatsangehörigkeit** sie haben. Der Staat setzt mit Hilfe der **Polizei** und der **Gerichte** die Rechtsordnung durch, denn sonst könnte jeder machen, was er will; das Chaos wäre vorprogrammiert. Der Staat hat also die Möglichkeit dafür zu sorgen, dass bestimmte Dinge geschehen, dies nennt man „Staatsgewalt“.
Die Staatsgewalt zeigt sich sehr anschaulich in den so genannten Staatsgewalten, dort, wo die Macht des **Staates** ausgeübt und für die **Bürgerinnen und Bürger** sichtbar wird. Es ist die Legislative (gesetzgebende Gewalt, also das Parlament), die Exekutive (ausführende Gewalt, die das umsetzt, was die Legislative beschließt) und die Judikative (**rechtsprechende Gewalt (→ Rechtsprechung)**). Diese **Institutionen** sind in der **Demokratie** getrennt. Das ist der Grundsatz der **Gewaltenteilung**.
Die Macht des Staates erstreckt sich nicht nur auf seine Bewohner (das heißt Personalhoheit), sondern auch auf das Gebiet, auf dem sich der Staat befindet (Gebietshoheit). Der Staat ist **souverän**, er darf sein Gebiet verteidigen, fremde Staaten dürfen sich nicht in seine Angelegenheiten einmischen. Allerdings darf ein Staat nicht tun und lassen was er will, nicht unbeschränkt und willkürlich seine Gewalt ausüben. Das **Völkerrecht** und internationale Verträge verhindern das nach außen. Die Herrschaft des Staates nach innen, also gegenüber den eigenen Bürgern, wird durch die Grund- und **Menschenrechte (→ Grundrechte/Menschenrechte)**, welche die Bürger schützen, begrenzt.

Staatskasse

Was eine Kasse ist, weiß jeder. Da liegt Geld drin oder auch nicht (dann ist die Kasse leer). Die Staatskasse (früher hieß sie „Staatssäckel“) steht nicht irgendwo in einer Straße wie eine Sparkasse. Sie hat keinen Kassenraum, in dem Kunden vor einem Schalter stehen. „Staatskasse“ ist einfach eine Bezeichnung für alle Einnahmen eines **Staates**. Es sind die **Steuern** aller **Bürger** und Firmen, die Gewinne aus Verkäufen oder sonstigen Geschäften, die der Staat getätigt hat, und viele andere Gelder. Diese Gelder liegen auf Konten der **Deutschen Bundesbank** oder bei anderen Banken. Wenn der Staat viele Einnahmen hat, ist die Staatskasse gefüllt, und man kann damit viele Dinge in Angriff nehmen, etwa Straßen, Kindergärten und Schwimmbäder bauen oder auch von den Bürgern im nächsten Jahr weniger Steuern verlangen. Oft aber seufzen die **Politiker** genauso wie die normalen Bürger: Seht her, wir können nichts machen, wir sind knapp bei (Staats-)Kasse!

Staatskosten

→ Staatskasse

Staatsstreich/Putsch

In der Geschichte ist es schon häufig vorgekommen, dass eine Gruppe von Menschen, manchmal waren das Offiziere oder **Minister**, schnell und meist gewaltsam die herrschende **Regierung** abgesetzt, also „gestürzt“, hat. Das konnte verschiedene Gründe haben. Manchmal wollten diese Menschen selber die Macht im **Staat** haben, manchmal glaubten sie, dass die Regierung ihre Arbeit so schlecht macht, dass man sie vertreiben müsse. Eine solche gewaltsame Absetzung der Regierung, die die geltenden **Gesetze** des Landes nicht beachtet, nennt man „Staatsstreich“. Wenn das **Militär (→ Streitkräfte/Armee)** die Regierung des eigenen Landes stürzt, nennt man das nicht „Staatsstreich“, sondern „Militärputsch“.

Stadtrat/Gemeinderat

Wenn in den **Gemeinden** (Kommunen) in **Deutschland (→ Bundesrepublik Deutschland)** Entscheidungen getroffen werden, dann müssen daran – so sieht es unsere **Verfassung** vor – auch die Bürgerinnen und Bürger beteiligt sein. Da nicht alle **Bürgerinnen und Bürger** immer gefragt werden können, gibt es auch in den Kommunen **Parlamente**. Das sind die Gemeinde- oder Stadträte, die auch manchmal „Stadtverordnetenversammlung" genannt werden. Sie werden in bestimmten Abständen in geheimer **Wahl** gewählt. In diesen Räten sind die **Parteien** der Gemeinde, aber auch unabhängige Wählergemeinschaften vertreten, sofern sie genügend Stimmen bei der Wahl bekommen haben. Die Stadträte kommen zu regelmäßigen Sitzung zusammen und bestimmen mit, ob zum Beispiel eine neue Umgehungsstraße gebaut wird oder neue Wohngebiete erschlossen werden. Wie dieses Mitregieren in den Stadträten genau aussieht, ist in den so genannten Kommunalverfassungen der **Bundesländer** festgelegt. Als „Stadtrat" oder „Gemeinderat" werden übrigens auch die einzelnen Mitglieder der Gemeindeparlamente bezeichnet, die neben ihren normalen Berufen diese Arbeit für ihre Gemeinde oder Stadt **ehrenamtlich** ausüben.

Steuern

Manchmal stöhnen die Menschen über viel zu hohe Steuern, die sie dem **Staat** geben müssen, ohne dass sie sofort etwas dafür zurückbekommen. Die Steuern sind Geldzahlungen der **Bürger**. Der Staat verwendet dieses Geld, um bestimmte Aufgaben zu erfüllen. Es werden zum Beispiel Straßen, Schulen, Sportanlagen, Krankenhäuser und vieles mehr gebaut. Mit den Steuern werden auch die Lehrerinnen, die **Polizisten** und alle anderen, die für den Staat arbeiten, bezahlt. Auf bestimmte Produkte erhebt der Staat auch Sondersteuern. So muss man beispielsweise für Alcopops eine zusätzliche Abgabe bezahlen. Und nun etwas für Spezialisten: Steuern werden auf unterschiedliche Weise bezahlt. Wer arbeitet und Geld verdient, zahlt einen bestimmten Anteil davon als Steuern an das Finanzamt. Das sind so genannte „direkte Steuern", sie gehen direkt ans Finanzamt. Dann gibt es noch die „indirekten Steuern". Die gehen sozusagen über einen Umweg ans Finanzamt. Dazu gehört zum Beispiel die so genannte **Mehrwertsteuer**. Die zahlen wir alle jedes Mal, wenn wir zum Beispiel Kaugummis, Milch, Benzin, Kleidung oder andere Sachen kaufen. Diese Steuer ist schon im Preis enthalten. Deshalb steht auf einer Rechnung auch meistens: einschließlich … Prozent Mehrwertsteuer.

Strafgesetzbuch (StGB)

Jemand hat einen anderen Menschen beraubt und zusammengeschlagen. Er hat Straftaten begangen und sich schuldig gemacht. Wie hoch die Strafe dafür sein kann, steht im Strafgesetzbuch (StGB). Hier sind die wichtigsten Strafvorschriften und Strafandrohungen für kriminelle Taten aufgeschrieben.
Seit über 130 Jahren gibt es in **Deutschland (→ Bundesrepublik Deutschland)** das StGB. Im Laufe der Zeit wurde es oft verändert, da viele neue Straftaten hinzukamen, an die man zuvor gar nicht gedacht hatte. Man denke nur an die kriminellen Handlungen, die im Zeitalter des Computers und anderer moderner **Medien** möglich geworden sind.
Das Strafgesetzbuch hat zwei Teile. Im Allgemeinen Teil steht, wann eine Handlung als Straftat angesehen wird: wann jemand vorsätzlich oder fahrlässig handelt, ob Notwehr oder ähnliches vorliegt. Der Besondere Teil des StGB geht auf die verschiedenen Straftaten (Delikte) ein wie Mord, Betrug, schwerer Diebstahl und viele andere strafbare Handlungen.
Dafür wird im Strafgesetzbuch ein so genannter Strafrahmen festgelegt. Der sagt, welche Strafe man für diese oder jene Tat zu erwarten hat.

Streik/Aussperrung

Arbeitnehmer und Arbeitgeber verhandeln über die Höhe von Löhnen und Gehältern und über Arbeitszeiten. Wenn sie sich nicht einigen können, kann es zu einem Arbeitskampf kommen. Dann können Arbeitnehmer für eine bestimmte Zeit ihre Arbeit niederlegen. Das ist ein Streik. (Das Wort kommt vom englischen Wort „to strike", das bedeutet „stoßen" oder „schlagen".) Auf diese Weise wollen die Arbeiter und Angestellten ihre Forderungen durchsetzen. Sie wollen die Arbeitgeber unter Druck setzen, denn wenn nicht gearbeitet wird, kann ein Betrieb in dieser Zeit nichts verdienen. Streikposten verhindern vor den Toren der Betriebe, dass Arbeitswillige ihren Arbeitsplatz erreichen.

Aber auch die Arbeitgeber können im Arbeitskampf Druck ausüben. Sie können für eine bestimmte Zeit die Betriebstore schließen und niemanden zur Arbeit lassen. Das nennt man „Aussperrung". In dieser Zeit können die Arbeiter und Angestellten nichts verdienen. Solche **Arbeitskämpfe** erlaubt das **Grundgesetz** (Artikel 9).

Meistens wird ein Streik von den **Gewerkschaften** organisiert. Vorher aber müssen alle Möglichkeiten ausgeschöpft werden, um zu einer Einigung mit den Arbeitgebern zu kommen. Wenn die Verhandlungen gescheitert sind, müssen in einer so genannten „Urabstimmung" die Mitglieder der Gewerkschaften entscheiden, ob sie streiken wollen. Nur wenn die **Mehrheit** zustimmt, kann gestreikt werden. Wenn nur für ein bis zwei Stunden die Arbeit niedergelegt wird, heißt das „Warnstreik". Ein Warnstreik kann während der Tarifverhandlungen und ohne Urabstimmung stattfinden. Arbeitsniederlegungen, die nicht von den Gewerkschaften organisiert sind, werden als „wilde Streiks" bezeichnet. Sie sind rechtswidrig. Oft hört man auch von „Schwerpunktstreiks". Dann legen Arbeiter nur in besonders wichtigen Betrieben die Arbeit nieder. Wenn zum Beispiel ein Betrieb bestreikt wird, der Ersatzteile für die Autoindustrie hergestellt, kann damit die gesamte Autoindustrie getroffen werden, weil überall die Ersatzteile fehlen. Beim „Bummelstreik" wird die Arbeit betont langsam erledigt. Bei einem „Generalstreik" wird überall im Lande gestreikt, um von einer **Regierung** bestimmte Entscheidungen zu erzwingen. In **Deutschland (→ Bundesrepublik Deutschland)** ist der Generalstreik allerdings nur in sehr begrenzten Ausnahmefällen erlaubt. Es gibt auch Streiks, die mit einem Arbeitskampf nichts zu tun haben: Ein „Sitzstreik" ist meist eine **politische Demonstration**. Mit einem „Hungerstreik" wollen zum Beispiel **Gefangene** bessere Haftbedingungen erzwingen.

Streitkräfte/Armee

Alle Soldaten eines Landes werden zusammen als die „Streitkräfte" eines **Staates** bezeichnet. Dabei wird eine Unterscheidung gemacht zwischen den Luftstreitkräften (Luftwaffe), den Seestreitkräften (Marine) und den Landstreitkräften (Heer). Der Begriff „Armee" ist doppeldeutig. Manchmal wird er für die Landstreitkräfte benutzt, manchmal aber auch für die gesamten Streitkräfte. In **Deutschland (→ Bundesrepublik Deutschland)** heißen die gesamten Streitkräfte „**Bundeswehr**". Ein militärisches Bündnis wie zum Beispiel die **NATO** hat immer auch Streitkräfte.

Studentenbewegung/ Außerparlamentarische Opposition

In den 60er Jahren des vorigen Jahrhunderts entstanden in vielen Ländern Protestbewegungen, die von Studentinnen und Studenten an den Universitäten ausgingen. Der Protest begann in den USA mit heftigen **Demonstrationen** gegen den Vietnamkrieg. Auch in der **Bundesrepublik Deutschland** bildete sich eine solche „Studentenbewegung". Die Studierenden demonstrierten zunächst vor allem gegen die schlechten Studienbedingungen an den Hochschulen. Als 1966 die **Parteien** CDU/CSU und SPD gemeinsam eine **Regierung** (Große **Koalition**) bildeten, weiteten sich die Proteste aus. Immer mehr junge Menschen schlossen sich an, wöchentlich gab es Demonstrationszüge durch die Städte. Die Jugendlichen protestierten gegen die von der Regierung geplanten Notstandsgesetze. Zudem kritisierten sie die **Pressekonzentration**. Sie befürchteten, dass der Springer-Verlag, der über seine **Zeitungen** starken Einfluss auf die öffentliche Meinung nahm, immer mehr Macht erzielte und die Meinung im Lande bestimmen könnte. Diese Bewegung, die ihre Proteste vor allem durch Demonstrationen und öffentlichkeitswirksame Aktionen zum Ausdruck brachte, bezeichnete sich auch als „außerparlamentarische **Opposition**" (APO). Da gegenüber der großen Koalition die Einflussmöglichkeiten der Opposition im **Bundestag (→ Deutscher Bundestag)** gering waren, wollten die Studierenden die Opposition außerhalb des **Parlamentes** deutlich machen.

Doch es wurde nicht nur Kritik an **politischen** Entwicklungen geübt. Die Studentenbewegung, die auch „68er-Generation" genannt wurde, lehnte viele traditionelle Lebensformen ab und wünschte sich **gesellschaftliche** Veränderungen. Manche Demonstranten haben versucht, mit Gewalt (Zerstörung von Autos, Einschlagen von Fensterscheiben u. ä.) ihren Forderungen Nachdruck zu verleihen. Nach dem Ende der großen Koalition im Jahre 1969 verlor die APO an Kraft und zerfiel in den 70er Jahren wieder. Gleichzeitig entstanden viele andere Bewegungen wie die Umweltbewegung, die Anti-Atomkraft-Bewegung oder die neue **Frauenbewegung**.

Supersteuer

→ Steuern

Tarifvertrag

Dieser Vertrag ist eine schriftliche Vereinbarung, die zwischen den **Gewerkschaften** und Vertretern der Arbeitgeber ausgehandelt wird. Diese beiden nennt man auch „Tarifvertragsparteien". Im Tarifvertrag wird festgelegt, wie hoch der Lohn oder das Gehalt für bestimmte Berufsgruppen ist, wie viele Urlaubstage es gibt und noch anderes mehr. Diese Vereinbarungen gelten für Betriebe, **Ämter (→ Amt)** und Behörden sowie für ihre Arbeiter, Angestellten und **Beamte**. Die Vereinbarungen sind nur eine bestimmte Zeitlang gültig. Die Tarifvertragsparteien haben das Recht, über die Löhne und Gehälter selbstständig zu verhandeln, ohne dass sich jemand anderes, zum Beispiel die **Regierung** einmischt. Dieses Recht nennt man „Tarifautonomie". Die Tarifautonomie ist in **Deutschland (→ Bundesrepublik Deutschland)** im **Grundgesetz** festgeschrieben.

Technisches Hilfswerk (THW)

Die blauen Fahrzeuge des Technischen Hilfswerks (die Abkürzung lautet THW) habt ihr vielleicht schon auf der Straße gesehen. Oder im Fernsehen, wenn über schwere **Naturkatastrophen**, über Erdbeben, Überschwemmungen, einen Flugzeugabsturz oder ein Eisenbahnunglück berichtet wird. Dann sind oft die Helfer des THW zur Stelle, denn die Menschen in den betroffenen Gebieten, egal ob im Ausland oder bei uns in **Deutschland (→ Bundesrepublik Deutschland)**, brauchen ganz schnell Hilfe. Das THW untersteht dem **Bundesminister (→ Minister/in)** des Innern. Die Aufgabe des THW ist es, Menschen und Tiere aus Gefahrenlagen zu retten, Schäden an der Strom- und Wasserversorgung zu reparieren, zerstörte Wege und Übergänge wieder herzurichten. Auch in weit entfernten Ländern kennt man das deutsche THW. So wurden zum Beispiel in Südafrika Anlagen für Trinkwasseraufbereitung gebaut, in der Türkei, in Kolumbien oder Taiwan halfen Hundestaffeln des THW bei der Suche nach Verschütteten nach schweren Erdbeben. Den größten Auslandseinsatz des Technischen Hilfswerks gab es im Jahr 2000. Damals haben mehr als 1500 Helferinnen und Helfer in Frankreich mitgeholfen, die Schäden nach schweren Winterstürmen zu beseitigen. Das THW wurde 1953 gegründet. Es gibt heute mehr als 660 Ortsverbände, in denen sich Frauen und Männer zum Teil hauptamtlich, vor allem aber **ehrenamtlich** engagieren.

Terrorismus

Das Wort „Terror" stammt aus dem Lateinischen und heißt „Schrecken". Terroristen sind also Menschen, die Schrecken verbreiten. Mit grausamen Anschlägen und Entführungen, bei denen oft viele Menschen ums Leben kommen, wollen sie ihre Ziele gewaltsam auch gegen den **Staat** durchsetzen. Ihr rücksichtsloses und brutales Vorgehen erklären Terroristen meistens damit, dass sie eine andere und bessere Welt wollen und geben dafür **politische** oder **religiöse** Gründe an. Aber was soll das für eine Welt sein, in der die meisten Menschen in Angst und Schrecken leben?

In manchen Ländern, zum Beispiel in Nordirland, in Spanien, im **Nahen Osten (→ Nahostkonflikt)** oder einigen südamerikanischen und südostasiatischen Staaten, bezeichnen sich Terroristen als Widerstands- oder Befreiungskämpfer. Manchmal wollen sie die Unabhängigkeit eines Landesteils erkämpfen und dazu scheint ihnen fast jedes Mittel recht zu sein.

Eine besonders unberechenbare Form des Terrorismus sind die so genannten Selbstmordattentate. Dabei setzen die Terroristen das eigene Leben ein, um ihre Ziele zu erreichen, wie zum Beispiel bei den Anschlägen auf das New Yorker World Trade Center am 11. September 2001. Hier haben sich Terroristen mit entführten Flugzeugen in die Gebäude gestürzt. Tausende Menschen haben ihr Leben verloren.

Aber nicht nur Einzelpersonen können Terroristen sein. Es gibt auch Staaten, die ihre Bevölkerung unterdrücken und dazu grausame Mittel einsetzen.

Toleranz

Passt dir die Nase eines Mitschülers nicht? Oder die andere Meinung einer Mitschülerin? Kannst du es nicht gut ertragen, wenn dir jemand widerspricht oder sich anders verhält, als du es erwartest? Dann bist du nicht tolerant, denn Toleranz (der Begriff kommt aus dem Lateinischen) bedeutet, dass man auch andere Meinungen, Anschauungen oder Haltungen neben seiner eigenen gelten lässt. Denn die Menschen sind unterschiedlich und alle haben in unserem **Staat** das Recht, im Rahmen der **Gesetze** nach ihren Vorstellungen zu leben. So ist es zum Beispiel ein Gebot der Toleranz zu akzeptieren, wenn Menschen unterschiedliche Religionen haben und dies auch zum Ausdruck bringen. In **Deutschland (→ Bundesrepublik Deutschland)** werden keine Religionen verboten. Die Glaubens- und Gewissensfreiheit ist in unserem **Grundgesetz** festgeschrieben. Man sollte aber nicht immer Toleranz zeigen: Wenn Menschen etwa gewalttätig werden, sollte man dies nicht dulden, nicht tolerieren, sondern sich mit anderen verbünden und die Bedrohten schützen. Das Gegenteil von Toleranz ist übrigens Intoleranz.
Der Vollständigkeit halber:
Das Wort „Toleranz" benutzt man auch im Zusammenhang mit Maßen und Gewichten. Hier bezeichnet es die zulässige Abweichung, wenn eine Messung nicht hundertprozentig genau sein kann.

Umwelt/Umweltschutz

Alles, was um euch herum ist, was ihr seht, hört, riecht oder schmeckt – das alles gehört zu eurer Umwelt. Dazu zählen auch eure **Familien** und Freunde, Häuser, Autos und Straßen. Wenn wir aber heute von Umwelt sprechen, denken wir zuerst an Pflanzen und Tiere, an Erde, Wasser und Luft. Das alles ist die natürliche Umwelt, die wir – manchmal auch vor uns selbst – schützen müssen, damit auch in einigen Jahren noch Menschen auf der Erde leben können. (In der **Politik** spricht man hier oft von „**Nachhaltigkeit**" und meint damit, dass wir nicht mehr Natur verbrauchen und zerstören dürfen, als wieder neu entstehen kann.)
Die meisten Dinge in der Natur hängen miteinander zusammen. Man spricht deshalb auch vom „Kreislauf der Natur". Wenn zum Beispiel das Gift, mit dem ein Bauer Schädlinge bekämpft, auf die Felder kommt, werden vielleicht Hasen davon krank. Wenn dieser kranke Hase dann von einem Jäger geschossen und später gegessen wird, können auch Menschen davon krank werden. Wenn das Gift im Erdreich versickert und ins Wasser kommt, können Fische und Tiere, die das Wasser trinken, Krankheiten bekommen. Und auch wenn in der Stadt zu viele Abgase aus Schornsteinen und Autos in die Luft gepustet werden, kann das viel Unheil anrichten: Die Menschen bekommen Atemprobleme, die Bäume sterben, wenn sie zu stark mit den Schadstoffen belastet werden.
Umweltschutz umfasst alle Maßnahmen, die dazu beitragen, dass die natürliche Umwelt der Menschen erhalten bleibt, dass Boden, Luft, Wasser, Pflanzen und Tiere geschützt werden. Seit 1994 ist der Umweltschutz als Staatsziel im deutschen **Grundgesetz** festgelegt.

UNESCO

UNESCO ist die englische Abkürzung für „United Nations Educational Scientific and Cultural Organization" (auf Deutsch: „Organisation der **Vereinten Nationen (→ UNO/Vereinte Nationen)** für Erziehung, Wissenschaft und Kultur"). Sie ist eine Sonderorganisation der Vereinten Nationen und wurde 1945 gegründet. Diese weltweite Organisation, zu der 191 **Staaten** gehören, hat ihren Sitz in Paris. Die Aufgabe der UNESCO ist es insbesondere, Kindern und Erwachsenen, die nicht lesen und schreiben können, zu einer Schulausbildung zu verhelfen. Die Organisation unterstützt vor allem **Entwicklungsländer**, denen das Geld für Schulen fehlt. Aber sie hilft auch Ländern, die

Katastrophen wie Überschwemmungen oder **Erdbeben (→ Naturkatastrophe)** erlitten haben, beim Wiederaufbau. Das Ziel der UNESCO ist es, weltweit die **Bildung** zu fördern, aber auch dafür zu sorgen, dass sich die Länder untereinander austauschen, damit wir gegenseitig mehr über fremde **Kulturen** erfahren und lernen, diese zu verstehen.

UNICEF

UNICEF bedeutet „United Nations International Children's Emergency Fund" und ist der Name für das Kinderhilfswerk der **Vereinten Nationen (→ UNO/Vereinte Nationen)**. Es wurde 1946 gegründet und hat seinen Hauptsitz in New York. Die Aufgabe von UNICEF ist es, weltweit Kindern zu helfen und Mütter zu unterstützen. Hilfe wird vor allem in armen Ländern, den so genannten **Entwicklungsländern**, gebraucht. Denn hier fehlt das Geld für Dinge, die in den reichen Ländern selbstverständlich sind, zum Beispiel gesunde Ernährung, Arzneimittel, ausreichende Hygiene und eine gute Ausbildung.
UNICEF kümmert sich aber auch um Kinder, die in manchen Ländern gezwungen werden, am **Krieg** teilzunehmen (so genannte **Kindersoldaten**). Die Organisation versucht, ihnen wieder ein normales Leben zu ermöglichen. Sie kümmert sich auch um **Flüchtlinge** und insbesondere um Kinder, die plötzlich in Not geraten sind – zum Beispiel durch Krieg oder nach Katastrophen wie **Erdbeben (→ Naturkatastrophe)** oder Überschwemmungen. Dafür braucht man viel Geld. Deshalb zahlen viele **Staaten** freiwillig einen Beitrag an UNICEF. Ein Teil der Gelder für UNICEF aber wird von Menschen gespendet, die mit einem eigenen Beitrag das Kinderhilfswerk unterstützen möchten. 1965 erhielt UNICEF den **Friedensnobelpreis**.

UNO-Friedenstruppe

Gibt es zwischen zwei Ländern einen schweren **Konflikt**, so haben diese Länder die Möglichkeit, sich an die UNO zu wenden und um Hilfe zu bitten. Der UNO-**Sicherheitsrat (→ UNO/Vereinte Nationen)** entscheidet dann, ob Soldaten im Auftrag der UNO in das Krisengebiet geschickt werden, um für Sicherheit und **Frieden** zu sorgen. In diesen Gebieten führen sie dann friedenssichernde oder friedenserhaltende Maßnahmen durch, wie es in der Fachsprache heißt.
Die Soldaten, die von den UNO-Mitgliedsländern für die UNO-Einsätze zur Verfügung gestellt werden, aber auch **militärische (→ Streitkräfte/Armee)** und zivile Beobachter bilden zusammen die UNO-Friedenstruppe. Zurzeit sind an vielen Stellen in der Welt, zum Beispiel auf dem Balkan oder im Nahen Osten, Soldaten im Auftrag der UNO im Einsatz. Sie werden „Blauhelm-Soldaten" genannt, weil sie blaue Helme tragen. Damit fallen sie unter den anderen Soldaten sofort auf.

UNO/Vereinte Nationen

Nach dem Zweiten **Weltkrieg** wurde 1945 die „United Nations Organization" (auf Deutsch „Vereinte Nationen", abgekürzt UNO oder VN) mit Sitz in New York gegründet. Man wollte verhindern, dass sich solche Weltkriege wiederholen. Heute sind fast alle **Staaten** der Erde in der UNO. Wenn es Probleme zwischen Staaten gibt, versucht die UNO zu vermitteln und damit einen **Krieg** zu verhindern. Die Ziele der UNO sind: die Erhaltung des Weltfriedens und die internationale Sicherheit, die freundschaftliche Zusammenarbeit der Mitglieder sowie der Schutz der **Menschenrechte (→ Grundrechte/Menschenrechte)**. Die UNO hat viele Unterorganisationen gegründet. Eine davon ist das Weltkinderhilfswerk **UNICEF**, das sich um Kinder in der ganzen Welt kümmert. Eine andere ist die **UNESCO**.
Sehr oft hört man vom Sicherheitsrat der UNO. Der Sicherheitsrat trägt die Hauptverantwortung, wenn es darum geht, dass Streitigkeiten zwischen Ländern beigelegt werden sollen. Im Sicherheitsrat sind immer die USA, Russland, China, Frankreich und England vertreten. Sie sind „ständige Mitglieder". Andere Länder gehören nur zeitweise zum Sicherheitsrat. Die ständigen Mitglieder des Sicherheitsrates können ein **Veto** gegen **Resolutionen** einlegen, die von der **Mehrheit** der Mitgliedsstaaten gefasst wurden. Damit wird dann dieser Beschluss aufgehoben.

Untersuchungsausschuss

Im Gegensatz zur **Enquête-Kommission** sitzen in einem „**parlamentarischen** Untersuchungsausschuss", wie es genau heißt, nur **Abgeordnete**. Der Ausschuss kann einberufen werden, wenn mindestens ein Viertel aller Abgeordneten des Parlaments das beantragt. Ziel eines solchen Ausschusses ist es, Missstände im **staatlichen** Bereich aufzuklären. Zum Beispiel könnte ein solcher Ausschuss einberufen werden, wenn Zweifel daran bestehen, dass eine **Partei** Gelder, die sie vom Staat bekommen hat, auch korrekt abgerechnet hat. Der Ausschuss tagt für einen bestimmten Zeitraum, befragt Zeugen und Sachverständige, um die Vorwürfe zu klären. Der Ausschuss kann keine Urteile sprechen so wie ein **Richter** in einem Prozess. Er veröffentlicht aber seine Ergebnisse in einem Abschlussbericht.

Vasall/Lehen

Wenn sich im Mittelalter ein Mann in den Dienst bei einem Herrn, einem Herzog oder Fürsten begab, und diesem Herrn, wie das hieß, Gefolgschaft leistete, wurde er ein so genannter Vasall. Der Vasall verpflichtete sich zu bestimmten, oft **militärischen (→ Streitkräfte/Armee)** Diensten. Der Begriff kommt vom lateinischen Wort „vassus“, das heißt „Knecht“. Als Dank für seine treuen Dienste erhielt der Vasall vom Herrn oft ein so genanntes Lehen. Dieses Lehen gab dem Vasallen das Recht, einen Bauernhof oder ein Landgut für sich zu nutzen. Gleichzeitig aber musste sich der Vasall auch dazu verpflichten, dem Lehnsgeber oder Lehnsherrn gegenüber weiterhin treu zu sein. Der oberste Lehnsherr war der **König (→ Monarchie)**, dann kamen die Fürsten und die hohen Geistlichen. Jeder von ihnen hatte Lehen, also Güter bekommen und konnte sie an treue Untertanen, Vasallen, weitergeben. Diese gegenseitigen Verpflichtungen bildeten eine wesentliche Grundlage der mittelalterlichen **Gesellschaftsordnung**.

Vereidigung/Diensteid

In diesem Begriff steckt das Wort „Eid“. Gemeint ist damit die feierliche Bekräftigung oder Bestätigung einer Aussage. In Gerichtsfilmen kann man oft sehen, wenn ein Zeuge „vereidigt“ wird: der **Richter** weist den Zeugen auf die Bedeutung des Eides hin, dann hebt der Zeuge die rechte Hand und spricht die Eidesformel „Ich schwöre es“. Wenn der Zeuge dann die Unwahrheit sagt, den Eid also bricht und einen so genannten Meineid leistet, wird er bestraft. Einen Dienst- oder Amtseid legen alle diejenigen ab, die ein öffentliches **Amt** ausüben. So schwört zum Beispiel die **Bundeskanzlerin**, ein Minister oder eine **Ministerin** zu Beginn ihrer Arbeit in einer feierlichen Vereidigung im **Bundestag (→ Deutscher Bundestag)**, alles zum Wohle des **Volkes** zu tun und die **Verfassung** zu achten.

Verfassung

In seiner Verfassung legt ein **Staat** fest, nach welchen Regeln er organisiert wird und wie das Zusammenleben der Menschen funktionieren soll. Die Verfassung beschreibt das **politische** System, also wie das Land regiert werden soll. Soll es zum Beispiel eine frei gewählte **Regierung** oder einen **König (→ Monarchie)** geben? Welche Rolle sollen **Parteien** spielen? Es wird festgelegt, was die Regierung darf, was sie nicht darf, welche Macht die **Polizei**, die **Streitkräfte** oder andere Staatsorgane haben. Vor allem aber ist festgeschrieben, welche **Grundrechte** den einzelnen Menschen zustehen, damit sie frei und ohne staatlichen Zwang leben und arbeiten können. Kein anderes **Gesetz** darf den Bestimmungen dieser Grundordnung widersprechen. In **Deutschland (→ Bundesrepublik Deutschland)** wird die Verfassung **Grundgesetz** genannt.

Vermittlungsausschuss

Wie ihr in diesem Lexikon beim Stichwort „**Gesetzgebung**“ nachlesen könnt, haben **Bundestag (→ Deutscher Bundestag)** und **Bundesrat** das Recht, Gesetze zu beschließen oder abzulehnen. (Der Bundesrat muss nicht bei allen **Gesetzen** mitentscheiden, aber bei einigen. Dafür gibt es genaue Regeln.) Es kann vorkommen, dass der Bundestag einem Gesetz, sagen wir einer Steuererhöhung, zustimmt, der Bundesrat aber aus bestimmten Gründen dagegen ist und das geplante Gesetz ablehnt. Die Sache scheint also verfahren. Es kann nun – das ist laut **Grundgesetz** so möglich – ein Ausschuss eingesetzt werden, der in diesem Falle vermittelt. Dieser Ausschuss besteht aus jeweils 16 Mitgliedern des Bundestages und des Bundesrates. Seine Aufgabe ist es, nach Wegen zu suchen, damit das Gesetz nicht endgültig scheitert. Vielleicht kann die Steuererhöhung noch verschoben werden oder nicht ganz so hoch ausfallen wie ursprünglich geplant. In einem Vermittlungsausschuss werden viele Möglichkeiten besprochen, wie ein **Kompromiss** gefunden werden könnte. Wenn eine Einigung erzielt wird, kann das Gesetz verabschiedet werden, wenn aber nicht, ist das Gesetz gescheitert. Allerdings kann die **Regierung** das Gesetz zu einem späteren Zeitpunkt, dann vielleicht in veränderter Form, dem Bundestag und Bundesrat wieder zur Abstimmung vorlegen.

Verordnung/Rechtsverordnung

Verordnungen (sie werden auch „Rechtsverordnungen“ genannt) sind Regelungen, die festlegen, wie bestimmte **Gesetze** auszuführen sind. Anders als ein Gesetz, das vom **Deutschen Bundestag** beschlossen wird, wird eine Verordnung von der Exekutive erlassen (und nicht von der **Legislative (→ Gewaltenteilung)**, also dem **Parlament**).

Um diesen Unterschied zu verstehen, geben wir ein Beispiel: Im Mai 2002 wurde das Gesetz über die Gleichstellung von **behinderten Menschen** (BGG) vom Deutschen Bundestag beschlossen. In diesem Gesetz wurde die so genannte Barrierefreiheit festgelegt. Das heißt, alle öffentlichen Gebäude, Busse und Bahnen, Telefonzellen, das Internet und zahlreiche andere Bereiche des täglichen Lebens müssen so gestaltet sein, dass Behinderte sie ohne fremde Hilfe und Erschwernis nutzen können. Im BGG wurden die Rechtsvorschriften für diese „Barrierefreiheit“ genau aufgeschrieben. Die Umsetzung dieser Vorschriften, wo etwa Auffahrten für Rollstühle, wo Bürgersteige und Treppen behindertengerecht zu bauen sind, welche Ampeln eingerichtet werden müssen und welche zahlreichen Hilfen für die Behinderten sonst noch erforderlich sind, um dem BGG Genüge zu tun, wird von den **Ministerien (→ Ressort)**, von Verwaltungen des Bundes, der Länder und **Gemeinden** (also der Exekutive, den so genannten ausführenden Organen) festgelegt. Dazu werden Verordnungen erlassen.

Eine Rechtsverordnung schreibt also vor, wie ein bereits bestehendes Gesetz in allen Einzelheiten ausgeführt werden muss. Im Gesetz selbst können diese Einzelheiten zumeist nicht stehen. Denn würde das Parlament immer alle Einzelheiten eines Gesetzes entscheiden müssen, würde es viel zu lange dauern, bis ein Gesetz beschlossen werden kann.

Versicherungen

Wer bei einer Versicherung regelmäßig Geld einzahlt, bekommt Geld, wenn das, was er versichert hat, beschädigt oder zerstört wurde. So kann man zum Beispiel sein Haus gegen Brand, Wasser- und Sturmschäden versichern. Man schließt dann mit einer Versicherungsgesellschaft eine Gebäudeversicherung ab und zahlt einen monatlichen Beitrag an die **Gesellschaft**. Wenn nun tatsächlich zum Beispiel ein Wasserrohr platzt und das Wasser Möbel, Teppiche und Tapeten beschädigt, so übernimmt die Versicherung den Schaden. Das kann sie, weil eben nicht bei allen Versicherten gleichzeitig ein Wasserrohr platzt. Dann wäre es zu teuer für die Versicherung, für alle Schäden gleichzeitig die Kosten zu übernehmen. Es gibt auch eine Reihe von Versicherungen, die **gesetzlich** vorgeschrieben sind. Zum Beispiel muss jeder, der ein Auto besitzt, eine Kraftfahrzeugversicherung abschließen, damit Unfallschäden, die ein Autofahrer verursacht, bezahlt werden. Viele **Krankenversicherungen (→ Sozialversicherung)** sind gesetzlich vorgeschrieben. Den Arbeitern und Angestellten wird automatisch ein bestimmter Betrag vom Lohn oder vom Gehalt abgezogen und der Krankenversicherung überwiesen. Die bezahlt dann ganz oder teilweise die Arzt- und Medikamentenkosten für die Kranken. Man kann sich auch freiwillig versichern oder eine Zusatzversicherung abschließen. Das tut man, wenn man zum Beispiel im Falle eines Krankenhausaufenthaltes im Einzelzimmer liegen oder vom Chefarzt persönlich behandelt werden möchte.

Vertrauensfrage

Hier bezeichnet der Name ziemlich genau das, was gemeint ist: Wenn der Bundeskanzler nicht sicher ist, ob er im **Bundestag (→ Deutscher Bundestag)** noch das Vertrauen der **Mehrheit** der **Abgeordneten** hat, stellt er eine entsprechende Frage: „Habt ihr noch Vertrauen in meine Arbeit und wollt ihr, dass ich auch weiterhin Bundeskanzler bleibe?“ Wenn eine Mehrheit sagt, wir wollen diesen Bundeskanzler nicht mehr als Regierungschef haben, treten der Bundeskanzler und seine **Regierung** zurück. Der **Bundespräsident** kann dann das **Parlament** innerhalb einer Frist von 21 Tagen auflösen und **Neuwahlen** verkünden. Wenn aber der Bundestag einen anderen Bundeskanzler oder eine **Bundeskanzlerin** wählt, dann darf das Parlament nicht aufgelöst werden.

Vertriebene

Wenn Menschen ihre Heimat zwangsweise verlassen müssen, sind sie „Vertriebene“. In Deutschland bezeichnet man als „Vertriebene“ oder „Heimatvertriebene“ insbesondere deutsche **Staatsangehörige**, die nach dem **Zweiten Weltkrieg** ihre Heimat zwangsweise verlassen mussten. Dies waren vor allem Menschen, die vor dem Ende des Zweiten **Weltkrieg** in Gebieten gelebt hatten, die damals zum Deutschen Reich gehörten. Nachdem die Deutschen den **Krieg** verloren hatten und die Ländergrenzen in **Europa** verändert wurden, gelangten etwa 12,3 Millionen Deutsche aus den Gebieten, die nach dem Krieg zu Polen, der Tschechoslowakei, der Sowjetunion, Ungarn und Rumänien gehörten, in die **Bundesrepublik Deutschland** und die **DDR**. Viele dieser Vertriebenen haben sich in so genannten Landsmannschaften und Vertriebenenverbänden zusammengeschlossen.

Veto

„Veto" ist Lateinisch und heißt wörtlich übersetzt: „Ich verbiete". Wenn jemand ein Vetorecht hat, kann er oder sie gegen einen Beschluss vorgehen, also „ein Veto einlegen". Das hat dann zur Folge, dass dieser Beschluss unwirksam oder aber zumindest aufgeschoben wird. In **Deutschland (→ Bundesrepublik Deutschland)** hat zum Beispiel der **Bundesrat** sehr oft ein Vetorecht gegen **Gesetze**, die der **Bundestag (→ Deutscher Bundestag)** beschließt. Dieses Veto kann allerdings vom Bundestag zurückgewiesen werden, wenn das die **Mehrheit** der **Abgeordneten** so entscheidet. In der **UNO** haben die ständigen Mitglieder des Sicherheitsrates ein besonderes Vetorecht gegen Beschlüsse, die von der Mehrheit des Sicherheitsrates gefasst werden.

Visum

Im Lateinischen bedeutet das Wort „Gesehenes". Man bezeichnet damit einen **amtlichen** „Sichtvermerk" in einem **Reisepass (→ Pass)**. Ein solcher Stempel wird für die Einreise in viele Länder gebraucht. Er zeigt, dass die Einreise genehmigt ist. Eine **Botschaft** oder eine andere Vertretung (Konsulat) des Landes, in das man reisen möchte, stellt ein solches Einreisevisum aus. Manchmal kann man das Visum auch direkt an der **Grenze** bekommen. Die Länder, die ein Visum für die Einreise verlangen, kontrollieren auf diese Weise, wie viele Reisende das Land besuchen. Einige **Staaten** verlangen von den eigenen **Bürgern und Bürgerinnen (→ Bürger/in/Bürgertum)** Ausreisevisa, wenn sie das Land verlassen wollen. (Man sagt auch Ausreisevisen, das ist beides die Mehrzahl von „Visum"). Damit soll verhindert werden, dass zu viele Menschen ihrer Heimat den Rücken kehren. In **Deutschland (→ Bundesrepublik Deutschland)** während des **Nationalsozialismus** oder in den früheren **kommunistischen** Ländern wurden beispielsweise solche Ausreisevisa verlangt. Heutzutage gehören China oder auch Kuba zu den Staaten, deren Bürger Ausreisevisen beantragen müssen, wenn sie woandershin reisen wollen.

Völkerrecht

Staaten schließen sich zu Gemeinschaften zusammen, um gemeinsame Interessen besser durchsetzen zu können. Eine davon ist die Völkerrechtsgemeinschaft. Deren Mitglieder haben sich verpflichtet, bestimmte Regeln im Umgang miteinander einzuhalten. Diese Regeln sind im Völkerrecht festgelegt. Das Völkerrecht besteht aus einer ganzen Reihe von Verträgen und wird unterteilt in Friedensrecht und **Kriegsrecht**. Hier ist genau beschrieben, welche Rechte und Pflichten die Staaten im **Frieden** und im **Krieg** haben. Im Mittelpunkt stehen dabei die **Verfassung** der **Vereinten Nationen (→ UNO/Vereinte Nationen)** von 1945 (UN-Charta) und die **Menschenrechte (→ Grundrechte/Menschenrechte)**. Alle Länder, die zur Völkerrechtsgemeinschaft gehören, haben diese Verträge unterschrieben.
Der Gedanke eines gemeinsamen Rechtes für **Völker** ist schon sehr alt. Als Erster hat ihn Hugo Grotius (1583–1645) aufgeschrieben. Daher gilt er als Gründer des Völkerrechts.

Volk/Nation

Das Wort „Volk" kommt vom althochdeutschen „folc" und das hieß „viele". Ein Volk ist eine große Gruppe von Menschen mit gemeinsamer Abstammung. Alle Mitglieder dieser Gruppe leben in der Regel zusammen in einem bestimmten Gebiet, das deutsche Volk in **Deutschland (→ Bundesrepublik Deutschland)**, die Franzosen in Frankreich usw. Ein Volk hat eine gemeinsame Herkunft, Geschichte, **Kultur**. Seine

Menschen sprechen meist auch dieselbe Sprache. Allerdings muss das nicht immer zutreffen. Es gibt viele verschiedene Dialekte, auch ganz unterschiedliche Sprachen innerhalb eines Landes, wie man in der Schweiz sieht oder in Kanada. Zum Volk der Vereinigten **Staaten** gehören zum Beispiel Menschen vieler Hautfarben und ganz unterschiedlicher Herkunft. Man spricht in solchen Fällen auch von einer „Nation" (das kommt aus dem Lateinischen). Bei dem **politischen** Begriff „Nation" denkt man mehr an das Zugehörigkeitsgefühl der Menschen eines Landes, in dem der Austausch zwischen den Menschen mit unterschiedlicher Herkunft gefördert werden sollte. Das entspricht dem Verständnis der modernen **demokratischen** Staaten, die in ihren **Verfassungen** festgelegt haben, dass kein Mensch wegen seiner **Rasse (→ Rassismus)**, Hautfarbe, Sprache, **Religion** benachteiligt werden darf. Jeder Mensch darf in **Freiheit** – ohne dabei behindert zu werden – leben.

Volksvertreter

→ Abgeordnete

Volkswirtschaft

Alle privaten Haushalte, sämtliche kleinen und großen Firmen und Unternehmen sowie Einrichtungen eines **Staates** bilden zusammen die Volkswirtschaft. Vereinfacht kann man sagen: Alle, die produzieren (erzeugen) und **konsumieren** (verbrauchen), gehören zur Volkswirtschaft. Zwei wichtige Merkmale sind die gemeinsame **Währung** (zum Beispiel der **Euro**) und ein gemeinsames Wirtschaftssystem. In **Deutschland (→ Bundesrepublik Deutschland)** ist das Wirtschaftssystem die freie **soziale Marktwirtschaft**. Die **Wirtschaftspolitik** der **Regierung**, die **Bildung** der Bevölkerung, der Stand der Technik, die **wirtschaftliche** Leistungskraft der Menschen, das Klima und Bodenschätze wie Kohle, Eisenerz und Ölvorkommen spielen für die Volkswirtschaft eine große Rolle. Auch die geografische Lage ist wichtig. Wenn es zum Beispiel große Häfen gibt, können Güter leichter in alle Welt transportiert werden. Alle diese Dinge wirken zusammen und bestimmen letztlich, wie gut eine Volkswirtschaft funktioniert.

Volljährigkeit

Sobald sie das 18. Lebensjahr erreicht haben, können junge Frauen und Männer in **Deutschland (→ Bundesrepublik Deutschland)** selbstständig ihre Entscheidungen treffen, ohne Eltern, Vormund oder sonst jemanden fragen zu müssen. Sie dürfen dann wählen und gewählt werden (nur nicht zum **Bundespräsidenten**, dazu muss man mindestens 40 Jahre alt sein). Sie können über ihre Ausbildung und ihren Beruf bestimmen, den Führerschein machen, einen Kaufvertrag abschließen (vorausgesetzt natürlich, sie haben genug Geld), in jedes Lokal gehen, ihren Wohnort selber wählen und noch viele andere Dinge mehr tun. Sie haben mit 18 auf jeden Fall die volle Geschäftsfähigkeit erreicht. Sie sind mündig geworden. Mit der Volljährigkeit aber sind nicht nur Rechte verbunden, man muss auch für seine Entscheidungen persönlich einstehen. In Deutschland gilt diese Regelung übrigens seit dem 1. Januar 1975.
Wir müssen noch erwähnen, dass Kinder und Jugendliche auch vor dem 18. Lebensjahr bereits bestimmte Dinge selber entscheiden können. Mit 14 Jahren kann man seine **Religion** selber wählen, man kann aber auch in diesem Alter schon für kriminelle Handlungen bestraft werden. (Das nennt man „bedingte strafrechtliche Verantwortlichkeit".) Mit 16 Jahren kann man in manchen Fällen schon einen **Eid (→ Vereidigung/Diensteid)** ablegen, den Führerschein Klasse M machen und ist verpflichtet, einen **Personalausweis (→ Pass)** zu haben.

Vorurteil

Angenommen, demnächst soll ein neuer Schüler in eure Klasse kommen. Irgendjemand behauptet, der sei blöde, ein Streber, mit dem könne man nichts anfangen, oder noch schlimmer, der habe mal gestohlen. Schon habt ihr, obwohl ihr den Neuen noch gar nicht kennt und diese Sachen, die über ihn erzählt werden, gar nicht überprüfen konntet, eine bestimmte Meinung. Das nennt man ein „Vorurteil“: Eine Meinung wird ohne eigene Erfahrung und Prüfung einfach kritiklos übernommen.

Normalerweise ist es nicht einfach, so ein Vorurteil wieder loszuwerden und eine Sache richtig zu stellen. Zumeist aber lohnt es sich, seine Vorurteile immer wieder zu überprüfen.

Wahlen

In der **Demokratie** wählen die Bürger Personen und **Parteien**, von denen sie eine Zeitlang im **Parlament** vertreten werden wollen. Diejenigen, die gewählt sind, werden in die Volksvertretung, das Parlament, geschickt. In **Deutschland (→ Bundesrepublik Deutschland)** ist das der **Deutsche Bundestag**. Dort versuchen die **Volksvertreter (→ Abgeordnete)** und Volksvertreterinnen, die Abgeordneten, das Beste für ihre Wählerinnen und Wähler zu erreichen.

Im **Grundgesetz** steht in Artikel 38, dass die Wahlen allgemein, unmittelbar, frei, gleich und geheim sein müssen. „Allgemein“ heißt, dass alle **Staatsbürger (→ Bürger/in/Bürgertum)** wählen können, unabhängig von Einkommen, Geschlecht oder anderen Dingen. „Unmittelbar“ ist eine Wahl, die ohne Wahlmänner und -frauen stattfindet. Man wählt eine Partei oder einen **Kandidaten** direkt, ohne dass jemand anders daran mitbeteiligt ist. Die Wahl ist frei, wenn man von niemandem zu einer bestimmten Wahl gedrängt wird, wenn man wirklich frei entscheiden kann. „Gleich“ heißt, dass jede Stimme gleichviel zählt – alle Stimmen sind gleich wichtig. „Geheim“ bedeutet, dass die Wähler den Stimmzettel so ausfüllen können, dass niemand anders sehen kann, was darauf geschrieben wird.

Wahlkampf

In den Wochen und Monaten vor einer wichtigen Wahl (zum Beispiel zum **Deutschen Bundestag**) versuchen die **Parteien** und **Kandidaten**, die gewählt werden wollen, alle **Wählerinnen (→ Wahlen)** und Wähler davon zu überzeugen, dass sie die Besten sind. Auf Plakaten an öffentlichen Plätzen, in **Zeitungen**, im Rundfunk und insbesondere im Fernsehen in Werbespots und vielen Talkshows stellen sie sich und ihre Botschaften und Programme möglichst gut und verständlich dar. Die Leser und Zuschauer sollen das Gefühl bekommen: Genau diese Partei oder diese Kandidatin oder dieser Kandidat will das, was für mich am besten ist. Und damit die Menschen diejenigen, die sie wählen sollen, noch persönlich kennenlernen können, kommen die Kandidaten in ihre Stadt, sprechen auf Marktplätzen und in großen Sälen, damit im Wahlkampf vielleicht noch die überzeugt werden können, die bis kurz vor der Wahl nicht wissen, wen oder welche Partei sie wählen sollen.

Wahlplakat

→ Wahlkampf

Wahlrecht

Wenn ihr 18 Jahre alt werdet, dann seid ihr volljährig. Ihr dürft eure **Abgeordneten**, die euch in den **Parlamenten** (**Stadtrat**, **Landtag** oder **Deutscher Bundestag**) vertreten sollen, wählen. Ihr nehmt dann euer Stimmrecht, oder, wie es auch heißt, euer „aktives Wahlrecht“ wahr. Und wenn ihr selbst gewählt werden wollt, geht das auch mit dem Beginn der **Volljährigkeit**. Ihr lasst euch als **Kandidat** aufstellen, könnt dann also gewählt werden. Das nennt man das „passive Wahlrecht“. Theoretisch kann man also mit 18 Jahren schon **Bürgermeisterin** oder Bundestagsabgeordneter werden. Dies ist aber noch nicht vorgekommen, denn eine gewisse Lebenserfahrung braucht man ja doch für solche wichtigen **Ämter (→ Amt)**. Allerdings deutlich älter als 18 Jahr muss man sein, wenn man zur **Bundespräsidentin** oder zum Bundespräsidenten gewählt werden möchte. Hier beträgt das Mindestalter 40 Jahre.

Übrigens: Das Recht zu wählen, das allgemeine Wahlrecht, wie es heißt, wurde in **Deutschland (→ Bundesrepublik Deutschland)** bereits 1871 eingeführt. Es galt allerdings nur für Männer. Frauen erhielten erst 1918 das Wahlrecht.

Wahlveranstaltung

→ Wahlkampf

Währung

Aus dem Wort „Werunge" ist unser heutiges Wort „Währung" entstanden. Damit bezeichnet man die Geldsorten der verschiedenen **Staaten**. In vielen **europäischen** Staaten ist der **Euro** die Währung. Vor dem Euro gab es in **Deutschland (→ Bundesrepublik Deutschland)** die D-Mark. Welche Währung es gibt, wie sie heißt, wie viele **Banknoten** oder Münzen es zum Beispiel in der deutschen Währung gibt, regelt in Deutschland ein **Gesetz** (das wird Geldordnung oder auch Geldverfassung genannt). Alle Dinge, die mit der Währung zusammenhängen, werden von der **Deutschen Bundesbank** oder der **Europäischen Zentralbank** verwaltet. In früheren Zeiten wurde auch mit Gold- oder Silberstücken oder wertvollen Steinen bezahlt, es gab bei manchen **Völkern** auch die Naturalien-Währung. Zum Beispiel wurde festgesetzt, dass fünf Säcke Reis so viel wert sind wie ein Schaf oder ein Sack Pfeffer wie ein Pferd. Das sind nur Beispiele, die aber zeigen, was Währung im weiteren Sinne auch ist: ein Tauschmittel.

Währungsunion

Das Geld der verschiedenen **Staaten**, also die Scheine und Münzen, mit denen man bezahlen kann, nennt man „**Währung**". Wenn zwei oder mehr Staaten beschließen, dass in ihren Ländern dieselbe Währung gelten soll, dann bilden sie eine Währungsunion. Das war zum Beispiel kurz vor der Wiedervereinigung im Juli 1990 zwischen der **Bundesrepublik Deutschland** und der **DDR** der Fall. Es gab damals einen Vertrag, der festlegte, dass die Mark der DDR in die D-Mark der Bundesrepublik Deutschland umgetauscht werden konnte. Für jede DDR-Mark gab es eine D-Mark. Dadurch ist ein einheitliches Währungsgebiet entstanden.
Inzwischen ist die D-Mark durch den **Euro** ersetzt worden. Wenn man heute nach Frankreich, Holland, Italien oder andere **europäische** Länder fährt, kann man fast überall mit den gleichen Scheinen und Münzen bezahlen. Der Euro ist inzwischen in 13 Mitgliedsstaaten der **EU (→ Europäische Union (EU))** sowie in einigen anderen Staaten das offizielle Zahlungsmittel. Das Gebiet, in dem der Euro die gemeinsame Währung ist, heißt „Europäische Währungsunion".
Sie ist ein Teil der Europäischen Wirtschafts-, Währungs- und Sozialunion, der bis jetzt 27 Mitglieder angehören. Auch in anderen Teilen der Welt gibt es Währungsunionen.

Wehrdienst/Wehrpflicht

Wenn jemand zur **Bundeswehr** geht, so leistet er Wehrdienst. Das können Frauen und Männer freiwillig machen als Soldat oder Soldatin auf Zeit oder als Berufssoldat oder Berufssoldatin. Seit 2001 dürfen Frauen überall in der Bundeswehr Wehrdienst leisten. Männer, die ihren 18. Geburtstag hinter sich haben, müssen in **Deutschland (→ Bundesrepublik Deutschland)** aber auch dann zur Bundeswehr, wenn sie dies nicht freiwillig möchten. Für die Männer gibt es die allgemeine Wehrpflicht, die in unserem Land seit 1956 besteht. Diese Pflicht beginnt mit dem 19. Lebensjahr und endet mit dem 28. Lebensjahr. Die Männer werden ärztlich untersucht. Wenn sie tauglich sind, also körperlich und seelisch dazu in der Lage sind, dann werden sie zur Bundeswehr eingezogen. Ein Wehrpflichtiger kann sich auch zum Dienst bei der Freiwilligen Feuerwehr, beim **Technischen Hilfswerk** oder bei der **Bundespolizei** verpflichten. Die wehrpflichtigen **Soldaten (→ Streitkräfte/Armee)** wohnen zusammen in Kasernen und müssen einen Grundwehrdienst ableisten. Dieser dauert derzeit neun Monate. Dabei lernen sie, was sie als Soldaten wissen müssen. Später müssen sie dann noch in Wehrübungen, die im Einzelfall nicht länger als drei Monate dauern dürfen, zeigen, was sie von ihrem Grundwehrdienst noch wissen. Wehrpflichtige, die aus Gewissensgründen den Wehrdienst verweigern, müssen in der Regel **Zivildienst** leisten.

Weltbank

Die Weltbank (Bank für Wiederaufbau und Entwicklung) ist eine Organisation der **Vereinten Nationen (→ UNO/Vereinte Nationen)**. Sie wurde 1944 mit dem Ziel gegründet, den Wiederaufbau von zerstörten Städten, Brücken und Straßen nach dem **Zweiten Weltkrieg** zu unterstützen. Heute, mehr als 60 Jahre nach dem Zweiten **Weltkrieg**, gibt es die Weltbank immer noch, doch ihre Aufgaben haben sich geändert. Heute fördert sie die **wirtschaftliche** Entwicklung in vielen **Staaten** der Erde und bekämpft die **Armut** in der Welt. Sie vergibt an arme Länder **Kredite**, mit denen zum Beispiel Straßen oder Kraftwerke gebaut werden, und sie berät **Regierungen**.
Immer wieder hat es Streit darüber gegeben, ob die Weltbank die richtigen Projekte fördert. In den letzten Jahren sind die Vorschriften für die Vergabe von Geldern verändert worden. So passt die Weltbank

jetzt darauf auf, dass die Projekte, für die sie Geld zur Verfügung stellt, den **Umweltschutz** berücksichtigen. Auch will sie nicht mehr mit Staaten zusammenarbeiten, in denen eine **korrupte** Regierung herrscht.

Welthandelsorganisation (WTO)

Die WTO (englisch „World Trade Organisation") ist eine Organisation der **UNO**. Sie hat ihren Sitz in Genf. Wie auch die **Weltbank** und der Internationale Währungsfonds ist die WTO eine wichtige Einrichtung, die zur Regelung und Erleichterung der weltweiten **wirtschaftlichen** Zusammenarbeit geschaffen wurde. Alle zwei Jahre treffen sich die Fachminister aus den fast 150 Mitgliedsländern der WTO und beraten, wie sie zum Beispiel die **Zölle (→ Zoll)** im Handel zwischen den Ländern niedriger halten können oder ob die Zölle sogar ganz wegfallen können. Denn das Hauptziel aller Regelungen und Kontrollen, die die WTO beschließt, ist es, die Handelsbeziehungen möglichst frei (liberal) und einfach zu gestalten und keine Länder dabei zu benachteiligen.
Vor der Einrichtung der WTO gab es das so genannte GATT („General Agreement on Tariffs and Trade"), ein allgemeines Zoll- und **Handelsabkommen**.

Weltkrieg

Im **Krieg** versuchen **Staaten**, ihren Streit gewaltsam mit **Soldaten (→ Streitkräfte/Armee)** und Waffen zu lösen. Oft sind daran nur zwei Staaten beteiligt. Von einem „Weltkrieg" spricht man, wenn die Kämpfe zwischen vielen Staaten stattfinden und sich über die ganze Welt erstrecken. Daran sind Millionen von Menschen beteiligt. Viele furchtbare Waffen werden eingesetzt, die fast überall schwere Zerstörungen anrichten. Im letzten Jahrhundert gab es zwei große Weltkriege, den **Ersten Weltkrieg** (1914–1918) und den **Zweiten Weltkrieg** (1939–1945).
Nach solchen verheerenden Kriegen wird die Welt oft neu geordnet. Auch die Beziehungen zwischen den Staaten werden anders gestaltet. Nach dem Zweiten Weltkrieg wurde die **UNO** gegründet, in der fast alle Staaten vertreten sind. Sie soll verhindern, dass es noch einmal zu einem Weltkrieg kommt. Auch die Anfänge der **europäischen** Vereinigung fallen in die Nachkriegszeit.

Werbung

Eine Firma hat ein neues Produkt, zum Beispiel ein neues Waschmittel hergestellt. Um damit Geld verdienen zu können, will sie natürlich, dass viele Leute das Waschmittel kaufen. Käufer müssen aber erst einmal wissen, dass es dieses neue Mittel überhaupt gibt. Es wird also dafür Werbung gemacht (früher sagte man meistens, es wird dafür „Reklame" gemacht). Die Namen und die Bilder neuer Produkte, egal ob Waschmittel, Fernseher, Computer, Sonderangebote für Kleidung oder auch Reiseangebote tauchen in Anzeigen in **Zeitungen** und Zeitschriften auf, in Katalogen, auf Plakaten und Werbetafeln (zum Beispiel bei Sportveranstaltungen), in Werbespots im Fernsehen und im Radio. Je öfter die Menschen das Bild von der Waschmittelpackung sehen, desto aufmerksamer werden sie. Beim nächsten Gang in den Supermarkt wandert das Waschmittel vielleicht schon in den Einkaufswagen. Das Ziel der Werbung wäre dann erreicht. Man könnte auch sagen, die Menschen sind beeinflusst worden, ohne dass ihnen das richtig klar war.
Es landen, wie jeder täglich merkt, auch jede Menge Werbebriefe, Prospekte und Reklamezettel im Briefkasten. Damit sollen die Käufer ganz direkt angesprochen werden. Manchmal erscheinen auch Vertreter an der Haustüre und wollen neue Kunden für eine Zeitschrift oder einen Buchclub werben. Das nennt man „Direktwerbung".

Preisabsprachen zwischen Betrieben stattfinden, um andere Rivalen und Mitbewerber zu bekämpfen, die dann nicht mehr mithalten können. Die so genannte Wettbewerbspolitik der **Regierung** hat daher das Ziel, freien und fairen Wettbewerb zu garantieren.

Wettbewerb/Konkurrenz

Wettbewerb gibt es in vielen Lebensbereichen: Wenn zwei oder mehrere Menschen oder **Parteien** um eine bestimmte Sache kämpfen, handelt es sich um einen Wettbewerb. Oft findet er im Sport statt. So gibt es im Fußball zum Beispiel Pokalwettbewerbe. Es gibt aber auch viele andere Wettbewerbe, wie etwa Schönheitswettbewerbe oder Mathematikwettbewerbe. Bewerber treten, wie es oft heißt, in „Konkurrenz“ zueinander an. Dieses aus dem Lateinischen kommende Wort heißt nichts anderes als „Wettbewerb“.
In der **Wirtschaft** bedeutet Wettbewerb, dass große und kleine Unternehmen miteinander konkurrieren. Die Firmen wollen möglichst viele Kunden gewinnen, von deren Geld sie schließlich leben. Deswegen müssen sie gute Produkte anbieten, die möglichst besser und kostengünstiger sind als die Produkte der Konkurrenten. Dann steigen ihre Chancen, dass sie die Produkte verkaufen. In der **freien Marktwirtschaft (→ Freie Marktwirtschaft)** ist dieser Wettbewerb sehr wichtig. Expertinnen und Experten sprechen davon, dass der Wettbewerb Motor für den Fortschritt und für das gute Funktionieren der Wirtschaft ist. Es heißt oft, dass Wettbewerb (Konkurrenz) das Geschäft belebt, denn die Firmen sind bestrebt, immer bessere Produkte zu entwickeln, um im Konkurrenzkampf zu bestehen. Allerdings muss der Wettbewerb, wie im Sport auch, fair sein. Es dürfen zum Beispiel keine heimlichen

Widerstand/Widerstandsrecht

Viele Menschen, die in einer **Diktatur** leben oder auch in einem Land, das von einem anderen **Staat** überfallen wurde, lehnen sich gegen die Herrschaft auf. Sie leisten Widerstand, weil sie diese Herrschaft ablehnen. Manchmal schließen sie sich mit anderen Menschen zusammen, die genauso denken und bilden eine Widerstandsgruppe. Es gibt gewaltlosen Widerstand und Widerstand, der mit Gewalt gegen Sachen und Personen verbunden ist.
In der Zeit des **Nationalsozialismus** gab es mehrere Widerstandsgruppen, die den Diktator Hitler und seine Macht beseitigen wollten. Sehr bekannt ist die „Weiße Rose“, die von Studenten und Studentinnen in München gegründet wurde. In einer anderen Gruppe haben sich vor allem Offiziere zusammengeschlossen. Diese Gruppe wurde bekannt unter dem Namen „20. Juli 1944“, weil der Offizier Claus Graf Schenk von Stauffenberg an diesem Tag ein **Attentat** auf Hitler verübte, das allerdings missglückte. Auch Jugendliche haben Widerstand geleistet. In Köln und im Ruhrgebiet zum Beispiel haben sie sich als so genannte Edelweißpiraten gegen die Nationalsozialisten aufgelehnt. Viele Widerstandskämpfer wurden entdeckt und hingerichtet.
Heute hat jeder in **Deutschland (→ Bundesrepublik Deutschland)** das Recht Widerstand zu leisten, wenn jemand versucht, unsere **demokratische** Grundordnung zu beseitigen. Dieses Widerstandsrecht ist in unserem **Grundgesetz** festgelegt. Aber Widerstand ist nur dann erlaubt, wenn vorher alles andere versucht wurde, um diese Gefahr für unseren Staat abzuwehren.

Wiederwahl

→ Wahlen

Wirtschaft

Wenn die Menschen arbeiten, dann erzeugen sie sehr oft etwas. Sie bauen Autos, Maschinen, Häuser, sie nähen Kleidung, backen Brot, pflanzen Getreide oder bauen Obst an. Diese Beispiele kann man um viele

andere ergänzen. Alle Bereiche zusammen, in denen Menschen etwas herstellen, bezeichnet man als Wirtschaft. Dazu gehören auch die **Dienstleistungen**. Das sind alle Tätigkeiten, wo Menschen arbeiten, aber nichts direkt hergestellt wird, also Handel, Verkehr, Banken, **Versicherungen**, Verwaltung, **Polizei** usw. Einzelbereiche der Wirtschaft sind zum Beispiel die Landwirtschaft oder Bauwirtschaft, der Bergbau, die Autoindustrie oder die Nahrungsmittelwirtschaft.
In der Wirtschaft regelt einerseits die Nachfrage das Angebot: Je mehr Menschen eine Ware haben wollen, also eine Ware nachfragen, desto mehr wird diese Ware auch produziert und angeboten. Wenn viele Leute eine bestimmte Jeans-Marke haben wollen, dann werden die Hersteller von Jeans dafür sorgen, dass man diese Jeans möglichst schnell kaufen kann.
Andererseits wird die Nachfrage auch durch Angebote geweckt. Wenn zum Beispiel ein neues Computerspiel entwickelt wurde und auf dem Markt ist, soll es auch nachgefragt werden. Die Menschen werden dann vor allem über die **Werbung** zum Kauf angeregt.
Wenn aber ein Produkt nicht mehr nachgefragt wird, die Autos einer bestimmten Marke also keine Käufer mehr finden, dann werden sie auch nicht mehr gebaut. Sie werden also nicht mehr angeboten.
Zusammenfassend kann man sagen, dass die Wirtschaft eines Landes dafür sorgen muss, dass die Menschen die Güter und Dienstleistungen erhalten, die sie brauchen. Die **Wirtschaftsordnung** in **Deutschland (→ Bundesrepublik Deutschland)** ist die **soziale Marktwirtschaft**.

Wirtschaftsordnung

Ein **Staat** hat bestimmte Regeln und Normen, nach denen seine **Wirtschaft** funktioniert. Das kann eine Wirtschaftsordnung sein, die von einer zentralen Stelle aus gesteuert wird. Dies nennt man **Zentralverwaltungswirtschaft**. Wenn die Wirtschaft nicht zentral gesteuert wird, sondern das Prinzip von **Angebot und Nachfrage (→ Freie Marktwirtschaft)** gilt, der Markt sich also selbst regulieren soll, handelt es sich um eine marktwirtschaftliche Ordnung. Eine solche Wirtschaftsordnung gibt es in **Deutschland (→ Bundesrepublik Deutschland)** (bei uns heißt sie **soziale Marktwirtschaft**) und in vielen anderen **demokratischen** Staaten. Diese beiden Systeme können sich auch mischen, das heißt, Teile der Wirtschaft werden zentral gelenkt, andere sind nach Angebot und Nachfrage organisiert.
Die Wirtschaftsordnung (man sagt auch Wirtschaftsverfassung) bestimmt, wie das Wirtschaftsleben eines Landes geregelt ist, nach welchen **Gesetzen** sich die wirtschaftlichen Aktivitäten richten müssen. Das Ziel aller Wirtschaftsordnungen ist es dafür zu sorgen, dass alle Menschen in einem Land genug zum Leben und möglichst ein gutes Auskommen haben.

Wirtschaftspolitik

Als „Wirtschaftspolitik“ werden alle Maßnahmen und Aktivitäten des **Staates** bezeichnet, die das Ziel haben, das Wirtschaftsleben zu steuern, zu beeinflussen und zu ordnen. Grundlage der Wirtschaftspolitik ist die **Wirtschaftsordnung** des Staates. In **Deutschland (→ Bundesrepublik Deutschland)** ist das die **soziale Marktwirtschaft**. Ihre Ziele sind unter anderem die Erhöhung des Wohlstandes durch Wachstum der **Wirtschaft** bei möglichst stabilen Preisen. Wirtschaftspolitik sollte auch dafür sorgen, dass die meisten Menschen Arbeit haben und es keine **Konflikte** mit den **Volkswirtschaften** anderer Länder gibt.

Zeitung

Jeder von euch hat sie schon mal in der Hand gehabt. Ihr habt nach den neuesten Sportnachrichten gesucht oder habt nachgesehen, ob Bilder von eurem Schulfest drin sind. Oder ihr habt euch für die Seiten mit der **Politik** interessiert oder für Neuigkeiten aus aller Welt (Katastrophen, Verkehrsunfälle, Klatsch und Tratsch aus der Promi-Welt). An dieser kleinen Aufzählung kann man schon sehen, was alles in der Zeitung zu finden ist. Die Mitarbeiterinnen und Mitarbeiter einer Zeitung arbeiten für die verschiedenen Abteilungen, die man „**Ressorts**“ nennt: zum Beispiel für die Politik, für die **Kultur**, für den Sport und so weiter. Viele Artikel und **Nachrichten**, die in der Zeitung stehen, werden von Agenturen und Journalisten und **Journalistinnen** aus aller Welt geliefert. Wenn man eine Zeitung abonniert, also für eine längere Zeit im Voraus kauft, dann kommt sie regelmäßig ins Haus. Man kann viele Zeitungen auch am Kiosk kaufen. Die meisten Zeitungen kann man jeden Tag kaufen (Tageszeitungen), einige nur einmal in der Woche (Wochenzeitungen). Manche Zeitungen kann man nur in einer bestimmten Stadt oder Gegend kaufen. Dann nennt man sie „Regionalzeitung“. Andere Zeitungen sind in ganz **Deutschland (→ Bundesrepublik Deutschland)** zu haben, das

sind die überregionalen Zeitungen. In fast allen Zeitungen stehen auch Anzeigen, die für bestimmte Dinge (Autos, Geschäfte, Reisen usw.) werben. Auch Privatleute können Anzeigen in die Zeitung setzen lassen, wenn sie zum Beispiel eine Wohnung suchen, etwas verkaufen oder kaufen wollen. Manche zeigen eine Hochzeit an oder geben bekannt, dass jemand gestorben ist. Diese Anzeigen kosten in den allermeisten Fällen Geld. Von diesem Geld und dem, was die Käufer für die Zeitung bezahlen, wird die Herstellung der Zeitung bezahlt. Zeitungen können in privatem Besitz sein oder sie sind Eigentum von **Gesellschaften** oder großen Verlagen.
Übrigens: Die erste Tageszeitung in Deutschland erschien 1650 in Leipzig und hieß „Einkommende Zeitung".

Zentralverwaltungswirtschaft/ Planwirtschaft

In der Marktwirtschaft herrscht, wie ihr hier im Lexikon nachlesen könnt, das Prinzip von Angebot und Nachfrage. Ein ganz anderes Wirtschaftssystem ist die Zentralverwaltungswirtschaft, die auch „Planwirtschaft" genannt wird. In der Planwirtschaft werden alle Wirtschaftsvorgänge zentral von der **Regierung** nach einem Plan gesteuert. Diese Planstelle muss schätzen, was in der Bevölkerung vermutlich benötigt wird. Sämtliche Güter und **Dienstleistungen**, auch die Preise und Löhne werden dann von einer Zentrale in einem Gesamtplan festgelegt. Nach diesem Plan muss sich die **Wirtschaft** richten. Dieser Plan, der viele Einzelpläne enthält, gilt für einen bestimmten Zeitraum. Die Planwirtschaft kann nur sehr langsam auf wirtschaftliche Veränderungen und die Bedürfnisse der Bevölkerung reagieren. Auch im Handel mit anderen **Staaten** hat sich gezeigt, dass die Planwirtschaft im Vergleich zur **Marktwirtschaft (→ Freie Marktwirtschaft)** nur sehr viel langsamer reagieren kann.
In vielen **sozialistischen (→ Sozialismus)** Ländern gab es diese zentral gelenkte Planwirtschaft. Sie wurde Ende der 1980er Jahre fast überall reformiert oder abgeschafft, als die **kommunistischen** Regierungssysteme in Osteuropa zusammenbrachen. Seither findet dort ein Übergang zur Marktwirtschaft statt, was in einigen dieser Länder lange dauert und wegen des ungewohnten harten **Wettbewerbs** nicht ohne Probleme ist.

Zinsen/Leitzins

Das Wort kommt aus dem lateinischen „census", das heißt „Abgabe". Wer sich bei der Bank Geld leiht, also einen **Kredit** aufnimmt, muss das Geld in einem bestimmten Zeitraum zurückzahlen. Außerdem muss er noch eine Abgabe leisten, also Zinsen dafür zahlen, dass ihm die Bank zeitweise das Geld überlässt.
Die Zinsen sind also der Preis des Geldes, der gezahlt werden muss, damit man Geld geliehen bekommt.
Mit dem Wort „Zins" sind noch eine Reihe von Spezialbegriffen verbunden. Die wichtigsten sind die „Sollzinsen" und die „Habenzinsen". Die Sollzinsen zahlt man an die Bank, wenn man einen Kredit bekommt. Die „Habenzinsen" bekommt man von der Bank, wenn man Geld auf seinem Sparkonto eingezahlt hat.
Manche werden schon festgestellt haben, dass die Höhe der Zinsen schwankt. Mal ist ein Kredit um ein viertel Prozent teurer, dann wieder bekommt man für das Sparguthaben weniger als noch vor einem Jahr. Dies alles hängt vom so genannten Leitzins ab. Diesen legt die **Europäische Zentralbank** (EZB) fest. Der Leitzins bestimmt, wie viele Zinsen die Banken bezahlen müssen, wenn sie sich bei der **Bundesbank (→ Deutsche Bundesbank)** Geld leihen. Und so ist der Leitzins auch dafür entscheidend, wie hoch die Zinsen sind, die wir für einen Kredit zahlen müssen.
Warum ändert sich der Leitzins immer wieder? Vereinfacht gesagt: Die Höhe des Leitzinses, den die einzelnen Banken (Fachbegriff „Geschäftsbanken") an die Zentralbank zu zahlen haben, ist deshalb unterschiedlich, weil auch beim Bankgeschäft, bei den Krediten, der Grundsatz von **Angebot und Nachfrage (→ Freie Marktwirtschaft)** gilt. Wenn die einzelnen Kunden also sehr viel Geld haben wollen, wird das den Leitzins und damit auch die Sollzinsen für die Privatkunden erhöhen. Aber für die Erhöhung oder Senkung des Leitzinses spielen auch andere Dinge eine Rolle. So ist zum Beispiel eine wichtige Aufgabe der EZB darauf zu achten, dass der **Euro** stabil bleibt. Und um das zu erreichen kann es wichtig sein, den Leitzins zu erhöhen oder zu senken. Eine wichtige Aufgabe ist es auch, darauf zu achten, dass die **Wirtschaft** gut funktioniert. Dafür kann es dann durchaus auch einmal wichtig sein, den Leitzins zu senken, um das Geld billiger zu machen oder genauer gesagt, um die Kreditaufnahme billiger zu machen.

Zivilcourage

Was würdet ihr tun, wenn jemand in eurer Nähe auf dem Schulweg grundlos angegriffen wird? Viele Leute machen da gar nichts, greifen nicht ein, holen auch keine Hilfe. Weil sie selbst Angst haben, gucken sie lieber weg. Manchmal gibt es aber doch Menschen, die mutig dazwischen gehen oder andere bitten, dem Angegriffenen zu Hilfe zu kommen. Das sind Menschen mit Zivilcourage. **Zivil** stammt von dem lateinischen Wort „civis" ab und heißt „**Bürger**". „Courage" ist französisch und bedeutet „Mut" oder „Beherztheit". Es hat also auch etwas mit dem Herzen zu tun, wenn man für seine Überzeugung öffentlich eintritt.

Aber Zivilcourage zeigt sich nicht erst, wenn man bei Schlägereien hilft. Das fängt schon früher an. Das kann zum Beispiel sein, wenn man für einen Außenseiter in der Klasse Partei ergreift, auch wenn man dann von den anderen ausgelacht wird. Oder wenn man deutlich seine Meinung dagegen sagt, wenn zum Beispiel miese Witze über **Ausländer** oder kranke Menschen erzählt werden.

Manchmal hat man Angst, ganz alleine da zu stehen, wenn man einem anderen hilft. Oftmals zeigt sich aber, dass nur einer den Anfang machen muss. Ihr habt das sicher schon erlebt, dass sich dann auf einmal auch andere, die vielleicht nicht ganz so mutig sind, trauen, sich mit den Schwächeren zu solidarisieren. Zivilcourage heißt aber keineswegs, dass man immer selbst dazwischen gehen muss, wenn es Streit gibt. Vor allem, wenn man sich selbst verletzten würde und damit keinem hilft, ist es viel vernünftiger, Hilfe zu holen oder die **Polizei** zu benachrichtigen.

Zivildienst

Im **Grundgesetz** wird jedem Wehrpflichtigen das Recht auf Kriegsdienstverweigerung garantiert, wenn er aus Gewissensgründen den Kriegsdienst als **Soldat (→ Streitkräfte/Armee)** nicht leisten will. Der Wehrpflichtige (das sind nur Männer, da Frauen ja nicht der **Wehrpflicht (→ Wehrdienst/Wehrpflicht)** unterliegen), muss diese Gewissensgründe vor dem Bundesamt für Zivildienst darlegen. Wenn die Gründe anerkannt werden, muss der Verweigerer zwar nicht den normalen Wehrdienst, aber einen Ersatzdienst, nämlich den so genannten Zivildienst leisten. Dieser Zivildienst dauert derzeit länger als der Grundwehrdienst, nämlich zehn Monate. Die Männer arbeiten in dieser Zeit meist in Krankenhäusern, Altenheimen und anderen ähnlichen Einrichtungen.

Zivilisation

Steinzeitmenschen vor vielen tausend Jahren hatten ein hartes Leben. Sie mussten für alles, was sie brauchten, selber sorgen. Für ihre Nahrung erlegten sie Tiere mit Steinen und Stöcken und mit selbst hergestellten Waffen. Gegen Kälte schützten sie sich mit Kleidung, die sie aus Tierfellen herstellten. Jede kleine Krankheit konnte lebensgefährlich sein. Die Menschen lebten in kleinen Gruppen, eine große geordnete **Gesellschaft** mit Regeln, die für viele tausend Menschen gelten, gab es nicht.
Woran liegt es, dass unsere heutige Welt ganz anders aussieht als die Welt unserer Vorfahren? Wissenschaft und Technik haben im Laufe der Zeit viele Neuerungen hervorgebracht, die das Leben der Menschen verändert haben. Die medizinische Versorgung ist besser geworden, die Nahrung ist reichhaltiger, die Menschen leben länger. Wir wohnen geschützt in Häusern und können in Schulen und Universitäten eine Menge lernen, um wiederum wissenschaftliche und technische Neuerungen hervorzubringen. Wir leben in einer geordneten Gesellschaft, wo jede **Bürgerin** und jeder Bürger Rechte und Pflichten hat. Und auch für den Umgang der Menschen miteinander gibt es bestimmte Regeln, die dazu beitragen sollen, in dieser Welt zurecht zu kommen.

Mit „Zivilisation" bezeichnet man unsere Lebensumstände, die ein Ergebnis des Fortschritts in Wissenschaft, Technik und Denken in den vergangenen Jahrhunderten sind. Allerdings haben nicht alle Länder der Erde an den Fortschritten gleichermaßen teilhaben können. Dies trifft beispielsweise auf viele **Entwicklungsländer** zu. Die Zivilisation bringt nicht immer nur Gutes hervor. So spricht man zum Beispiel von „Zivilisationskrankheiten", die durch falsche Ernährung oder zu wenig Sport entstehen. Der Begriff „Zivilisation" stammt von dem lateinischen Wort „civis" ab, was „Bürger" bedeutet.

Zivilist

In diesem Wort steckt das lateinische „civis" oder „civilis". Das bedeutet „**Bürger**" oder „bürgerlich". Ein Zivilist gehört im Gegensatz zum **Soldaten (→ Streitkräfte/Armee)** keiner **Armee (→ Streitkräfte/Armee)** an. Er trägt keine militärische Uniform, seine Kleidung ist „zivil". In Meldungen, die über Kriegshandlungen berichten, hört man oft den Satz: Unter den Opfern waren auch zahlreiche Zivilisten. Damit soll gesagt werden, dass Menschen gestorben sind, die nicht als Soldaten gekämpft haben, die keine Waffen trugen, die sich nicht verteidigen konnten und wehrlos waren.
Es gibt viele Worte oder Wortverbindungen, in denen „Zivil" vorkommt. Einige davon findet ihr im Lexikon: **Zivilcourage**, **Zivildienst**, **Zivilisation**.

Zoll

In alten Berichten beklagen sich Reisende, dass sie, wenn sie mit dem Schiff unterwegs waren oder in der Kutsche durch das Land reisten, oft angehalten wurden, um einen so genannten Brückenzoll oder Wegezoll zu bezahlen. In früheren Jahrhunderten war das Land aufgeteilt in viele kleine **Staaten**. Jeder Landesherr verlangte an den Grenzen Abgaben (denn nichts anderes heißt das aus dem Griechischen kommende Wort „Zoll"). Reisende mussten für die Nutzung der Straßen und Brücken bezahlen, Händler mussten Abgaben für die Waren bezahlen, die sie mit sich führten. Heute spielen der Wege- und Brückenzoll nicht mehr so eine große Rolle wie in früheren Jahrhunderten. Eine Ausnahme ist die Autobahn- oder Tunnel-**Maut**.
Zoll muss aber nach wie vor für die Einfuhr, Ausfuhr oder die Durchfuhr (auch Transit genannt) von Waren

bezahlt werden. Empfänger des Zolls ist das jeweilige Land, das die Ware passieren soll. In **Deutschland (→ Bundesrepublik Deutschland)** hat nur der **Bund** das Recht, diese Abgabe zu erheben, nicht aber die **Bundesländer** oder die **Gemeinden**. Im Wesentlichen wird zwischen zwei Arten von Zoll unterschieden: Finanzzoll auf Waren, der ähnlich wie **Steuern** dem Staat Einnahmen bringen soll, und Schutzzoll für Waren, die in das Land eingeführt werden. Dieser Schutzzoll soll die einheimische **Wirtschaft** schützen. Durch den Zoll werden die **ausländischen** Waren teurer, denn die Kosten für den Zoll werden auf den Preis für die Waren aufgeschlagen. So können dann die einheimischen Waren mit den ausländischen Waren besser **konkurrieren (→ Wettbewerb/Konkurrenz)**.
Seit vielen Jahren gibt es Bemühungen, Zölle immer mehr abzubauen, um den internationalen Handel zu erleichtern. Dies ist vor allem eine Forderung der ärmeren Länder, die auf diese Weise besser am **Welthandel** teilnehmen könnten.
Mit „Zoll“ bezeichnet man auch eine alte deutsche Längeneinheit von etwa 2,2 bis 3 Zentimetern. Das Wort mit dieser Bedeutung stammt aus dem Mittelhochdeutschen und hieß so viel wie „abgeschnittenes Holz“ – daher auch der Begriff „Zollstock“.

Zweiter Weltkrieg

Der Zweite **Weltkrieg** dauerte von 1939 bis 1945. Er begann am 1. September 1939, als deutsche Truppen das benachbarte Polen überfielen. Die **Nationalsozialisten**, die in Deutschland unter der Führung des **Diktators** Adolf Hitler die Macht erlangt hatten, wollten, dass Deutschland wieder groß und mächtig wurde. Sie wollten die Bestimmungen des **Versailler Friedensvertrages (→ Erster Weltkrieg)**, der nach dem Ersten Weltkrieg die Macht Deutschlands begrenzte, nicht mehr akzeptieren. Polen war das erste Land, das von den deutschen Truppen besetzt wurde. Deutschland war mit Italien und Japan verbündet (man nannte sie die „Achsenmächte“). Die Gegner der Achse waren vor allem Großbritannien, Frankreich, die Sowjetunion und die USA. Insgesamt waren an diesem weltweit geführten Krieg 27 Nationen beteiligt. In Europa waren fast alle Länder von dem Kriegsgeschehen direkt betroffen. Zunächst gelang es den deutschen Truppen, die meisten **europäischen** Länder zu erobern. Doch besiegen konnte es seine Gegner nicht. Im Jahr 1941 traten die USA in den Krieg gegen Deutschland ein. Zusammen mit den anderen Verbündeten (Alliierten) befreiten sie die Gebiete, die von den deutschen **Armeen (→ Streitkräfte/Armee)** besetzt worden waren. Die deutschen Truppen wurden besiegt. Der Diktator beging am 30. April 1945 in Berlin Selbstmord. Deutschland kapitulierte (gab auf) und am 9. Mai 1945 trat ein Waffenstillstand in Kraft.
Doch damit war der Zweite Weltkrieg noch nicht beendet. Japan hatte in Asien Krieg gegen die USA geführt. Erst Anfang September 1945 gab die japanische **Regierung** auf, nachdem amerikanische Bomber Atombomben auf die japanischen Großstädte Hiroshima und Nagasaki abgeworfen hatten. Viele hunderttausend Menschen waren dabei getötet oder schwer verletzt worden.
Insgesamt hat der Zweite Weltkrieg über 60 Millionen Tote gefordert. Mehr als 6 Millionen **Juden** sind von den Deutschen ermordet worden. **Sinti und Roma (→ Nationale Minderheit)** und andere **Minderheiten** sind verfolgt und getötet worden.
Deutschland, das den Krieg verloren hatte, wurde zunächst von den Truppen der Siegermächte Sowjetunion, Großbritannien, USA und Frankreich besetzt. Dann kam es zur Teilung des Landes in die **Bundesrepublik Deutschland** und die **DDR**. Eine Folge des **Krieges** war auch die Aufteilung Europas in zwei Machtblöcke unter der Führung der USA und der Sowjetunion. Diese Nachkriegsordnung ging erst 1990 mit dem Zusammenbruch der DDR und der Sowjetunion zu Ende.

Aufgaben für die Comic-Folgen 43–52

von Prof. Dr. Norbert Neuß

Folge 43

Stimmenfänger? Das ist doch eine merkwürdige Überschrift für die Comicfolge! Was kann damit gemeint sein?

a) Für Einsteiger: Zu wem sagt man „Stimmenfänger"? Benutzen die Parteien vor den Wahlen wirklich Fangnetze oder Kescher? Wie fangen sie denn vor den Wahlen die Stimmen der Wähler ein? Frag deine Eltern oder deinen Lehrer/deine Lehrerin!

b) Für Spezialisten: Einer der Stimmenfänger spricht von „Wahlgeschenk"? Was meint er wohl damit? Gibt es einen Zusammenhang zwischen den Stimmenfängern und den Wahlgeschenken? Frag deine Eltern nach einem Beispiel.

c) Für Profis: Diskutiert folgende Frage im Unterricht: Kann man die Meinung von Menschen tatsächlich durch „Wahlgeschenke" so beeinflussen, dass sie eine Partei wählen, die ihrer eigentlichen Überzeugung gar nicht entspricht?

Folge 44

Deiner Familie bringt der Briefträger die Post, in Speckonien lassen sie eine Brieftaube fliegen, um eine Nachricht an die HanisauLänder zu überbringen. In dieser Folge erreicht die Brieftaube ihr Ziel. Dass die Taube ihren Weg findet, liegt an dem „von Mutter Natur eingebauten Navigationssystem". Ist das nicht etwas gemogelt oder geflunkert?

a) Für Einsteiger: Finde heraus, wie sich Brieftauben orientieren und ihren Weg finden.

b) Für Spezialisten: Schau mal unter **http://www.brieftaube.de** nach, wie schnell eine Brieftaube fliegen kann.

c) Für Profis: Oftmals wurden die geheimen Nachrichten, die mit Brieftauben verschickt wurden, auch noch verschlüsselt. Entwirf eine eigene Geheimschrift. Einige Hinweise dazu bekommst du, wenn du unter **http://www.blindekuh.de** den Suchbegriff „Geheimschrift" eingibst.

Folge 45

1. Die HanisauLänder schicken ihre Friedenstruppe nach Speckonien. Die Friedenstruppe soll den Frieden sichern. Wie ist das zu erklären? Sind Soldaten nicht immer nur zum Kämpfen da?

a) Die Friedenstruppe der HanisauLänder hat blaue Helme. Das gibt es doch gar nicht in Wirklichkeit – oder doch? Schau doch mal auf die Internetseite **http://www.un-infos.info/** und informiere dich, ob es Soldaten mit blauen Helmen gibt! Welche Aufgaben haben sie?

b) Auf der Internetseite **http://www.un.org/Depts/german/** werden die Vereinten Nationen beschrieben. Wer sind die Vereinten Nationen und was haben sie für Ziele?

c) Überlege mal mit deinem Nachbarn, durch welche Handlungen und in welchen Situationen Soldaten den Frieden sichern können, und schreibe das auf.

2. An manchen Schulen gibt es so etwas Ähnliches wie eine Friedenstruppe. Das sind keine Soldaten und es geht auch nicht um Krieg oder Frieden. Aber es geht um Auseinandersetzungen. An Schulen gibt es oftmals Streit zwischen Schülern. Damit dieser Streit geschlichtet wird, gibt es „Streitschlichter" oder auch „Mediatoren". Sie versuchen, im Streit zu vermitteln. Das nennt man „Mediation".

a) Finde heraus, wie eine Mediation an einer Schule abläuft. Gehe dazu auf die Internetsuchmaschine **www.blindekuh.de** und gib den Begriff „Streitschlichter" ein. Schau dir die gefundenen Seiten an.

b) Finde heraus, ob es an deiner Schule auch ein „Streitschlichter-Programm" gibt.

c) Wenn es keine Streitschlichter in eurer Schule gibt, überlegt gemeinsam in der Klasse, ob sie an eurer Schule sinnvoll wären. Wenn es Streitschlichter gibt, dann ladet sie in eure Klasse ein und sprecht mit ihnen über ihre Erfolge und Misserfolge.

Folge 46

Es scheint ein friedliches Nilolausfest zu werden. Darauf achtet in Speckonien nun die Friedenstruppe. Zur Feier des Tages wird auch die hanisauLändische Möhrensuppe gegessen. Andere Völker, andere Sitten: Die Indianer haben z. B. nach einem Streit gemeinsam mit den Feinden die Friedenspfeife geraucht. Und wie machst du das, wenn du nach einem Streit Frieden schließt?

a) Stell dir vor, du hast dich mit deinem Freund oder deiner Freundin richtig heftig gestritten. Nun will keiner von euch den ersten Schritt zur Versöhnung machen. Probiert diese Situation mal in der Klasse in einem Rollenspiel aus. Wie könnt ihr euch wieder vertragen? Sprecht hinterher über eure unterschiedlichen Lösungen!

b) Was könntest du selbst als freundliche Geste machen, wenn du dich nach einem Streit mit einem Freund wieder vertragen hast?

c) Frag deine Eltern oder Verwandten, was sie nach einem Streit machen, um sich wieder zu vertragen!

d) Erstellt in der Klasse gemeinsam ein Plakat, auf dem ihr alle gefundenen Lösungen zusammentragt!

Folge 47

Stell dir vor, du bist Schlotter! Du hast als Schlotter ermittelt, warum der Abgeordnete Ochs nicht bei der Abstimmung war. Bevor du das Ergebnis deiner Ermittlungen bekannt geben kannst, teilen dir die drei Alten mit, dass sie eine Pensionskasse für die Polizei gegründet haben und winken mit vielen Geldscheinen. Wie wirkt das auf dich? Gleich in der nächsten Ausgabe der hanisauLändischen Zeitung ist nun von „Bestechung" die Rede.

a) Was ist eigentlich „Bestechung"? Schau im HanisauLand-Lexikon nach bei „Korruption" und beschreib mit eigenen Worten, was damit gemeint ist.

b) Gib ein Beispiel für eine Bestechung, wie sie vielleicht beim Bau einer Schule oder beim Erteilen einer Baugenehmigung passieren könnte.

c) Ist beim Stichwort „Korruption" im Lexikon von HanisauLand noch etwas unklar geblieben, fällt dir etwas ein, was dort deiner Meinung nach unbedingt noch stehen müsste? Dann schreib das dort im Lexikon an die Redaktion von HanisauLand. Vielleicht wird der Artikel mit deinen Überlegungen ergänzt.

Folge 48

Der Ohaha zieht mit den Asketen los, um die HanisauLänder zu missionieren. Was heißt „missionieren"? Was ist eine „Mission"? Und was sind „Missionare"?

a) Schau im HanisauLand-Lexikon nach, was dort unter „Mission" und „missionieren" steht. Erkläre es mit eigenen Worten.

b) Der Ohaha hat einen Plan. Er verkleidet sich als Missionar und spielt den Erleuchteten. Doch eigentlich will er die Demokratie abschaffen – er hat also schlimme politische Ziele. Finde heraus, ob es so etwas heute auch noch gibt, dass Menschen das Recht auf Religionsfreiheit ausnutzen, um fragwürdige politische Ziele zu verfolgen. Lass dir dazu von deinen Eltern helfen. Gebt gemeinsam in einer Suchmaschine die Wörter „Sekte" und „Politik" ein. Was findet ihr da für Informationen?

Folge 49

In Speckonien wurde inzwischen der Justizminister einstimmig gewählt. Der alte Speckig versteht das irgendwie ganz schön falsch. Weißt du, was das bedeutet?

a) Für Einsteiger: Was bedeutet es, wenn jemand „einstimmig" gewählt wird?

b) Für Spezialisten: Welche Abstimmungsmöglichkeiten gibt es noch? Finde heraus, was „absolute Mehrheit" und „einfache Mehrheit" bedeuten. Schau dazu im Lexikon von HanisauLand nach.

c) Für Profis: Ja, und dann gibt es noch die Zweidrittelmehrheit! Finde heraus, bei welchen politischen Entscheidungen in Deutschland die Zweidrittelmehrheit nötig ist!

Folge 50

Sei mutig und geh heimlich in das Museum (Bild 5 der Folge 50). Schau dich dort um! Geh in der Abteilung „Geschichte" auf „den Verfassungstext" (Bild: Hupe und Wimpel). Lies dir den Verfassungstext durch. Kommt dir das irgendwie bekannt vor?

a) Für Einsteiger: Informiere dich über die Grundrechte, die im Grundgesetz der Bundesrepublik Deutschland aufgeschrieben wurden. Vergleiche sie mit dem Text der hanisauLändischen Verfassung. Findest du Gemeinsamkeiten?

b) Für Spezialisten: Suche im Internet über eine Suchmaschine die „Erklärung der Menschen- und Bürgerrechte" aus dem Jahr 1789 und vergleiche sie mit den Grundrechten des Grundgesetzes.

c) Für Profis: Besuche die Internetrallye zum Thema „Menschenrechte" auf folgender Internetseite: **http://www.bpb.de/methodik/BY1T6U** und teste dein Wissen über die Menschenrechte.

Folge 51

Der Polizist Schlotter meint, „man soll keine schlafenden Hasen wecken". Da hat der wohl etwas durcheinandergebracht, denn das Sprichwort heißt eigentlich anders. Das Originalsprichwort kommt aus den Niederlanden und lautet: *„Je moet geen slapende honden wakker maken."*

a) Finde heraus, wie es auf Deutsch heißt und was es bedeutet.

b) Suche ein Beispiel oder beschreibe eine Situation, in der man dieses Sprichwort verwenden kann.

Folge 52

Es geht ja gleich hoch her im Gerichtssaal. Da kann man schon mal etwas Wichtiges übersehen. Schau dir das Poster an, das an der Wand des Gerichtes hängt. Seltsam: eine Hasenfrau mit verbundenen Augen und mit einer Balkenwaage. Soll sie verhindern, dass im Gericht nicht gelogen wird bis sich die „Balken biegen“? Oder hat das Bild noch eine andere Bedeutung?

a) Finde heraus, wie die Frau mit der Waage genannt wird. Vielleicht können dir deine Eltern oder Großeltern dabei helfen. Warum sind ihre Augen verbunden? Warum hält sie eine Waage? Und warum hat sie ein Schwert in der Hand?

b) Schneide das Bild mit der Frau aus, klebe es auf ein extra Blatt und zeichne ihr eine Sprechblase (wie im Comic). Schreib einen kurzen Text, in der sie den Menschen erklärt, warum ihr Bild in einem Gerichtssaal hängt. Sie beginnt mit den Worten „Mein Bild hängt in einem Gerichtssaal, weil …“

c) Manchmal hält die Frau auch eine Waage, bei der der Mittelbalken der Waage schräg gestellt ist. Das soll den Grundsatz „In dubio pro reo“ symbolisieren. Finde heraus, was das bedeutet.

Weitere Anregungen für den Unterricht (Arbeitsblätter, Gruppenaufgaben, Lernziele) finden sich unter „Info“ auf der Internetseite www.hanisauLand.de.

Inhalt

Der Comic

Im Museum

HanisauLand Spezial

Meine Notizen ...